D1855358

Kupferschmidt, Menzel

Besetzung. Spaltung. Einheit.

Geschichten eines Sicherheitsunternehmens

Band 2

Die Deutsche Nationalbibliothek verzeichnet diese Publikation in der Deutschen Nationalbibliografie; detaillierte bibliografische Daten sind im Internet über http://dnb.d-nb.de abrufbar.

MIX
Paper from responsible sources
FSC® C011862
FSC www.fsc.org

1. Auflage April 2016

Herausgeber: Securitas Deutschland

Copyright © für die Originalausgabe by Securitas Deutschland
Design der Originalausgabe: Bergmann & Partner GmbH
Abbildung Umschlag und Vorsatz: Vereinigungsfeiern am 3. Oktober 1990 vor dem Reichstag zu Berlin (ullstein bild – dpa, 01164560)
Ein detaillierter Bildnachweis befindet sich auf den Seiten 204–205.
Satz: Bergmann & Partner GmbH
Gesetzt aus der Securitas Sans
Druck und Weiterverarbeitung: Bosch-Druck GmbH
Die Einschweißfolie ist aus recyclingfähigem PE. Dieses Buch wurde auf chlor- und säurefreiem Papier gedruckt.

Alle Rechte, auch die der fotomechanischen und elektronischen Wiedergabe, vorbehalten.

Printed in Germany
ISBN 978-3-00-051347-3

Besetzung. Spaltung. Einheit.

Geschichten eines Sicherheitsunternehmens

Band 2

Vom Kriegsende 1945 bis zur Gegenwart

Erich Kupferschmidt

Thomas Menzel

Herausgeber: Securitas Deutschland

„Das Beste, was wir von der Geschichte haben,
ist der Enthusiasmus, den sie erregt."

Johann Wolfgang von Goethe (1749–1832)

Inhalt

Vorwort

des Vorsitzenden der Geschäftsführung der Securitas Deutschland Holding

Als Deutschland 1945 in Trümmern lag, war dies der Ausgangspunkt für eine zweigeteilte Entwicklung in Ost und West. Auch das Sicherheitsgewerbe machte dabei keine Ausnahme. Während Betriebsschutz und Bewachung im Osten staatlich organisiert waren, übernahmen in Westdeutschland Bewachungsunternehmen, teils die gleichen wie vor dem Krieg, diese Aufgabe.

Vor 25 Jahren veränderte sich die politische Landkarte erneut, nicht nur in Deutschland. Das sozialistische System begann sich aufzulösen. Als am 9. November 1989 die Mauer fiel, konnte noch keiner ahnen, welche politischen und wirtschaftlichen Veränderungen auf uns zukommen sollten. Schnell zeigte sich jedoch, dass alle an der neuen deutschen Entwicklung verdienen wollten – auch im Bewachungsgewerbe. Bereits vor dem Beitritt der DDR zur Bundesrepublik entstanden dort die ersten privaten Sicherheitsunternehmen. In dieser Zeit des Umbruchs wurden unzählige neue Firmen in Ost und West gegründet, und viele alteingesessene Unternehmen strebten nach Berlin und in die neuen Bundesländer. Nahezu über Nacht bemühten sich mehr als 1.000 Firmen um den neu entstandenen Sicherheitsmarkt. Als Folge wurde die Auftragsvergabe zunehmend über den Preis geregelt, Qualität geriet ins Hintertreffen.

Sicher ist der Preis wichtig. Dass er jedoch bei Ausschreibungen zum allein entscheidenden Kriterium wurde, war eine Fehlentwicklung. Gerade bei dem hohen Gut der Sicherheit können Auftragsvergaben „nur an den Billigsten" fatal werden. Vergabestellen ist es oft gleichgültig, wie gut die Qualifizierung der Mitarbeiterinnen und Mitarbeiter einer Sicherheitsfirma ist. Das brachte einige schwarze Schafe auf den Markt, die nur ein Ziel hatten: die schnelle Mark.

Als im Jahr 1996 der schwedische Securitas-Konzern damit begann, seine Dienstleistungen auch in Deutschland anzubieten, war diese Entwicklung in vollem Gange, und es war kaum abzusehen, wohin sie steuern würde. Rund 20 Jahre später können wir resümieren: Securitas ist in Deutschland nicht nur Marktführer in der Sicherheitsbranche, der Konzern ist auch der Ideen- und Impulsgeber. Schließlich kann er auf die Erfahrung und Expertise von mehr als 50 Landesgesellschaften bauen.

Securitas verstand es in jüngster Zeit, sich noch aktiver in die Arbeit unseres Interessenvertreters, des BDSW, einzubringen. Auch in den europäischen und globalen Verbänden des Gewerbes ist das Unternehmen aktiv. In Deutschland haben wir uns früh für die Einführung des Mindestlohnes eingesetzt. Damit haben wir uns nicht überall Freunde gemacht. Doch heute und auch in Zukunft werden wir weiter dafür kämpfen, dass die private Sicherheitsdienstleistung einen höheren Stellenwert – und eine höhere Wertschätzung – in der Gesellschaft erhält. In diesem Zusammenhang ist die Qualifizierung aller Mitarbeiter- und Führungsebenen in der Branche ein wichtiger Faktor. Wir investieren mehr und mehr in unser Personal – das erfordern die immer komplexeren Aufgaben, die uns die Kunden stellen, und das erfordern unsere ausgefeilten Sicherheitslösungen, die mehr und mehr durch Technik unterstützt werden.

Im ersten Band der „Geschichten eines Sicherheitsunternehmens" wurde die Geschichte des Bewachungsgewerbes von den Anfängen an beleuchtet. Im vorliegenden zweiten Band beschreiben die Autoren Erich Kupferschmidt und Thomas Menzel die Ereignisse der jüngeren Vergangenheit, die Zeit von 1945 bis in die Gegenwart, und wagen sogar einen Blick in die Zukunft.

Securitas wird sich auch in Zukunft den Aufgaben stellen, die uns die Zeit bringt. Wir werden uns dafür einsetzen, dass das Verständnis für die öffentliche Sicherheit stetig steigt und von allen Bevölkerungsschichten anerkannt wird. Wir wollen aktiv daran arbeiten, dass zwischen staatlichen und privaten Sicherheitsebenen eine funktionierende Partnerschaft entsteht und die private Sicherheit noch mehr als bisher eine tragende Säule in der Sicherheitsarchitektur Deutschlands wird.

„Sicherheit erreicht man nicht, indem man Zäune errichtet, Sicherheit gewinnt man, indem man Tore öffnet", sagte einst Urho Kekkonen aus Finnland. Dieses Zitat beinhaltet auch die Einsicht, dass Sicherheit im Kopf der Menschen zu wachsen beginnt.

Manfred Buhl
CEO Securitas Holding

Einleitung

Der erste Band der *Geschichten eines Sicherheitsunternehmens* stand unter dem Motto des amerikanischen Philosophen Jorge Augustín Nicolás Ruiz de Santayana: „Wer die Geschichte nicht kennt, ist dazu verurteilt, sie zu wiederholen." Dieser Gedanke stand uns immer wieder vor Augen, als wir versuchten, die Geschichte der Bewachung und des Bewachungsgewerbes von den Anfängen an darzustellen. Die Anerkennung vieler Fachleute und die Reaktion der Leserinnen und Leser zeigen: Wir haben es wohl richtig gemacht. Die ausgewogene Bebilderung, die Darstellung geschichtlicher Abläufe in der Mischung mit fiktiven Erzählungen, die Geschichte lebendig werden lassen, fanden ihren Beifall.

Im zweiten Band spannen wir den Bogen weiter: Wir bewegen uns nun in der jüngsten Vergangenheit seit 1945, die ihren historischen Höhepunkt in Deutschland in der Wiedervereinigung der beiden deutschen Staaten fand. Dabei haben wir einen neuen, einen eigenen Grundsatz gefunden: Von der Geschichte zu erzählen ist nicht nur eine Wiedergeburt der Vergangenheit, die Erzählung wird auch ein Stück weit zum Spiegelbild des eigenen Ichs.

Wir Autoren und Leser sind nicht nur Zeugen der letzten Jahrzehnte, wir sind auch alle in irgendeiner Form an der geschichtlichen Entwicklung beteiligt gewesen. Es schien uns daher nicht verkehrt, wenn wir diesen zweiten Band mit einer Erzählung beginnen würden, der der beiden fiktiven Wachleute Hartmut Schöller aus dem Osten und Erich Lorenz aus dem Westen, die sich in der Nacht des Mauerfalls kennenlernen.

Alle, die den 9. November 1989 bewusst erlebt haben, werden heute noch wissen, was sie an diesem Abend, in dieser Nacht getan haben und wo sie sich befanden. Dieser Tag ist denn auch der Angelpunkt, von dem aus wir die Zeit seit 1945 beleuchten. Wir verfolgen die politische und gesellschaftliche Weichenstellung nach dem Ende des Krieges, die Geschichte des Bewachungsgewerbes in Ost und West und dabei natürlich auch die Entwicklung der wichtigsten Unternehmen, einschließlich des Aufstiegs der Securitas. Dabei wird dem Leser schnell bewusst, dass auch und gerade für die Bewachungsbranche der Mauerfall 1989 ein einschneidendes Ereignis war, mit dem für viele Unternehmen eine neue Zeitrechnung begann. Viele neue Sicherheitsunternehmen entstanden, es herrschte Aufbruchsstimmung im Gewerbe. Und die Integration der neuen Bundesländer, die auch einen neuen Markt für Bewachungsunternehmen schuf, war auch für etablierte Wachfirmen ein Eckpfeiler für die weitere Entwicklung.

Wie schon im ersten Band haben wir versucht, den Gang der Geschichte und dessen Ursachen und Wirkungen möglichst genau und objektiv darzustellen. Aber natürlich ist uns klar, dass wir wieder nur einen kleinen Teil der Ereignisse, Erfahrungen und Erkenntnisse im Sicherheitsberuf beleuchten konnten, und deshalb erheben wir auch nicht den Anspruch auf Vollständigkeit und letztendliche Gültigkeit der Betrachtungen.

Die schwärzeste Epoche Deutschlands muss daher an dieser Stelle auch ausgeblendet werden. Die Zeit des Nationalsozialismus und die Rolle, die Bewachungsunternehmen und Wachleute in dieser unglückseligen Epoche spielten, muss von wissenschaftlichen Experten bearbeitet werden. Der Dachverband der Branche, der BDSW, könnte sich dieser verantwortungsvollen Aufgabe annehmen und ein Team aus Historikern und Sicherheitsexperten bereitstellen, um das Thema aufzuarbeiten.

Die Göttin Securitas, Namensgeberin unseres Unternehmens, bleibt das Sinnbild für die Tugenden unserer Branche, für Ehrlichkeit, Aufmerksamkeit und Hilfsbereitschaft, die nicht nur die Mitarbeiterinnen und Mitarbeiter des schwedischen Sicherheitskonzerns Securitas verinnerlicht haben, sondern alle Wachleute, die mit Herzblut ihren Beruf ausüben. Gerade in den Jahren des Zusammenwachsens der beiden Teile Deutschlands können diese Tugenden helfen, eine neue Kultur des Zusammenlebens zu schaffen.

Erich Kupferschmidt, Thomas Menzel
Oktober 2015

Der 9. November 1989

Ein Versprecher mit Folgen

Abb. 1.1: 9. November 1918: Philipp Scheidemann ruft die Republik aus (nachgestellte Aufnahme aus den zwanziger Jahren).

Der 9. November ist im 20. Jahrhundert für die Deutschen zum Schicksalstag geworden. Immer wieder gingen von ihm außerordentliche Veränderungen aus. Als am 9. November 1918 Philipp Scheidemann die Republik ausrief und gleichzeitig Wilhelm II. abdankte, war das Ende der Monarchie in Deutschland besiegelt. Der letzte deutsche Kaiser ging nach Holland ins Exil – zweifellos eine dramatische Wende in der deutschen Geschichte.

Als, wiederum an einem 9. November, Hitler unter Beteiligung von Ludendorff 1923 in München putschte, konnte der Aufstand zwar niedergeschlagen werden, aber im Nachhinein wirkt er, verstärkt noch durch die Umbenennung von Hitlers Leibgarde in SS am 9. November 1925, wie ein düsteres Vorspiel der Machtergreifung 1933. Und als Goebbels für die Nacht vom 9. auf den 10. November 1938 „spontanen" Widerstand der Deutschen gegen die Juden organisierte, brannten überall im Land die Synagogen, Geschäfte jüdischer Mitbürger wurden geplündert, es kam zu Mord und Totschlag. Fast gleichzeitig begannen die Deportationen. Dieses Datum steht für den Beginn eines Kapitels, das mit dem Zweiten Weltkrieg und seinen Verbrechen, vor allem aber mit Auschwitz den absoluten Tiefpunkt deutscher Geschichte markiert. Wie ein Wunder mag es da erscheinen, dass nur elf Jahre später, am 9. November

1949, die Außenminister der USA, Großbritanniens und Frankreichs bei einer Konferenz in Paris beschlossen, mit der neu gegründeten Bundesrepublik in Verhandlungen einzutreten, welche zum Petersberger Abkommen führten. Aus ihm gingen die ersten Erleichterungen der Besatzung für die neue Republik hervor.

Abb. 1.2: Putschversuch der NSDAP in München am 9. November 1923, Barrikaden vor dem Gebäude des Kriegsministeriums.

40 Jahre später sollte der 9. November zu einem Jubeltag für die Deutschen werden, geht er doch in die deutsche Geschichte als Tag der Maueröffnung ein. Dieser Tag stellt das endgültige Ende der Nachkriegszeit dar, den Ausgangspunkt für die deutsche Wiedervereinigung und mithin den Beginn einer neuen Ära in der deutschen Geschichte. Dementsprechend wollen wir uns diesen 9. November und seine unmittelbare Vorgeschichte noch einmal vergegenwärtigen.

Abb. 1.3: Die ausgebrannte Synagoge der israelitischen Religionsgemeinschaft in Karlsruhe.

Die Fragilität der DDR wurde in der Bundesrepublik erst spät wahrgenommen.[1] Zwar häuften sich 1989 die Krisen in den sozialistischen Ländern Osteuropas, aber im Westen glaubte man lange Zeit nicht an einen grundlegenden Umsturz. Zu betoniert schien die Teilung Europas nach 44 Jahren zu sein. Erst nachdem Ungarn am 11. September die Grenzen zu Österreich geöffnet hatte, begann man zu begreifen, was vor sich ging. Die Mauer erhielt ihren ersten Riss. Fast gleichzeitig versuchten Tausende von DDR-Bürgern, über die westdeutschen Botschaften in Budapest, Warschau und, in einer besonders dramatischen Aktion, in Prag ihre Ausreise zu erzwingen. Als Hans-Dietrich Genscher am 30. September 1989 nach Verhandlungen mit der DDR den Flüchtlingen von Prag die Ausreise über DDR-Territorium zusicherte, war ein weiteres Loch in die Mauer geschlagen worden.

Abb. 1.4: Bundeskanzler Konrad Adenauer, Wirtschaftsminister Ludwig Erhard und die Hohen Kommissare John Jay McCloy (USA), Brian Hubert Robertson (Großbritannien) und André François-Poncet (Frankreich) nach der Unterzeichnung des Petersberger Abkommens.

1 Vgl. zu den folgenden Ausführungen: Ehrhart Neubert: Unsere Revolution. Die Geschichte der Jahre 1989/90, München 2008, S. 56–70; Heinrich August Winkler: Geschichte des Westens. Vom Kalten Krieg zum Mauerfall, München 2014, S. 993–1003.

Abb. 1.5: Über die ungarische Grenze gelang im Sommer 1989 vielen DDR-Bürgern die Flucht nach Österreich.

Mit den Massendemonstrationen in der DDR spitzte sich im Herbst die Lage nochmals zu. Und dann ging es Schlag auf Schlag: Am 16. Oktober demonstrierten in Leipzig 120.000 nach den Friedensgebeten. Auf Geheiß von Egon Krenz griffen die Sicherheitskräfte nicht ein. Einen Tag später trat Erich Honecker zurück. Doch „Kronprinz" Krenz hatte ein unüberwindbares Problem: die Glaubwürdigkeit. Schließlich hatte er wie Honecker alle Reformen bis dato abgelehnt. Weder die Proteste noch die Flüchtlingswellen ebbten folglich ab. Seit dem 1. November erlaubte die neue DDR-Führung ihren Bürgern zudem die visafreie Ausreise in die ČSSR, und eine Vereinbarung mit der tschechischen Regierung hatte die Öffnung der Grenze zu Westdeutschland zur Folge. Die Mauer war nun schon sehr brüchig geworden.

Abb. 1.6: Die Demonstration am 4. November 1989 war die größte nicht staatlich gelenkte Veranstaltung in der Geschichte der DDR.

Am 4. November forderten auf dem Berliner Alexanderplatz mehrere hunderttausend Menschen bereits freie Wahlen, die Zulassung von Oppositionsgruppen und Meinungsfreiheit. Spätestens jetzt war das System als Ganzes in Frage gestellt. Am 7. November trat die Regierung Stoph, am 8. November das gesamte Politbüro zurück. Dennoch war es durch den Ansturm der Massen auf die ČSSR dringend geboten, neue Reisegesetze zu erlassen.[2]

Am Nachmittag des 9. November informierte Krenz das Zentralkomitee der SED – nach der späteren Erinnerung von Sitzungsteilnehmern eher beiläufig – von der soeben getroffenen Entscheidung der Regierung über die neuen Reisebestimmungen. Gegen 18.00 Uhr übergab Krenz dem neuen ZK-Sekretär für Information, Günter Schabowski, ein zweiseitiges Papier, das die neuen Bestimmungen enthielt. Schabowski war gerade auf dem Wege ins Internationale Pressezentrum, um die versammelten Journalisten über die Ergebnisse der

2 Winkler: Geschichte des Westens, S. 998–999.

ZK-Tagung zu unterrichten.[3] Bei der Aushändigung des Textes bemerkte Krenz knapp: „Gib das bekannt. Das wird ein Knüller für uns."[4] Natürlich hoffte er, dass das Einlenken der neuen DDR-Führung in dieser wichtigen Frage die Situation beruhigen würde – eine Fehleinschätzung, wie wir heute wissen. Denn schon längst skandierten die Demonstranten: „Wir brauchen keine Gesetze – die Mauer muss weg!"[5]

Schabowski jedoch trat in der festen Meinung vor die Presse, „(...) das beste Gesetz aller Zeiten, mit allen Eindeutigkeiten, die die Freiheit des Reiseverkehrs definierten (...)", zu verkünden.[6] Sein Papier war allerdings nur eine Vorlage der Regierung, kein gültiger Beschluss, der immer noch ausstand. Das aber wusste Schabowski, wie er heute erklärt, damals nicht, und so kam es zu dem berühmt gewordenen Versprecher auf der internationalen Pressekonferenz, wonach die neue Reiseregelung „unverzüglich" in Kraft trete[7]:

Günter Schabowski: (...) Und deshalb haben wir uns dazu entschlossen, heute eine Regelung zu treffen, die es jedem Bürger der DDR möglich macht, über Grenzübergangspunkte der DDR auszureisen.

Abb. 1.7: Eine Nachricht geht um die Welt: Ausreise von sofort an möglich (Meldung der dpa vom 9. November 1989).

3 Bundeszentrale für politische Bildung: *Informationen zur politischen Bildung*, Heft 250, Juli 2009: Der Weg zur Einheit, Kapitel „Zusammenbruch des SED-Regimes", http://www.bpb.de/izpb/10280/zusammenbruch-des-sed-regimes?p=5 (Zugriff: 29.1.2015).

4 Ebenda.

5 Ebenda.

6 Heribert Schwan, Rolf Steininger im Interview mit Günter Schabowski, in: Dies. (Hg.): Mein 9. November 1989, Düsseldorf 2009, S. 284–285.

7 Zitiert aus: Internationale Pressekonferenz von Günter Schabowski (in Begleitung der ZK-Mitglieder H. Labs, G. Beil und M. Banaschak) vom 9. November 1989 (Ton-Abschrift), www.chronik-der-mauer.de, 9. November, 18.53 Uhr (Zugriff: 29.1.2015); als Tondokument: RIAS Reportage, ebenda (Zugriff: 29.1.2015); siehe auch: Hans-Hermann Hertle: Die Berliner Mauer, Berlin 2011, S. 194–195.

Frage: (Stimmengewirr) Das gilt ...?

Riccardo Ehrmann, Journalist: Ohne Pass? Ohne Pass? – (Nein, nein!)

(...)

Peter Brinkmann, Journalist: Ab sofort? Ab ...?

Günter Schabowski: (...) Also, Genossen, mir ist das hier also mitgeteilt worden, (...) dass eine solche Mitteilung heute schon (...) verbreitet worden ist. Sie müsste eigentlich in Ihrem Besitz sein. Also (liest sehr schnell vom Blatt): „Privatreisen nach dem Ausland können ohne Vorliegen von Voraussetzungen – Reiseanlässe und Verwandtschaftsverhältnisse – beantragt werden. Die Genehmigungen werden kurzfristig erteilt. Die zuständigen Abteilungen Pass- und Meldewesen der VP – der Volkspolizeikreisämter – in der DDR sind angewiesen, Visa zur ständigen Ausreise unverzüglich zu erteilen, ohne dass dafür noch geltende Voraussetzungen für eine ständige Ausreise vorliegen müssen."

Riccardo Ehrmann, Journalist: Mit Pass?

Günter Schabowski (liest): „Ständige Ausreisen können über alle Grenzübergangsstellen der DDR zur BRD erfolgen."

Manfred Baunaschak: Entscheidend ist ja die inhaltliche Aussage ...

Günter Schabowski: ... ist die ...

Frage: Wann tritt das in Kraft?

Günter Schabowski: (blättert in seinen Papieren) Das tritt nach meiner Kenntnis ist das sofort, (...) unverzüglich (blättert weiter in seinen Unterlagen) ...

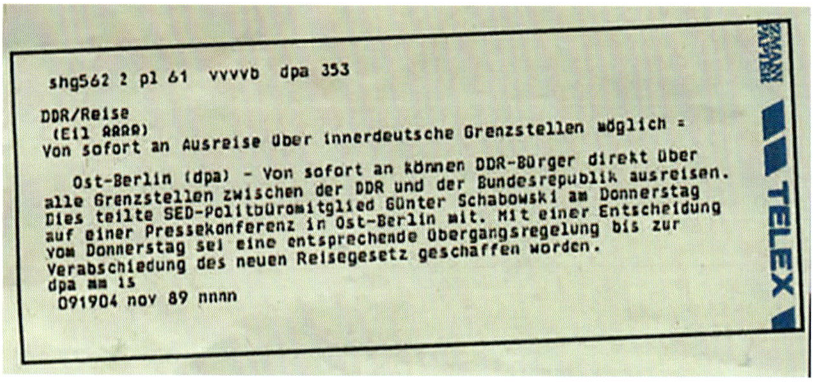
shg562 2 pl 61 vvvvb dpa 353

DDR/Reise
(Eil AAAA)
Von sofort an Ausreise über innerdeutsche Grenzstellen möglich =

Ost-Berlin (dpa) - Von sofort an können DDR-Bürger direkt über alle Grenzstellen zwischen der DDR und der Bundesrepublik ausreisen. Dies teilte SED-Politbüromitglied Günter Schabowski am Donnerstag auf einer Pressekonferenz in Ost-Berlin mit. Mit einer Entscheidung vom Donnerstag sei eine entsprechende Übergangsregelung bis zur Verabschiedung des neuen Reisegesetz geschaffen worden.
dpa mm ls
091904 nov 89 nnnn

Abb. 1.8: Die Meldung, die die Welt verändern sollte (dpa vom 9. November 1989).

Helga Labs: (leise) ... unverzüglich.

Gerhard Beil: (leise) Das muss der Ministerrat beschließen.

Krzysztof Janowski, Journalist: Auch in Berlin? (... Stimmengewirr ...)

Peter Brinkmann, Journalist: Sie haben nur BRD gesagt, gilt das auch für West-Berlin?

Günter Schabowski (liest schnell vor): „Wie die Presseabteilung des Ministeriums ..., hat der Ministerrat beschlossen, dass bis zum Inkrafttreten einer entsprechenden gesetzlichen Regelung durch die Volkskammer diese Übergangsregelung in Kraft gesetzt wird."

Peter Brinkmann, Journalist: Gilt das auch für Berlin-West? Sie hatten nur BRD gesagt.

Günter Schabowski (zuckt mit den Schultern, verzieht dazu die Mundwinkel nach unten, schaut in seine Papiere) Also (Pause), doch, doch (liest vor): „Die ständige Ausreise kann über alle Grenzübergangsstellen der DDR zur BRD bzw. zu Berlin-West erfolgen."

Die Journalisten stürmten zu den Fernsprechern. Die Meldung ging um die Welt wie ein Lauffeuer: „Die Mauer ist auf."

Auf der Mauer

Was dann begann, ist als die „Nacht des Mauerfalls" schon längst in die Geschichte eingegangen – die spontane Verbrüderung von Ost und West. Auch wir tauchen noch einmal ein in die Nacht des 9. November und treffen die – von uns erfundenen – Wachleute Hartmut Schöller aus Ostberlin und Erich Lorenz aus Westberlin, die sich gegenseitig und uns in den folgenden Kapiteln erzählen werden, wie sich das Bewachungsgewerbe seit 1945 in West und Ost entwickelt hat.

Hartmut Schöller hat am 9. November 1989 seine letzte Schicht vor dem lange geplanten Urlaub in den Thüringer Bergen. Er ist als Angehöriger der Volkspolizei im Bereich Betriebsschutz tätig und arbeitet im Zentralen Aufnahmeheim Röntgental bei Berlin, in das Zuwanderer und vor allem Umsiedler und Rückkehrer aus der Bundesrepublik Deutschland zur Überprüfung eingewiesen werden. Neben der Volkspolizei ist natürlich auch die Staatssicherheit vertreten – ein schwieriges Verhältnis, denn die Staatssicherheit versucht, alles und jeden zu kontrollieren. Vertrauen sieht anders aus.

Doch im Moment hat Hartmut andere Sorgen. Er fragt sich schon lange, was eigentlich in „seiner DDR" vorgeht. Bereits vor einigen Monaten spitzte sich die Situation zu. In den Parteiversammlungen gab es nicht mehr das übliche Geschwafel, stattdessen wurden dringliche Fragen zur Situation im Land gestellt. Aber während Millionen flohen oder demonstrierten, konnte keiner der Vorgesetzten Antworten geben. Man verwies auf Berlin, doch Berlin schwieg. Es war eine unwirkliche Zeit. Am liebsten würde auch Hartmut seine sieben Sachen packen und mit Frau und Sohn Richtung ČSSR aufbrechen. Einfach weg, denn zu vieles kommt ans Tageslicht, was er nicht glauben kann. Im Frühjahr wurden die unliebsamen Wahrheiten noch in bewährter Weise als Kampagnen des westdeutschen Imperialismus abgetan, aber heute, Monate später, sieht die Wahrheit leider anders aus.

Hartmut wird aus seinen Gedanken gerissen, als die Tür zu seinem kleinen Büro aufgestoßen wird und der Verbindungsoffizier der Staatssicherheit, Major Helmut Passig, etwas verlegen ins Zimmer stolpert. In seiner rechten Hand hält er einige Blätter Papier.

„Hör mal, Hartmut, ich habe von meiner Dienststelle ein Papier bekommen, in dem die Lage der letzten Wochen und Monate eingeschätzt wird. Ich wollte mich mit dir darüber verständigen, denn es sieht nicht gut aus."

„Es sieht nicht gut aus? Hunderttausende hauen ab oder demonstrieren auf dem Alex. Sie fordern die Öffnung der Grenzen und freie Wahlen – und du sagst, es sieht nicht gut aus?"

Beide Männer waren in den letzten Jahren mehr als einmal aneinandergeraten, denn Helmut spielte sich sehr oft als Befehlshaber auf.

„Ich weiß, dass die Genossen vom Betriebsschutz nicht immer gut auf uns zu sprechen sind ..."

„Stimmt!"

„ ... aber lies doch bloß einmal, was die Hauptabteilung VII des MfS als aktuelle Einschätzung der Lage verbreitet."

Hartmut nimmt die Zettel angewidert entgegen. Der Volkspolizist kann sich ein Schmunzeln nicht verkneifen, als er den Stasi-Bericht vom 9. September 1989 über die Ausreisemotive der DDR-Bürger in der Hand hält. Von wegen aktuell, zwei Monate ist der Wisch alt! Dennoch überfliegt er die „aktuelle Einschätzung":

Die überwiegende Anzahl dieser Personen [Ausreisewillige – Anmerkung von E. K.] wertet Probleme und Mängel an der gesellschaftlichen Entwicklung, vor allem im persönlichen Umfeld, in den persönlichen Lebensbedingungen und bezogen auf die sogenannten täglichen Unzulänglichkeiten, im Wesentlichen negativ und kommt, davon ausgehend, insbesondere durch Vergleiche mit den Verhältnissen in der BRD und in Westberlin, zu einer negativen Bewertung der Entwicklung in der DDR. Die Vorzüge des Sozialismus, wie zum Beispiel soziale Sicherheit und Geborgenheit, werden zwar anerkannt, im Vergleich mit aufgetretenen Problemen und Mängeln jedoch als nicht mehr entscheidende Faktoren angesehen. (...) Das geht einher mit der Auffassung, dass die Entwicklung keine spürbaren Verbesserungen für die Bürger bringt (...). Derartige Auffassungen zeigen sich besonders auch bei solchen Personen, die bisher gesellschaftlich aktiv waren, aus vorgenannten Gründen jedoch „müde" geworden seien, resigniert und schließlich kapituliert hätten. (...) Diese Personen gelangen (...) zu der Auffassung, dass eine spürbare, schnelle und dauerhafte Veränderung ihrer Lebensbedingungen (...) nur in der BRD oder Westberlin realisierbar sei. (...) Im untrennbaren Zusammenhang damit wirken aktuelle Entwicklungstendenzen in anderen sozialistischen Staaten (...), durch die in beachtlichem Umfang Zweifel an der Einheit, Geschlossenheit und damit der Stärke der sozialistischen Staatengemeinschaft entstanden sind, die zunehmend auch zu Zweifeln an der Perspektive und Sieghaftigkeit des Sozialismus überhaupt führen.[8]

„Schön, dass die Stasi auch schon gemerkt hat, was läuft", lacht Hartmut, aber es ist ein bitteres Lachen.

„Ich will dir nur zeigen, dass in Berlin einiges schiefgeht. Wir müssen aufpassen, dass wir nicht unter die Räder kommen." Helmut ist wirklich besorgt.

„Helmut, die Massen sehen, was los ist. Tausende verlassen die DDR, Hunderttausende gehen auf die Straße, und die Partei schweigt oder betet die alten Klassenkampfparolen nach. Bereits vor vier Jahren hat Gorbatschow mit seinen Reformen begonnen. Glasnost? Perestroika? Haben die das nie gehört? Können unsere alten Männer nicht begreifen, dass sich die Zeiten geändert haben?"

„Ich verstehe deine Verbitterung nicht. Natürlich wurden Fehler gemacht, aber die Sache des Sozialismus ist doch richtig, sie ist eine Gesetzmäßigkeit der geschichtlichen Entwicklung!"

„Spinnst du jetzt total? Merkst du nicht, wie weltfremd das klingt? Was nutzt die schönste Theorie, wenn das Land kaputtgeht. Wach auf, Helmut, das Ende der Fahnenstange ist erreicht. Die DDR löst sich früher oder später auf, weil die alten Machtstrukturen zu lange nicht bereit waren, wirkliche Reformen durchzuführen. Wer zu spät kommt, ..."

8 Armin Mitter, Stefan Wolle (Hg.): Ich liebe euch doch alle. Befehle und Lageberichte des MfS, Januar bis November 1989, Berlin 1990, S. 141; der Text ist abgedruckt in: Bundeszentrale für politische Bildung: *Informationen zur politischen Bildung*, Heft 250, Juli 2009: Der Weg zur Einheit, Kapitel „Zusammenbruch des SED-Regimes", http://www.bpb.de/izpb/10268/der-weg-zur-einheit (Zugriff: 29.1.2015).

„… den bestraft das Leben. Ich weiß, ich kenne den Satz von Gorbatschow, Hartmut." Der Major verlässt mit gesenktem Kopf das Büro. So deutlich ist ihm gegenüber noch keiner der Genossen geworden.

Hartmut Schöller beendet seinen Dienst im Zentralen Aufnahmeheim Röntgental am 9. November um 18 Uhr, steigt in seinen Trabant 601 und fährt in Richtung Berlin-Marzahn davon. Zu Hause angekommen, legt er sich für ein Stündchen aufs Ohr. Aber er findet keinen Schlaf. Unruhig wälzt er sich hin und her. „Wir sind das Volk", der Slogan der Demonstranten hallt noch immer in seinen Ohren. „Wie lange wird das noch gut gehen?", murmelt er im Halbschlaf vor sich hin.

Beim Abendessen mit Ehefrau Marina läuft die *Aktuelle Kamera*, die Nachrichtensendung des DDR-Fernsehens. Auch hier wird die Pressekonferenz zur aktuellen Lage mit Günter Schabowski übertragen. Hartmut hört nur halb hin, doch plötzlich ist er hellwach.

„Hab ich das richtig gehört, alle dürfen ausreisen, und das sofort? Das gibt's doch nicht! Die machen die Mauer auf!" Hartmut ist sprachlos. Er spürt sofort, dass hier etwas ganz Großes passiert. In seinem Kopf überschlagen sich die Gedanken. Nach meinem Urlaub gibt es kein Aufnahmeheim mehr. Wer sollte denn dort noch hinkommen? Was wird dann aus meiner Dienststelle? Und aus mir? Und was wird aus der DDR, wenn jetzt alle weglaufen? Hartmut wagt nicht, die Gedanken zu Ende zu denken, die sich ihm aufdrängen. Von einem Augenblick auf den anderen ist seine gesamte Existenz unsicher geworden.

„Was machen wir nun mit unserem Urlaub?", fragt Marina in die Stille hinein.

Abb. 1.9: Großes Gedränge am Grenzübergang Bornholmer Straße, kurz nach Öffnung des Schlagbaums.

Abb. 1.10 (S. 22–23): Die Menschen stürmen die Mauer, hier auf der Westseite des Brandenburger Tors, nachmittags am 10. November 1989.

Ja, was? Eine gute Frage. Hartmut beschließt, ruhig zu bleiben und einen klaren Kopf zu behalten. „Wir wissen doch noch gar nicht, ob alles so bleibt, wie es jetzt aussieht. Am besten ist es, wir warten erst einmal ab. Lass uns im Fernsehen weiterverfolgen, was da passiert."

Hartmut stellt nun Westsender ein. Alle haben nur eine Nachricht, die Pressekonferenz von Schabowski und die angekündigte Öffnung der Grenzen. An allen Grenzübergängen sind Kamerateams unterwegs, die über die Menschenansammlungen berichten. Bereits um 21.30 Uhr waren mehr als 1.000 Menschen an der Bornholmer Straße zusammengekommen. Die Massen fordern, man solle die Grenzübergänge öffnen und die Erklärung von Schabowski umsetzen. Aber bisher tut sich nichts. Wie auch, denkt sich Hartmut, sicher hat keiner der Genossen auch nur die kleinste Anweisung erhalten, wie er sich zu verhalten hat.

Um 22.42 Uhr begrüßt der Moderator der ARD-Tagesthemen, Hanns Joachim Friedrichs, die Zuschauer:

Guten Abend, meine Damen und Herren. Im Umgang mit Superlativen ist Vorsicht geboten, sie nutzen sich leicht ab, aber heute Abend darf man einen riskieren: Dieser neunte November ist ein historischer Tag: Die DDR

DAVID'89

hat mitgeteilt, dass ihre Grenzen ab sofort für jedermann geöffnet sind, die Tore in der Mauer stehen weit offen.[9]

Als Hartmut hört, wie Robin Lautenbach wenige Minuten später in der gleichen Sendung live vom Grenzübergang Invalidenstraße berichtet, dass die ersten neugierigen Westberliner auf DDR-Bürger warten[10] und dass sich am Ostberliner Übergang Bornholmer Straße immer mehr Menschen ansammeln, hält es ihn nicht mehr zu Hause. Vorsichtshalber nimmt er seinen Dienstausweis mit und begibt sich zur Straßenbahnhaltestelle vor dem Haus. Und er ist nicht der Einzige. Erst jetzt, nach der Meldung im Westfernsehen, beginnt der große Ansturm auf die Mauer. In weniger als 30 Minuten ist Hartmut in der Bornholmer Straße. Was er sieht, haut ihn um. Ein Meer von Menschen hat sich versammelt, und es werden immer mehr. Langsam, aber unaufhaltsam schieben sich die Massen in Richtung Grenzübergang. Bald ist Hartmut ein Teil von ihnen.

Die vom Zentrum für Zeithistorische Forschung Potsdam e. V., der Bundeszentrale für politische Bildung und dem Deutschlandradio gemeinsam erstellte Chronik der Mauer beschreibt die Situation vor Ort sehr präzise:

In der Bornholmer Straße wird die Lage gegen 23.00 Uhr für die Kontrolleure bedrohlich. Tausende Menschen drücken auf den Grenzübergang. (...) Als einige ausreisen dürfen, verstärkt sich das Gedränge derjenigen, die noch warten müssen. Als der Drahtgitterzaun vor dem Grenzübergang beiseite geschoben wird, bangen die Grenzwächter um ihr Leben. Oberstleutnant Harald Jäger beschließt, alles aufzumachen und die Kontrollen einzustellen. Tausende von Menschen strömen in die Grenzanlage, überrennen die Kontrolleinrichtungen, laufen über die Brücke und werden auf der Westberliner Seite begeistert begrüßt.[11]

Es ist 23.30 Uhr. Einer in der Masse ist Hartmut Schöller. Langsam wächst in ihm das Bewusstsein, Teil eines historischen Ereignisses zu sein. Instinktiv spürt er, dass für seine Familie und ihn selbst in dieser Stunde ein neuer Lebensabschnitt beginnt. Aber er ist ratlos und auch ein bisschen ängstlich: Wohin jetzt? Wie wird das ausgehen? Die meisten Ostberliner liegen sich mit fremden Westberlinern in den Armen und feiern die Maueröffnung. Einige schreien ihre Freude nur so heraus. Andere dagegen freuen sich im Stillen. Und viele haben jetzt nur ein Ziel, das Brandenburger Tor. Auch Hartmut will nun dorthin, aber wie? Er kennt sich ja nicht aus. So schließt er sich den Massen an.

Der Menschenstrom bewegt sich entlang der Mauer. Verlegen fasst Hartmut das Gestein an, prüft. Ja, es ist wirklich aus Beton und keine Kulisse. Ein eigen-

9 Chronik der Mauer, 9. November 1989, 22.42 Uhr, http://www.chronik-der-mauer.de/index.php/de/Chronical/Detail/day/9/month/November/year/1989 (Zugriff: 5.2.2015).
10 Ebenda.
11 Chronik der Mauer, 9. November 1989, 23.30 Uhr, http://www.chronik-der-mauer.de/index.php/de/Chronical/Detail/day/9/month/November/year/1989 (Zugriff: 5.2.2015).

artiges Gefühl. Jahrzehntelang sah er das Ungetüm nur aus der Ferne, und jetzt geht er direkt neben ihm. Unbewusst kontrolliert er seine Taschen. Ist auch der Dienstausweis noch da? Erleichtert stellt er fest, dass er noch an seinem Platz ist. Schnell den Innentaschenknopf schließen, damit der Ausweis nicht verloren geht. Lange Zeit später biegt er auf der Höhe des Lehrter Bahnhofs in Richtung Brandenburger Tor ein. Schon sieht er in der Ferne den symbolträchtigen Bau stehen. Je näher er kommt, desto größer werden die Menschenmassen. Hartmut steht und staunt. Ist das Wirklichkeit oder ein Traum? Ich bin in Westberlin, denkt er, und stehe vor der Mauer am Brandenburger Tor, die gerade gestürmt wird. Nun muss er doch gegen die aufkommende Rührung ankämpfen.

Es ist inzwischen fast 1.30 Uhr. Die ersten Menschen klettern auf die Mauerbrüstung. Sie tanzen und jubeln den auf Ostberliner Seite aufmarschierten Grenzsoldaten zu. Menschen, die sich nicht kennen, gratulieren sich gegenseitig, klopfen sich auf die Schulter, fallen sich in die Arme. Spontane Freundschaften entstehen. Sektflaschen machen die Runde, es wird gesungen, gelacht und geweint gleichzeitig. Und immer wieder wird skandiert: „Die Mauer muss weg." Es herrscht eine unglaubliche Euphorie. Die Mauer ist offen, und die ganze Welt ist gerührt.

Auch Hartmut wird von der Welle der Begeisterung erfasst. Spontan entschließt er sich, auf die Mauer zu klettern. Als er sich durchgedrängt hat und am Fuß des Bollwerks steht, sieht er die ersten „Mauerspechte", die mit kleinen Hacken, Hämmern oder Meißeln das „antifaschistische" Bollwerk bearbeiten. Plötzlich wird ihm eine Hand entgegengestreckt.

„Fass zu, ich zieh dich rauf."

Zwei starke Männerhände ziehen Hartmut auf die Krone der Mauer.

„Danke." Mehr kann er nicht sagen, denn die Stimme versagt ihm, Hartmut hat Tränen in den Augen. Er braucht ein paar Sekunden, um die Fassung wiederzuerlangen. Dann schaut er sich um. Unwillkürlich schießt ihm durch den Kopf: Mensch, ist die Mauer breit. Hier könnten ja Trabbis fahren.

Erst dann gewahrt er den Mann, der ihm hochgeholfen hatte. Dieser kommt lachend auf ihn zu. „Unglaublich, was? Hätte mir noch vor zwei Monaten jemand gesagt, dass ich vor dem Brandenburger Tor auf die Mauer klettern würde, ich hätte ihn zum Arzt geschickt." Hartmut nickt. Und ich erst als Vopo, denkt er.

Laut sagt er: „Mann, ich bin völlig durch den Wind. Diese Verbrüderung, dieser Jubel, irre! Übrigens, ich bin Hartmut Schöller aus Marzahn."

„Und ich Erich Lorenz aus Charlottenburg."

Beide Männer reichen sich die Hände, lachen und umarmen sich. Wer hätte gedacht, dass ein Westberliner einem Ostberliner auf die Mauer hilft!

„Sagen wir du zueinander, denn wir müssen fast im gleichen Alter sein", schlägt Erich Lorenz vor.

„Einverstanden, ich bin der Hartmut."

„Und ich der Erich. Aber du bist kein Berliner. Hab ich recht?"

„Stimmt! Ich komme aus Altenburg und bin erst seit Anfang der Siebziger in Berlin. Ich bin Jahrgang ´53", erzählt Hartmut.

„Na ja, da bin ich ja der Ältere. Ich bin ´52 geboren."

„Was machst du denn beruflich?"

„Ich bin in der privaten Sicherheitsbranche, und das ist bei uns in der Familie schon fast Tradition. Mein Großvater, mein Vater und mein Bruder waren oder sind allesamt im Sicherheitsberuf."

Jetzt muss Hartmut lachen. „Das gibt's ja gar nicht, ich komme auch von der Sicherheit. Ich arbeite bei der Deutschen Volkspolizei, Bereich Betriebsschutz. Auch meine Vorfahren waren Wachleute oder Polizisten."

„Kollegen unter sich, könnte man sagen", sagt Erich trocken.

„Irgendwie schon", findet Hartmut. „Obwohl ich ehrlich gesagt gar nicht weiß, was private Sicherheit bei euch ist und ob man das mit unserem Betriebsschutz in der DDR vergleichen kann."

„Keine Ahnung! Wir im Westen haben auch nicht alles erfahren, was im Osten so los war. Von vielen Dingen bei euch wissen wir überhaupt nichts."

„Ich dachte immer, im Westen wird über alles objektiv informiert, über uns, über das ganze Weltgeschehen so", bemerkt Hartmut, verschmitzt lächelnd.

Schmunzelnd antwortet Erich: „Bei uns darf zwar jeder sagen oder schreiben, was er will, aber das bedeutet nicht, dass über alles berichtet wird, und objektiv ist auch niemand, schon gar nicht unsere Zeitungen."

Hartmut nickt, das kommt ihm bekannt vor. „Wie heißt denn deine Firma, und was machst du dort?", fragt er nach einer Weile.

„Ich bin in der Deutschen Wachgesellschaft beschäftigt. Sie ist eine Traditionsfirma und Anfang des Jahrhunderts gegründet worden. Ich bin in der Personalabteilung angestellt und trage die Verantwortung für die innere Qualifizierung unserer Angestellten", lautet die Erklärung. „Und was machst du bei den Vopos?"

„Ich bin Offizier und Leiter des Betriebskommandos im Zentralen Aufnahmeheim Röntgental", antwortet Hartmut etwas verlegen.

„Offizier, toll! Was hast du denn für einen Dienstgrad, und was ist ein Aufnahmeheim?", will Erich wissen.

„Ich bin Major der VP, und ein Aufnahmeheim ist das Gleiche wie euer Notaufnahmelager", ist die kurze Erläuterung von Hartmut.

„Wie? Bei euch in der DDR suchen auch Menschen aus anderen Ländern Asyl?"

„Ja. Das sind bestimmt weniger als bei euch, aber es kommen in manchen Jahren auch so um die drei- bis fünftausend zu uns."

„Oh, das habe ich nicht gewusst." Erich wirkt jetzt etwas nachdenklich.

„Bist du verheiratet, und hast du Kinder?", fragt Hartmut, bevor die Pause zu lang wird.

„Ja, ich bin verheiratet, und meine Frau ist zurzeit in Düsseldorf bei den Eltern, da die Mutter erkrankt ist. Meine Tochter, die ist 16, und ich hoffe, sie schläft zu Hause. Und wie sieht das bei dir aus, Hartmut?"

„Ich habe einen Sohn, der ist gerade sechs geworden. Wir haben etwas spät angefangen", witzelt Hartmut. „Meine Frau arbeitet als Sekretärin in einer staatlichen Behörde."

„Meine Frau arbeitet nicht. Sie kümmert sich um unsere Tochter und den Haushalt."

Amüsiert antwortet Hartmut: „Tja, bei uns herrscht Gleichberechtigung. Die Frauen arbeiten mit, die Kinder gehen in die Kindereinrichtungen, und der Haushalt wird von der ganzen Familie erledigt."

„Davon habe ich auch schon gehört, obwohl ich nicht weiß, wie das bei euch organisiert ist", antwortet Erich lachend. „Aber mir reicht mein Beruf. Sag mal, was hast du eigentlich für Hobbys?"

„Ich bin Modelleisenbahner, und das seit meiner Kinderzeit. Meine Oma hat mir eine PIKO-Bahn geschenkt, und so wurde ich mit dem Virus der Modelleisenbahn infiziert."

„Echt? Also, ich bin auch mit Leib und Seele Modelleisenbahner. Ich habe eine Gartenbahn und eine H0-Anlage und habe mich auf Kirmesgeschäfte spezialisiert. Es macht tierischen Spaß, zu basteln und neue Dinge zu schaffen."

„Richtig, meine Bahn hat 20 Loks und über 100 Wagen. Abends, wenn es dunkel ist, sieht alles wie eine Märchenlandschaft aus. Ich bin gespannt, was es im Westen für Zubehör gibt, denn manchmal muss ich ganz schön improvisieren."

„Mann, dass wir uns hier oben getroffen haben, ist wie ein Wunder. Zwei Menschen aus Ost und West, zwei unterschiedliche Typen, jedoch ein Beruf und ein Hobby. Aber, Hartmut, ich glaube, wir wissen viel zu wenig über das jeweils andere Deutschland. Ihr kennt die BRD nur aus euren Medien, und wir kennen die DDR nur aus unseren. Wir müssen noch vieles voneinander lernen. Na, jedenfalls freue ich mich, einen so netten Menschen und Kollegen kennengelernt zu haben."

„Das Kompliment gebe ich gern zurück." Auch Hartmut ist begeistert. „Wir haben uns bestimmt noch viel zu erzählen. Jetzt aber muss ich nach Hause, denn meine Frau wird mich schon vermissen."

„Na, dann schlage ich vor, wir treffen uns am ersten Advent im Café Kranzler am Kudamm, so gegen drei. Dann können wir in aller Ruhe weiterquatschen", schlägt Erich vor.

„Klar, Erich, machen wir so. Lass dich noch einmal umarmen. Mach's gut, bis bald!"

Über ihr Gespräch haben die beiden Männer die Umgebung total vergessen. Sie stehen inmitten der Massen auf der Mauerkrone und haben gar nicht bemerkt, wie es immer mehr geworden sind und dass die Menschen bereits auf die Ostseite der Mauer gesprungen sind. Inzwischen skandieren die Ersten in ihrer Euphorie schon: „Die Mauer ist weg!" Ohne nachzudenken, springt auch Hartmut auf der Ostseite von der Mauer, während Erich auf der Westseite hinabklettert.

„Sie da, warten sie!" Hartmut hört die scharfe Stimme eines Grenzsoldaten vor sich. „Wo wollen sie hin? Zeigen sie mir Ihren Ausweis."

Hartmut findet diesen Befehlston nach den Erlebnissen der letzten Stunden etwas überzogen. So schnell verschwindet die Mauer wohl doch nicht, denkt er. Ruhig zieht er seinen Personalausweis aus der Tasche und zeigt ihn vor. Es juckt ihn in den Fingern, dem Grenzer den Ausweis der Volkspolizei unter die Nase zu halten. Aber diese Freude verkneift er sich, denn ob sein Gegenüber das verstehen würde, scheint ihm sehr fraglich.

„Was, Sie sind gar kein Westberliner Bürger? Sie kommen ja aus Marzahn", hört Hartmut den Grenzsoldat stammeln.

„Ja, ich komme aus Marzahn", entgegnet er stolz. „Ich war drüben in Westberlin", dabei zeigt er mit dem Daumen über seine Schultern in Richtung der Mauer, „und ich stand auf diesem Bauwerk. Ich genoss es, dabei gewesen zu sein. Jetzt gehe ich nach Hause und werde viel zu erzählen haben, Genosse Unteroffizier."

Abb. 1.11: Willy Brandt spricht am Abend des 10. November 1989 vor dem Schöneberger Rathaus zu Berlinern aus beiden Teilen der Stadt.

Ohne sich umzuschauen, setzt Hartmut seinen Weg fort und verschwindet in Richtung Unter den Linden.

So endet für Hartmut Schöller ein langer Tag in einem Berlin ohne Mauer, von dem er Stunden vorher noch nicht einmal zu träumen gewagt hätte. Bald wird er seinen neuen Freund wieder treffen, und sie werden sich viel zu erzählen haben über die Entwicklung in den beiden Deutschlands seit 1945 und natürlich über den Wachberuf in Ost und West. So werden auch sie einen kleinen Teil dazu beitragen, dass Willy Brandts berühmteste Worte in Erfüllung gehen:

> *Jetzt wächst zusammen, was zusammengehört. Jetzt erleben wir, und ich bin dem Herrgott dankbar dafür, dass ich dies miterleben darf: Die Teile Europas wachsen zusammen.*[12]

12 Willy Brandt: „... was zusammengehört". Reden zu Deutschland, Bonn 1990, S. 37 ff. Ebenfalls in: Bundeszentrale für politische Bildung: Informationen zur politischen Bildung, Heft 250, Juli 2009: Der Weg zur Einheit, Kapitel „Zusammenbruch des SED-Regimes", http://www.bpb.de/izpb/10268/der-weg-zur-einheit (Zugriff: 5.2.2015).

Das Kriegsende und die Folgen

Die letzten Kriegstage

Wir wollen Hartmut nun auf seinem ersten Ausflug nach Westberlin begleiten. Im berühmten Café Kranzler am Kurfürstendamm werden er und Erich Lorenz uns erzählen, wie sich der Wachberuf in Ost und West aus den Trümmern Deutschlands entwickelt hat.

Am 3. Dezember betritt Hartmut zur verabredeten Zeit den auch im Ostteil der Stadt bekannten Treffpunkt. Erst in der S-Bahn ist ihm so recht zu Bewusstsein gekommen, wie fremd ihm der Westen seiner Stadt ist.

Erich Lorenz wartet im Obergeschoss, und als er durch das Fenster Hartmut Schöller kommen sieht, steht er auf und kommt ihm entgegen. Herzlich begrüßen sich die beiden Männer – fast schon wie alte Freunde. Sie nehmen an einem Fenstertisch Platz, bestellen Kaffee und Schwarzwälder Kirschtorte.

Abb. 2.1: Das berühmte Café Kranzler im Juli 1989.

„Wie ist es dir ergangen in den letzten vier Wochen? War der Urlaub schön?", will Erich wissen.

„Aufregend! Ich meine, Thüringen und seine schönen Wälder kennen wir ja schon, das war erholsam wie immer. Aber von Sonneberg aus sind wir natürlich rüber nach Coburg und Kulmbach. Wir haben uns viel angesehen. Mensch, die vielen Geschäfte, Restaurants und Kneipen – alles war für uns neu und irgendwie ganz anders als bei uns. Und erst der Kudamm, ich war so neugierig auf die berühmte Straße. Als ich vom Bahnhof Zoo hierhergekommen bin, habe ich ordentlich gestaunt. Da haben wir einiges nachzuholen!" Hartmut ist noch immer beeindruckt von seinen ersten Schritten in Westberlin.

Abb. 2.2: Das Signet der Berliner Wach- und Schließgesellschaft.

„Na, das ist doch toll. Du kannst dir gar nicht vorstellen, was hier inzwischen los war. Es sind so viele aus Ostberlin gekommen, um zu gucken, wie wir hier leben. Und auch in Westberlin herrscht große Euphorie. Es gibt wahnsinnig viele neue Bekannt- und Freundschaften. Die Menschen sind begierig darauf zu erfahren, wie das Leben auf der anderen Seite in all den Jahrzehnten war. Als Westberliner habe ich natürlich einiges aus nächster Nähe erlebt, was zwischen Ost und West passiert ist. Ich habe mich nie viel mit Geschichte beschäftigt, aber ich habe in diesen Tagen viel darüber nachgedacht, wie alles so gekommen ist. Doch wieso sich zwei deutsche Staaten herausgebildet haben, die so verschieden waren, und wie sich unser Beruf bei euch nach dem Krieg entwickelt hat, ist mir ehrlich gesagt absolut rätselhaft. Ich bin gespannt, was du zu erzählen hast."

Hartmut lacht. Ihm gefällt die bescheidene Art des „Wessis".

„Na, das trifft sich gut. Denn außer für Modelleisenbahnen interessiere ich mich auch ein wenig für Geschichte, besonders für die unseres Berufsstandes", erwidert er.

„Na, dann leg mal los, da kann ich ja viel lernen!"

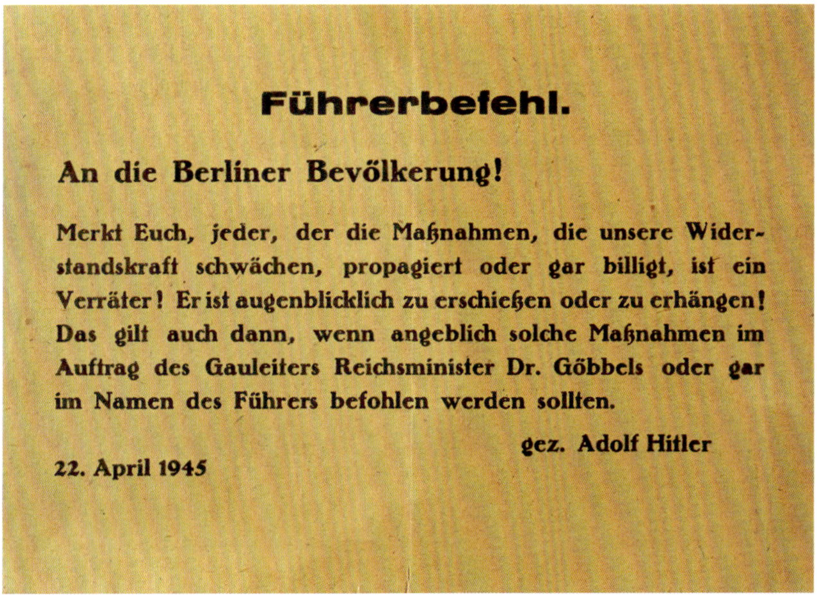

Führerbefehl.

An die Berliner Bevölkerung!

Merkt Euch, jeder, der die Maßnahmen, die unsere Widerstandskraft schwächen, propagiert oder gar billigt, ist ein Verräter! Er ist augenblicklich zu erschießen oder zu erhängen! Das gilt auch dann, wenn angeblich solche Maßnahmen im Auftrag des Gauleiters Reichsminister Dr. Göbbels oder gar im Namen des Führers befohlen werden sollten.

gez. Adolf Hitler

22. April 1945

Abb. 2.3: Flugblatt an die Berliner Bevölkerung mit Warnung vor der Schwächung der Widerstandskraft, Berlin, 22. April 1945.

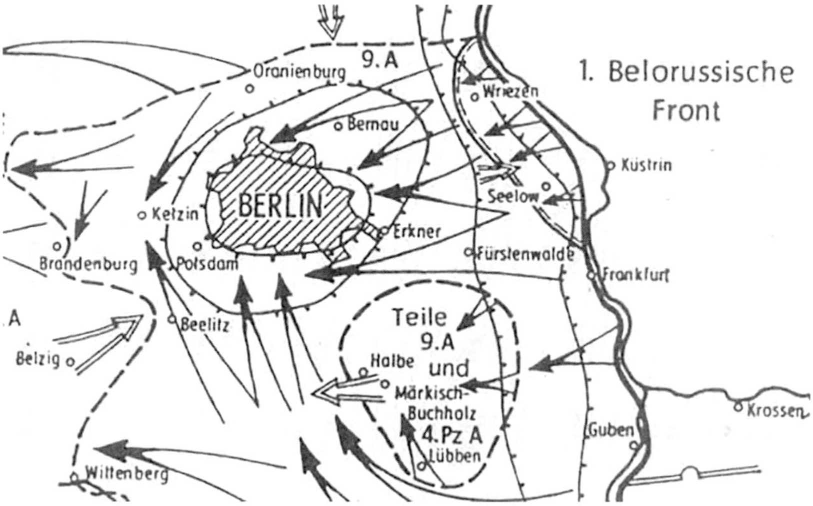

Abb. 2.4: Frontverlauf um Berlin am 21. April 1945 (Karte des Generalleutnants der 1. Belorussischen Front Fjodor Jefimowitsch Bokow).

„Einverstanden. Weißt du, schon mein Großvater Wilhelm Schöller hat in der Berliner Wach- und Schließgesellschaft gearbeitet, und zwar seit deren Gründung am 12. Juni 1902.[1] So erlebte er viele Höhen und Tiefen in dieser Bewachungsgesellschaft, zum Beispiel den Ersten Weltkrieg, als die Ehefrauen der Wächter einsprangen, denn die Männer waren an der Front. Er blieb auch in den zwanziger und dreißiger Jahren bei dem Unternehmen, als der private Wachdienst in der Stadt einen steilen Aufstieg erlebte. Und im Zweiten Weltkrieg wurde der 53-Jährige nicht mehr zur Wehrmacht eingezogen, denn er trug als Andenken an die Schützengräben von Verdun einen Granatsplitter in der linken Schulter.

Erst in den letzten Kriegstagen haben ihn die Nazis zum Volkssturm beordert. Berlin war bereits eingeschlossen. An militärische Entlastung war nicht mehr zu denken, die Ostfront hatte aufgehört zu existieren. Die Durchhalteparolen der NS-Führung zeigten deshalb auch keine besondere Wirkung mehr, wenngleich Gestapo und SS noch immer versuchten, mit aller Gewalt den Kampf ‚bis zum Endsieg' fortzuführen. Doch für meinen Großvater stand fest: Da mache ich nicht mit. Weißt du, Wilhelm war nicht der Einzige, der sich weigerte, sinnlos zu sterben. Viele wollten einfach weglaufen. Weg von den Russen, weg von der SS. Sich einfach in Sicherheit bringen und untertauchen. Wilhelm hatte sich einen Fluchtplan ausgedacht. Er arbeitete als Wachmann der Berliner Wach- und Schließgesellschaft im Industriegebiet von Marzahn/Brücknersfeld. Und dieses Industriezentrum lag nur knappe 2 Kilometer von der provisorischen Stellung der Marzahner Verteidiger entfernt. Im Hausflur des Anwesens Landsberger Allee 563 hatte er sein Fahrrad versteckt. Am 21. April wollte er die Flucht wagen – ein Wagnis auf Leben und Tod", fügt Hartmut nachdenklich hinzu.

1 Vgl. dazu: Erich Kupferschmidt, Thomas Menzel: Geschichten eines Sicherheitsunternehmens, Band 1: Von den Anfängen bis zum Beginn des 20. Jahrhunderts, Securitas Berlin 2013, S. 185–189.

Schlacht um Berlin 16. April bis 2. Mai 1945	
Konfliktparteien	
Sowjetunion Polen	Deutsches Reich
Truppenstärke	
2,5 Millionen Soldaten 6.250 Panzer 7.500 Flugzeuge	800.000 Soldaten 800 Panzer > 100 Flugzeuge
Verluste unter den Soldaten	
offiziell 361.367 - 81.116 Tote - 280.251 Verwundete	geschätzt 300.000 - 92.000 Tote - 200.000 Verwundete

Abb. 2.5: Die Schlacht um Berlin. Gegenüberstellung der Kräfteverhältnisse und Verluste (Zahlenangaben nach Wikipedia).

Die Geschichtsschreibung hat inzwischen minutiös aufgearbeitet, wie in den letzten Kriegstagen die Strukturen des Reiches zerfielen[2], denn in der Tat war die militärische Lage hoffnungslos. Dies hatten auch Hitlers Satrapen begriffen. Heinrich Himmler führte insgeheim Friedensverhandlungen mit Schweden[3], von 45 Gauleitern verhielten sich nur zwei, wie von Martin Bormann befohlen: „ (...) kämpfen (...), siegen oder fallen"[4]. Alle Übrigen desertierten, allen voran Karl Hanke und Erich Koch, die aus den belagerten „Festungen" Breslau und Königsberg per Flugzeug flohen.[5] Im Westen wurden den vorrückenden Amerikanern und Briten Dörfer und Städte kampflos übergeben, manchmal wandte sich die kriegsmüde Bevölkerung sogar gegen die eigenen Soldaten.[6]

Abb. 2.6: Das letzte Aufgebot: Volkssturmmann mit Raketenpanzerbüchse im April 1945.

Natürlich gab es in der Wehrmacht, vor allem unter den Jüngeren, und in der SS noch immer glühende Nationalsozialisten[7], doch sehr viele deutsche Soldaten und Volkssturmmitglieder, besonders in der hoffnungslosen Schlacht um Berlin, fühlten wie Hartmuts Großvater.[8] Denn am 16. April hatte Georgi Schukow mit der 1. Belorussischen Front den entscheidenden Angriff auf die deutschen Stellungen an der Oder begonnen.[9] Zusammen mit Konstantin Rokossowskis Zweiter Belorussischen Front, die von Pommern aus angriff, und Iwan Kon-

2 So beispielhaft für viele andere: Ian Kershaw: Das Ende. Kampf bis in den Untergang. NS-Deutschland 1944/45, München 2011.
3 Richard J. Evans: Das dritte Reich, Band 3: Krieg, München 2009, S. 903–904.
4 Martin Bormann, zitiert nach Ian Kershaw: Das Ende, S. 443–444.
5 Ian Kershaw: Das Ende, S. 441–443.
6 Ebenda, S. 435–436.
7 Ebenda, S. 434.
8 Richard J. Evans: Krieg, S. 905; Kershaw: Das Ende, S. 463–464.
9 Vgl. für das Folgende: Ian Kershaw: Das Ende, S. 418–420; Rolf-Dieter Müller: Der letzte deutsche Krieg. 1939–1945, Stuttgart 2005, S. 307.

Abb. 2.7: Der Berliner Wachthof in der Luisenstraße 31 b.

jews 1. Ukrainischer Front, die von der Neiße aus rasch nach Norden vorstieß, wurden 2,5 Millionen russische Soldaten ins Feuer geschickt. Ihre Überlegenheit war erdrückend: Die Rote Armee verfügte über weitaus mehr und kampferprobte Soldaten, während auf deutscher Seite das letzte Aufgebot an die Front geschickt wurde, sie besaß ein Vielfaches an Panzern, Geschützen und Kampfflugzeugen. Schukow durchbrach denn auch am 19. April die letzten Verteidigungsstellungen der Deutschen auf den Seelower Höhen und hatte am

20. April die nördliche Stadtgrenze erreicht. Unaufhaltsam wälzte sich eine Lawine von Menschen und Material der Reichshauptstadt entgegen. Die verbliebenen deutschen Einheiten hatten keine Chance mehr.

„Der Tag war gerade einmal sieben Stunden alt", nimmt Hartmut seine Erzählung wieder auf, „und es hatte zu regnen begonnen. Aus Richtung der Berliner Stadtgrenze, die unweit von Marzahn verläuft, erwarteten die deutschen Soldaten, unter ihnen auch Wilhelm, die sowjetischen Truppen. An der Wuhle, rechts und links der Landstraße nach Landsberg, wurden noch hastig einige Panzer eingegraben. Doch die Männer wussten genau: Der Krieg würde an diesem Tag für sie enden. Die Frage war bloß, wie.

Deutlich konnte man den Abschuss der ersten Salve sehen, und dann krachte es auch schon. Treffer auf Treffer schlug in unmittelbarer Nähe ein. Rauch, Staub, Feuer, man konnte die Hand vor Augen nicht sehen. Unmittelbar am Straßenrand verkroch sich mein Großvater in seinem Schützenloch.

Nun musste er schnell handeln, zum Haus laufen, sich auf sein Fahrrad schwingen und treten, was das Zeug hält. Endlich machte der Geschosshagel eine kleine Pause. Jetzt das Fahrrad geschnappt und los. Er strampelte dem Gewerbegebiet von Marzahn entgegen. Die wenigen Kilometer bis zum Industriebereich schaffte er in kurzer Zeit. Dort angekommen, nahm er die Dienstunterlagen der Berliner Wach- und Schließgesellschaft und das große Schlüsselbund an sich und fuhr weiter in Richtung Firmenzentrale. Der Firmensitz war im Wachthof, in der Luisenstraße 31 b, untergebracht.[10] Wilhelm radelte durch eine fast total zerstörte Stadt. Große Teile der Straßenzüge lagen in Schutt und Asche. Kurz vor dem Brandenburger Tor bog er rechts ab und fuhr in die Wilhelmstraße. Hinter der Marschallbrücke begann die Luisenstraße, und gleich an der Ecke zum Schiffbauerdamm erstreckte sich der Gebäudekomplex, in dem auch die Hausnummer 31 b integriert war.

Wilhelm war froh, das Ziel unverletzt erreicht zu haben. Er eilte in das Dienstzimmer seines Vorgesetzten. Niemand da. Er suchte weiter und fand einige wenige Kollegen im Keller des Hauses, wo sie Schutz vor den Bomben und Granaten suchten. Wilhelm gesellte sich zu ihnen, und alle hofften, dass der Krieg über sie hinwegfegen und der Spuk bald vorbei sein würde.

Wie sollte es bloß weitergehen nach dem Krieg? Den Männern war es fast egal, Hauptsache Frieden. Doch warum nahm Wilhelm noch die gefährliche Odyssee durch halb Berlin auf sich? Ihm ging es um die Berufsehre: Das Eigentum der Kunden musste gesichert werden, und dazu gehörten nun einmal auch die Schlüssel vom Firmengelände des Auftraggebers. Allerdings war sein Einsatz vergebens. Die Schlüssel, das Dienstbuch und alle anderen dienstlichen Geräte gingen in den Wirren der letzten Kriegstage doch noch verloren.

10 Erich Kupferschmidt, Thomas Menzel: Geschichten eines Sicherheitsunternehmens, Band 1: Von den Anfängen bis zum Beginn des 20. Jahrhunderts, Securitas Berlin 2013, S. 186.

Später musste er sogar mit ansehen, wie sein Bewachungsobjekt total demontiert und als Reparationsleistung in die Sowjetunion abtransportiert wurde."

„Das ist ja interessant!", ruft Erich. „Auch mein Großvater war im Krieg Wachmann - wenn auch wider Willen. Paul Lorenz, so hieß er, war eigentlich ein selbstständiger Händler in Riemberg, einem kleinen Ort in der Nähe von Wohlau, in Schlesien. Dort lebte er mit seiner Familie in einem neu gebauten Haus, sein Geschäft blühte, und der Familie ging es gut. Schwierig wurde es, als die Nationalsozialisten 1933 die Macht ergriffen, denn Großvater Paul war kein Freund der braunen Horde. Das entging dem SA-Führer des Ortes nicht. Er begann, die Familie systematisch zu schikanieren, vor allem mein Großvater war ihm ein Dorn im Auge. Sein Einkommen wurde von Monat zu Monat weniger, da viele Einwohner sich vor dem SA-Mann fürchteten. So kam, was kommen musste, das Geschäft wurde ihm entzogen, und er wurde zwangsweise zum Nachtwächter des Ortes bestellt. Nacht für Nacht ging er mit seinem kleinen Mischlingshund Bobby auf Streife. Als die Truppen der Russen immer näher kamen, musste die Familie, wie viele Millionen andere Menschen auch, die Flucht ergreifen und kam später im thüringischen Dorf Mattstett, in der

Abb. 2.8: Amerikas Präsident Roosevelt und der britische Premierminister Churchill bei der vom 14. bis zum 16. Januar 1943 stattfindenden Konferenz von Casablanca.

Abb. 2.9: Die „Großen Drei", Josef Stalin, Franklin D. Roosevelt und Winston Churchill, auf der Terrasse der sowjetischen Botschaft, Teheran 1943.

Nähe von Apolda, unter. Dort blieb Paul jedoch nicht lange, denn der Krieg war zu Ende, und er schaffte es mit dem ihm eigenen Verhandlungsgeschick als Händler, noch 1945 nach Berlin-Charlottenburg zu kommen. Natürlich wusste auch er nicht, wie es nach der Kapitulation weitergehen sollte."

Neuanfang: Welche Zukunft für Deutschland?

Abb. 2.10: Am 8. Mai 1945 unterzeichnet General Schukow für das Oberkommando der Roten Armee die Kapitulation der deutschen Wehrmacht in Berlin.

Abb. 2.11 (S. 38–39): Die Aufteilung Berlins in vier Besatzungszonen. Der sowjetische Sektor wird vom Ministerium des Innern der DDR als „demokratischer" Sektor bezeichnet.

Was die beiden Großväter unserer Wachleute nicht ahnen konnten, war die Tatsache, dass das Schicksal Nachkriegsdeutschlands im April 1945 bereits Konturen angenommen hatte. Auf verschiedenen Konferenzen hatten die Alliierten schon während des Krieges Pläne für die Zeit nach der deutschen Niederlage gemacht. Im Januar 1943 hatten sich Churchill und Roosevelt in Casablanca auf die Formel der „bedingungslosen Kapitulation" Deutschlands, Japans und Italiens verständigt.[11] Ende 1943, als Deutschland trotz der Katastrophe von Stalingrad noch an den Endsieg glaubte, diskutierten „Die Großen Drei" (Stalin, Churchill, Roosevelt) in Teheran darüber, wie das besiegte Deutschland ein für alle Mal „entmilitarisiert" werden könne. Roosevelt schwebte gar die Aufteilung in drei oder mehr autonome Staaten vor. Den neuen Staaten sollte jede militärische Betätigung und jede Art von Rüstungsindustrie verboten sein. Allen Alliierten ging es um die dauerhafte Zerstörung des wirtschaftlichen Kriegspotenzials. Die Verbündeten waren sich einig, dass dazu auch eine unbestimmte militärische Besetzung Deutschlands notwendig sein würde.[12] Stalin setzte gegenüber Churchill und Roosevelt die Abtretung des nördlichen Ostpreußens an die Sowjetunion sowie die Oder-Neiße-Linie als vorläufige deutsche Ostgrenze durch. Polen sollte als selbstständiger Staat wiederhergestellt werden, aber

11 Vgl. Müller: Der letzte deutsche Krieg, S. 183–184; Gerhard Weinberg: Eine Welt in Waffen. Die globale Geschichte des Zweiten Weltkriegs, Nachdruck, Hamburg 2002, S. 474–476.

12 Manfred Görtemaker: Geschichte der Bundesrepublik Deutschland. Von der Gründung bis zur Gegenwart, München 1999, S. 20–21.

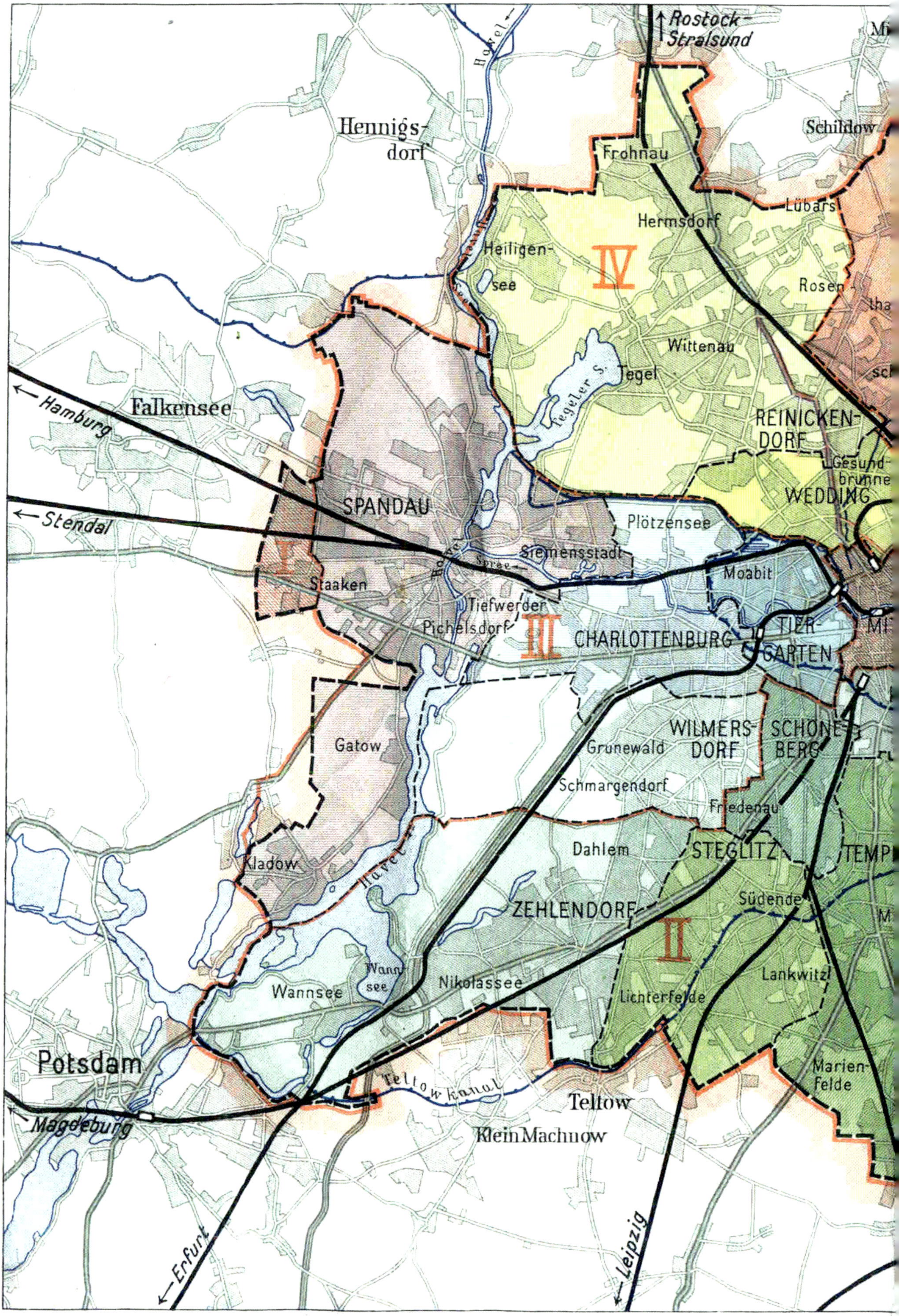

Rostock-
Stralsund
Hennigs-
dorf
Havel
Schildow
Frohnau
Lübars
Hermsdorf
Heiligen-
see
IV
Rosen-
tha
Wittenau
Tegeler S.
Tegel
Falkensee
Hamburg
REINICKEN-
DORF
Gesund-
brunnen
WEDDING
SPANDAU
Plötzensee
Stendal
Siemensstadt
Spree
Moabit
Staaken
Tiefwerder
Pichelsdorf
III
CHARLOTTENBURG
TIER-
GARTEN
Gatow
Grunewald
WILMERS-
DORF
SCHÖNE-
BERG
Schmargendorf
Friedenau
Dahlem
STEGLITZ
TEMP
Kladow
Havel
Südende
ZEHLENDORF
II
Wannsee
Wann-
see
Nikolassee
Lankwitz
Lichterfelde
Potsdam
Marien-
felde
Teltowkanal
Teltow
Magdeburg
KleinMachnow
Erfurt
Leipzig

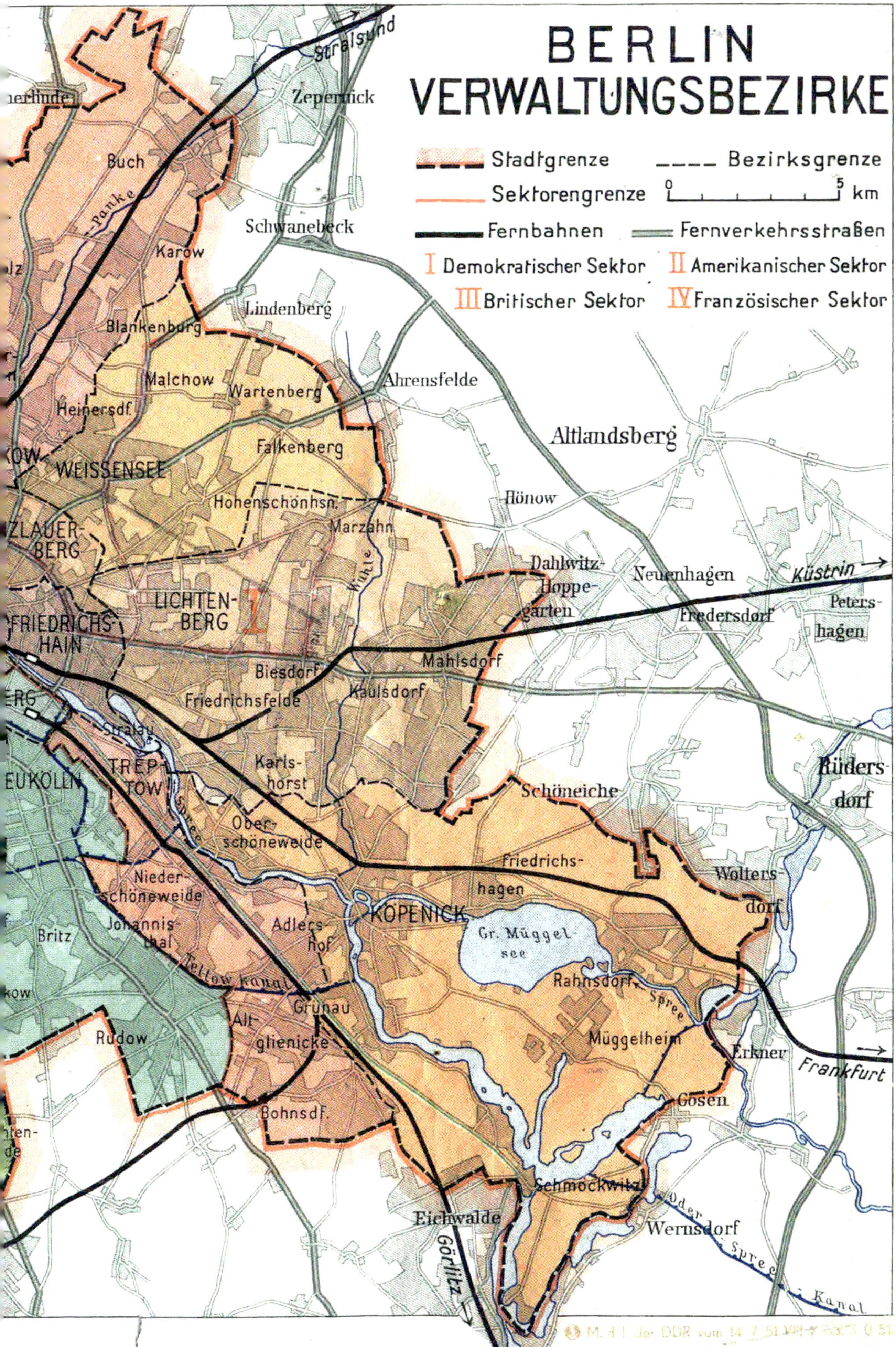
BERLIN
VERWALTUNGSBEZIRKE
Stadtgrenze
Bezirksgrenze
Sektorengrenze
0
5
km
Fernbahnen
Fernverkehrsstraßen
I Demokratischer Sektor
II Amerikanischer Sektor
III Britischer Sektor
IV Französischer Sektor
Stralsund
Zepernick
Buch
Panke
Karow
Schwanebeck
Lindenberg
Blankenburg
Malchow
Wartenberg
Ahrensfelde
Heinersdf.
Falkenberg
Altlandsberg
WEISSENSEE
Hohenschönhsn.
Hönow
Marzahn
Wuhle
Dahlwitz-Hoppegarten
Neuenhagen
Küstrin
LICHTENBERG
I
Fredersdorf
Petershagen
FRIEDRICHSHAIN
Mahlsdorf
Biesdorf
Kaulsdorf
Friedrichsfelde
Stralau
TREPTOW
Karlshorst
Rüdersdorf
Schöneiche
Spree
Oberschöneweide
Friedrichshagen
Woltersdorf
Niederschöneweide
KÖPENICK
Johannisthal
Adlershof
Gr. Müggelsee
Britz
Teltow Kanal
Rahnsdorf
Spree
Grünau
Altglienicke
Rudow
Müggelheim
Erkner
Frankfurt
Gosen
Bohnsdf.
Schmöckwitz
Oder-Spree-Kanal
Eichwalde
Wernsdorf
Görlitz

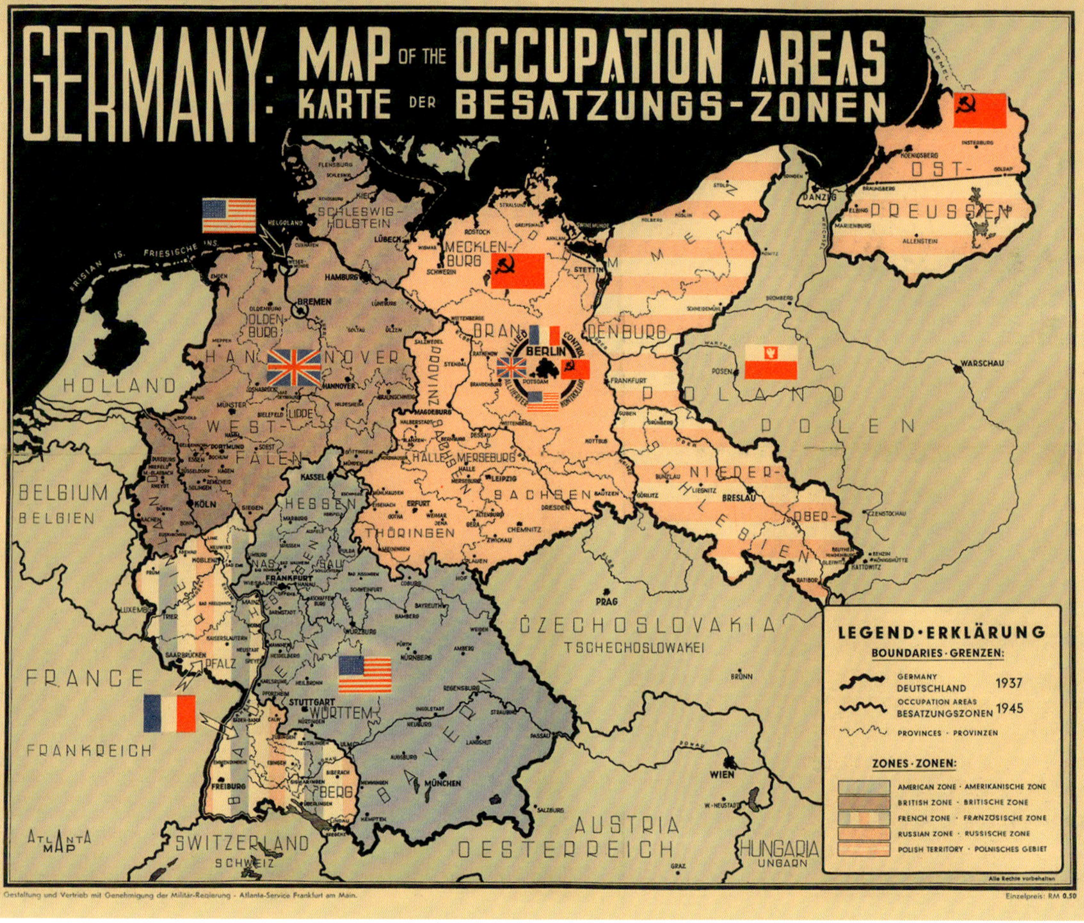

Abb. 2.12: Deutschlandkarte mit den vier Besatzungszonen, 1945.

Stalin bestand auf den Grenzen von 1941, also den Grenzen nach der Aufteilung Polens und des Baltikums im Hitler-Stalin-Pakt. So würde das Land seine Ostgebiete an die Sowjetunion verlieren, als Entschädigung jedoch die deutschen Gebiete östlich der Oder erhalten, und die baltischen Staaten würden bei der Sowjetunion verbleiben. All dies sollte endgültig auf einer Friedenskonferenz nach dem Krieg beschlossen werden.[13]

Die beiden Westalliierten diskutierten auf einer Konferenz in Quebec am 15. September 1944 sogar noch radikalere Maßnahmen: Nach dem Plan des US-Finanzministers Henry Morgenthau sollte Deutschland in ein Agrarland zurückversetzt werden. Letztlich scheiterte dieses Vorhaben nur daran, dass Experten in London und Washington befürchteten, die Alliierten selbst müssten unter Umständen Deutschland ernähren, wenn das Land seine Versorgung ohne Exportgüter nicht mehr gewährleisten könnte.[14]

In Jalta wurden diese Pläne zwischen dem 4. und 11. Februar 1945 erneut erörtert: Die Westverschiebung Polens wurde im Wesentlichen bestätigt, freilich hatte die Rote Armee dort inzwischen auch Fakten geschaffen. Der Morgenthau-Plan war vom Tisch, aber eine Einigung über die Zukunft Deutschlands und seine eventuelle Teilung gelang nicht. So verabredete man zunächst militärische Besatzungszonen, wie sie schon in der Zeit zwischen den

13 Vgl. dazu: Weinberg: Welt in Waffen, S. 669; Müller: Der letzte Krieg, S. 305.
14 M. Görtemaker: Geschichte der Bundesrepublik Deutschland, S. 22–23.

Gipfel-Konferenzen beraten worden waren. Während danach die Sowjetunion die Gebiete zwischen Oder und Elbe besetzen sollte, sollten die Westmächte zwei Zonen westlich der Elbe erhalten, Großbritannien im Norden und Westen Deutschlands und die USA im Süden und der Mitte. Aus diesen Zonen der Westalliierten wurde in Südwestdeutschland die französische Besatzungszone herausgeschnitten. Ebenso wurden die Sektorengrenzen in der Hauptstadt Berlin gezogen. Völlig offen blieb die Frage der Reparationen: Die von Stalin vorgebrachte Forderung von 10 Milliarden US-Dollar konnte er nicht durchsetzen.[15]

Abb. 2.13: Das offizielle Logo der damaligen US-Regierung für Hilfsprojekte des Marshallplans.

*Abb. 2.14: General George Catlett Marshall, * 31. Dezember 1880 in Uniontown, Fayette County, Pennsylvania; † 16. Oktober 1959 in Washington, D.C.*

Nach der Kapitulation der Wehrmacht am 8. Mai 1945 war zwar der Krieg entschieden, nicht aber die endgültige Gestaltung Nachkriegsdeutschlands.[16] Mehr noch: Durch die „Großen Drei" ging ein Riss, der immer deutlicher zum Vorschein kam. Denn Stalin hatte in den von der Roten Armee befreiten Staaten Ost- und Südost-Europas kommunistischen Regimen zur Macht verholfen. Churchill benutzte zum ersten Mal das Wort vom „eisernen Vorhang"[17]. Die Anti-Hitler-Koalition war bei Kriegsende zerbrochen, aus Verbündeten wurden politische und bald auch militärische Gegner.

Es begann der Kalte Krieg, was schon in der Potsdamer Konferenz vom 17. Juli bis 2. August 1945 deutlich spürbar wurde. Sie sollte eine endgültige Friedensordnung nur vorbereiten, wurde aber zur tatsächlichen Abschlusskonferenz des Zweiten Weltkriegs, denn zu einer Friedenskonferenz sollte es nicht mehr kommen.

Stalin verteidigte erneut seine Einflusssphäre; er setzte die Abtretung der polnischen Ostgebiete an die Sowjetunion sowie die Anerkennung der kommunistisch gesteuerten Regierung in Polen durch. Auch die „Umsiedlung" der deutschen Bevölkerung aus den Gebieten unter sowjetischer und polnischer Verwaltung sowie aus den südosteuropäischen Staaten wurde beschlossen. Doch weder in Bezug auf Reparationszahlungen noch in Bezug auf die politische und wirtschaftliche Gestaltung der vier Besatzungszonen vermochte man sich zu einigen. Es blieb bei dem Willen, „(...) dem deutschen Volk Gelegenheit zu geben, (...) später sein Leben auf demokratischer und friedlicher Grundlage neu aufzubauen."[18] Das hieß: Die „deutsche Frage" blieb offen.

Nun verschärfte sich der Ost-West-Gegensatz immer mehr. Aus dem Provisorium der Besatzungszonen wurden allmählich Gebiete, in denen die Besatzungsmächte ihre eigenen politischen Intentionen und Wirtschaftsmodelle durchsetzten. Angestrebte Viermächtevereinbarungen für ganz Deutschland, zum Beispiel auf den nach dem Kriegsende bis 1949 stattfindenden Außenministerkonferenzen, scheiterten nun mit schöner Regelmäßigkeit. Grund: anhaltende Differen-

15 Vgl. Müller: Der letzte deutsche Krieg, S. 305–306; Weinberg: Welt in Waffen, S. 841–844.
16 Vgl. für das Folgende: Müller: Der letzte deutsche Krieg, S. 329–335.
17 Ebenda, S. 329.
18 Schlussvereinbarung vom 2. August 1945, zitiert nach: Ebenda, S. 330.

Es geht vorwärts
ACH G!
BAUARBEITEN
durch den Marshallplan

zen der vier Siegermächte, die sich immer mehr zu einem ideologischen Ringen zwischen West und Ost zuspitzten. Schon bald entschlossen sich die USA, sich angesichts des Kalten Kriegs in Europa mehr zu engagieren.[19] Das Resultat war der Marshallplan. Dieser bestand aus einer vom amerikanischen Kongress am 3. April 1948 beschlossenen Wiederaufbauhilfe für Europa im Wert von 13 Milliarden US-Dollar. 17 europäische Länder und die drei Westzonen profitierten in der Folge von dieser Hilfe, die Länder Osteuropas und die sowjetische Besatzungszone mussten auf Druck Moskaus verzichten. So entstand bereits zum 1. Januar 1947 aus der amerikanischen und britischen Zone zunächst die Bizone[20], aus der 1948 unter Einbezug der französischen Zone die Trizone wurde – die wirtschaftliche Einheit war Voraussetzung für die Umsetzung des Marshallplans.

Abb. 2.15: Es geht vorwärts – durch den Marshallplan (Plakat von 1950).

Die weitere Entwicklung in Deutschland folgte ganz dem Konfrontationskurs der Siegermächte.[21] 1948 wurde in den Westzonen die Währungsreform durchgeführt, auch sie war notwendig für die Umsetzung des Marshallplans, schließlich folgte die Konstituierung der Bundesrepublik Deutschland am 23. Mai 1949.

In der sowjetischen Besatzungszone wählte die Bevölkerung am 15. und 16. Mai 1949 den III. Deutschen Volkskongress, und dieser bestimmte den Volksrat. Nachdem die BRD im Mai gegründet worden war, traten seine 330 Mitglieder unter Vorsitz von Wilhelm Pieck zusammen und konstituierten am 7. Oktober 1949 die Deutsche Demokratische Republik. Der Volksrat erklärte sich einstimmig zur „Provisorischen Volkskammer" der DDR. Otto Grotewohl (SED) wurde mit der Bildung einer „Provisorischen Regierung" beauftragt.[22]

Abb. 2.16: Auch der Aufbau in Westberlin profitiert von den US-Dollars.

Nun existierten zwei deutsche Staaten. Im Text der DDR-Nationalhymne von Johannes R. Becher hieß es zwar noch „Deutschland, einig Vaterland", doch die Zeichen der Zeit standen auf Konfrontation zwischen Ost und West, aus den Provisorien von Volkskammer und Regierung wurden dauerhafte Einrichtungen. Die BRD wandte sich unter Konrad Adenauer ganz der Einbettung in den Westen zu. Bis zur Einheit sollten noch 41 lange Jahre vergehen.

Was aber hatte die Siegermächte auseinandergebracht? Bis Kriegsende bestand doch Übereinstimmung in der Absicht, Deutschland zu bestrafen und dem Land sein militärisches Potenzial zu nehmen. Ursache war die veränderte Einschätzung der gesamteuropäischen Lage durch Briten und Amerikaner. Vor allem die expansive Politik der Sowjetunion in Südost- und Osteuropa bewirkte das Umdenken. In Polen und in Griechenland, wo die Sowjets im Bürgerkrieg die Kommunisten unterstützten, stießen die Interessen Großbritanniens und der UdSSR hart aufeinander.

19 Vgl. dazu: M. Görtemaker: Geschichte der Bundesrepublik Deutschland, S. 37–40.
20 Ebenda, S. 37–38.
21 Ebenda, S. 40–43.
22 Vgl. Hermann Weber: DDR. Grundriß der Geschichte 1945–76, Hannover 1976, S. 33 und 35; DDR – Werden und Wachsen. Zur Geschichte der Deutschen Demokratischen Republik, hg. von der Akademie der Wissenschaften der DDR, Zentralinstitut für Geschichte, Berlin 1974, S. 153–154.

Es sei dahingestellt, ob die Motive der Außenpolitik Stalins eher im Export des Kommunismus oder in seinem ausgeprägten Sicherheitsdenken lagen. Es ist sogar fraglich, ob in der Sowjetunion überhaupt ein außenpolitisches Konzept vorhanden war. Möglicherweise entsprach Stalins Politik zunächst eher einem Vorantasten, dem ursprünglich tatsächlich Sicherheitsmotive zugrunde lagen, Stichwort Pufferzone zwischen Deutschland und der UdSSR, aus dem dann aber durch das gegenseitige Misstrauen eine verstärkte Konfrontation wurde.[23] Wie auch immer, Briten und Amerikaner hegten jedenfalls zunehmend Befürchtungen, dass ein schwaches Deutschland wie auch Griechenland oder die Türkei in die Einflusssphäre der Sowjets abdriften könne – eine Einsicht, die ab 1947 die Deutschlandpolitik beherrschte.[24] So änderten Amerikaner, Engländer und Franzosen, Letztere freilich nur unter dem Druck der USA, praktisch mit Beschluss des Marshallplans ihre Politik: Wiederaufbau und Unterstützung statt Bestrafung war nun das Motto. Entsprechend wurde auf weitere Reparationen verzichtet, wenn auch das Saarland zunächst noch bei Frankreich blieb. Und nach Währungsreform, Staatsgründung und Verabschiedung des Grundgesetzes erfreute sich die BRD unter Adenauer und seinem Wirtschaftsminister Ludwig Erhard schon bald am beginnenden „Wirtschaftswunder" der fünfziger Jahre.[25]

Ungleich bitterer war die Konsequenz aus Konfrontation und Teilung für die sowjetische Besatzungszone und die spätere DDR: Sie erhielt nicht nur keine Hilfe aus Geldern des Marshallplans, sondern musste die hohen Reparationsforderungen der Sowjetunion auch noch alleine stemmen. Bis 1946 wurden nicht weniger als 1.000 Betriebe, darunter 600 Rüstungsbetriebe, vollständig abgebaut, aber auch Gleisanlagen und vieles andere mehr.[26] Weitere 213 wurden entsprechend des Befehls Nr. 167 der Sowjetischen Militäradministration (SMAD) in Sowjetische Aktiengesellschaften (SAG) umgewandelt.[27] Erst ab 1947 konnten die Länder in der Ostzone und später die DDR diese Betriebe zurückkaufen. Und erst nach dem Volksaufstand am 17. Juni 1953 wurden mit Wirkung zum 1. Januar 1954 die Reparationszahlungen vollkommen eingestellt und die letzten 33 sowjetischen Betriebe in Eigentum der DDR überführt. Unter diesen Umständen war es kein Wunder, dass der Aufbau einer Friedenswirtschaft nur langsam vorankam.[28]

Was der SBZ und späteren DDR von den Sowjets überlassen wurde, wurde ab 1946 nach und nach in „Volkseigentum" überführt, wobei es auch Kampagnen zur „Enteignung von Kriegsverbrechern" (Volksabstimmung in Sachsen 1946) und 1948 Prozesse gegen „Wirtschaftsverbrecher" gab.[29] Der Wiederaufbau in der Landwirtschaft war durch die Bodenreform vom September 1945 geprägt,

23 Diese Ansicht wird in der neuesten Geschichtsschreibung vertreten von: Ulrich Herbert: Geschichte Deutschlands im 20. Jahrhundert, München 2014, S. 559–560.
24 M. Görtemaker: Geschichte der Bundesrepublik Deutschland, S. 38.
25 Ebenda, S. 137–138.
26 Vgl. dazu: DDR – Werden und Wachsen, S. 48–49; Hermann Weber: DDR, S. 30.
27 Vgl. Hermann Weber: DDR, ebenda.
28 Ebenda, S. 30, 164.
29 Ebenda, S. 30.

die die Enteignung aller Grundbesitzer, die mehr als 100 Hektar Land besaßen, vorsah. Aus diesem Bodenfonds erhielten 500.000 Menschen, unter ihnen viele ehemalige Landarbeiter und Flüchtlinge, 2,1 Millionen Hektar Land.[30]

Abb. 2.17: Pflügender Bauer. Ein Symbol für die Bodenreform in Sachsen, hier auf einer Briefmarke vom 17. Dezember 1945.

Der Neuaufbau von Verwaltung und Justiz war gekennzeichnet von Entnazifizierung und rigoroser Ausschaltung aller Nationalsozialisten aus dem öffentlichen Leben. Viele belastete Spezialisten verloren, anders als in der BRD, ihren Posten. Die „personelle Zusammensetzung der Verwaltungen wurde nun von den antifaschistisch-demokratischen Parteien vorgeschlagen" – und dies bereits ab dem Frühling 1945. Dieser Weg war sicher konsequent, hatte aber den Verlust von viel Know-how beim Wiederaufbau zur Folge. Er bewirkte jedoch auch, dass Schlüsselpositionen von deutschen Kommunisten eingenommen werden konnten.[31]

Die Wege beider deutscher Staaten führten also weit auseinander, wobei die Ausgangslage im Osten weitaus schlechter war als im Westen. Aufgrund dieser unterschiedlichen gesellschaftlichen Entwicklung war es unvermeidlich, dass nach 1945 auch das Bewachungsgewerbe und das gesamte Sicherheitswesen verschiedene Wege einschlugen.

Abb. 2.18: Plakat der LDP vom Juli 1945: Freier Bauer auf eigener Scholle.

30 Ebenda, S. 29.
31 Ebenda, S. 38; DDR – Werden und Wachsen, S. 41–42, Zitat: S. 41.

Der Betriebsschutz in der DDR

Die Anfänge der Deutschen Volkspolizei

Inzwischen ist es am Kurfürstendamm dunkel geworden. Die Kellnerin im Café Kranzler kommt mit zwei neuen Tassen Kaffee. Als sie serviert hat, nimmt Erich das Gespräch wieder auf. „Hartmut, was ist denn nun aus deinem Großvater geworden?"

Hartmut lacht. „Ja, der hat den Krieg mit einigem Glück überlebt. Er hat es geschafft, die letzten Tage bis zur Kapitulation Berlins zu überstehen, ohne von der SS oder den Russen erwischt zu werden, indem er sich einfach Zivilklamotten besorgte und sich zwischen die vielen obdachlosen Zivilisten mischte."

„Ja gut, aber was hat er danach gemacht? Ist er zu eurer Volkspolizei gegangen?"

„Oh ja, mein Großvater hat sozusagen die Familientradition der Volkspolizisten begründet. Ich habe ja bereits erzählt, was er in den letzten Kriegstagen erlebte. Und da lag auch der Schlüssel für seine weitere Tätigkeit. Die Berliner Wach- und Schließgesellschaft gab es im Osten nach dem Krieg nicht mehr. So musste er sich neu orientieren. Aber er war ja mit Leib und Seele Wachmann. Also versuchte er, in seinem Beruf zu bleiben, und kam bei der neuen Deutschen Volkspolizei unter. Ich will dir kurz erläutern, wie sie entstand und was

Abb. 3.1: Berlin liegt in Trümmern. Flüchtlinge kehren in die Stadt zurück.

für Aufgaben sie hatte. Dazu müssen wir zuallererst die Lage nach Kriegsende betrachten.[1]

Am 9. Mai 1945 wurde die Kapitulation des Dritten Reiches auch in Moskau wirksam. Mit dem Ende der Kämpfe mussten alle Waffen abgegeben werden, und das private Sicherheitsgewerbe wurde überall verboten. In den Besatzungszonen galt Kriegsrecht. Die alte Ordnung war zusammengebrochen, doch es existierte zunächst keine neue. Dabei war die Lage chaotisch: Keine geregelte Versorgung der Bevölkerung, Zehntausende von obdachlosen Flüchtlingen oder ausgebombten Bürgern in der Stadt, Plünderungen, Diebstahl, Schwarzmarkt, das alles erforderte schnelles Eingreifen. Doch die alte Polizei Deutschlands, die in das System der NS-Herrschaft personell wie organisatorisch integriert war, galt als belastet. Die Mitglieder der Polizeiposten des Dritten Reiches wurden, sofern sich diese nicht schon aufgelöst hatten, entlassen. Zunächst sorgte also nur die Militärpolizei der Siegermächte, jeweils in ihrer Zone, für Sicherheit.

Doch in der sowjetischen Besatzungszone wurden, in Berlin bereits am 20. Mai 1945, Stadtpolizei, Gericht und Staatsanwaltschaft auf Weisung der sowjetischen Militärbehörden neu organisiert. Dies war gewissermaßen die Geburtsstunde der Deutschen Volkspolizei (DVP). In anderen Bezirken oder Städten wie Dresden wurde ähnlich verfahren.

1 Diese Erzählung über die Deutsche Volkspolizei folgt, was die Fakten betrifft, folgenden Darstellungen: DDR – Werden und Wachsen, S. 43–44; Geschichte der Deutschen Volkspolizei 1945–1961, hg. vom Ministerium des Innern, Kommission zur Erforschung und Ausarbeitung der Geschichte der Deutschen Volkspolizei, Berlin 1979; Thomas Lindenberger: „Die deutsche Volkspolizei (1945–1990)", in: Handbuch der bewaffneten Organe der DDR, hg. von Torsten Diedrich, Hans Ehlert und Rüdiger Wenzke, Sonderausgabe, Berlin 2013, S. 97–152; Dieter Schulze: Das große Buch der Deutschen Volkspolizei. Geschichten, Aufgaben, Uniformen, Sonderausgabe, Berlin 2013.

Abb. 3.2: Die Uniformen der Polizei waren anfangs sehr provisorisch, meist nur durch zweisprachige Armbinden gekennzeichnet.

So beschloss also auch mein Großvater Wilhelm im Sommer 1945, sich als Polizist zur Verfügung zu stellen. Er war einer der Ersten, der in die Länderpolizei in Ostberlin eintrat. Ausgerüstet war er wie alle damals nur mit einer Armbinde, auf der ‚Polizei' stand. Du musst wissen, die neuen Organe waren zunächst tatsächlich unbewaffnet, erst nach der Direktive Nr. 16 des Alliierten Kontrollrats vom 6. November 1945 wurde den Deutschen das Tragen von Waffen wieder erlaubt. Ab 1946 wurde die neue Polizei nach und nach bewaffnet. Jedenfalls war Großvater Wilhelm der erste Polizist in unserer Familie, und das hat uns alle geprägt. Erst 1957 schied er als Oberwachtmeister aus dem Dienst aus und ging in den Ruhestand."

„Hm!" Erich guckt sinnierend aus dem Fenster. „Wenn die Deutsche Volkspolizei vollkommen neu gegründet wurde, wie war denn dann der Ausbildungsstand?", fragt er nach einer kurzen Pause.

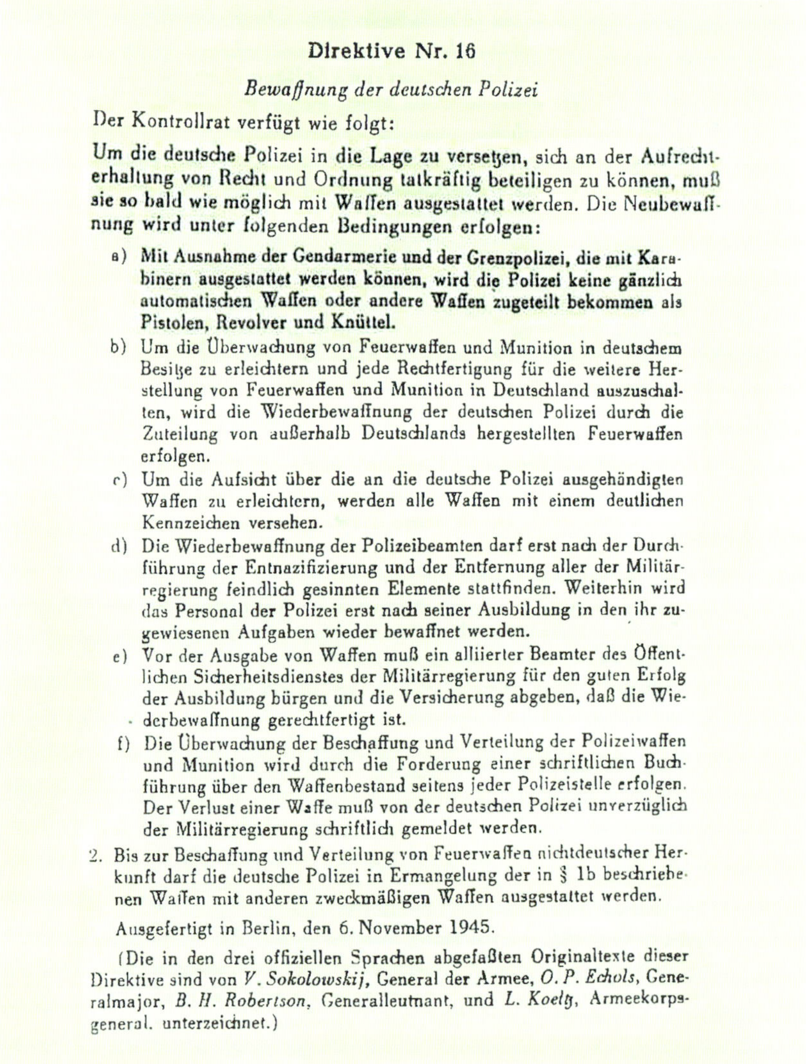

Direktive Nr. 16

Bewaffnung der deutschen Polizei

Der Kontrollrat verfügt wie folgt:

Um die deutsche Polizei in die Lage zu versetzen, sich an der Aufrechterhaltung von Recht und Ordnung tatkräftig beteiligen zu können, muß sie so bald wie möglich mit Waffen ausgestattet werden. Die Neubewaffnung wird unter folgenden Bedingungen erfolgen:

a) **Mit Ausnahme der Gendarmerie und der Grenzpolizei, die mit Karabinern ausgestattet werden können, wird die Polizei keine gänzlich automatischen Waffen oder andere Waffen zugeteilt bekommen als Pistolen, Revolver und Knüttel.**

b) Um die Überwachung von Feuerwaffen und Munition in deutschem Besitze zu erleichtern und jede Rechtfertigung für die weitere Herstellung von Feuerwaffen und Munition in Deutschland auszuschalten, wird die Wiederbewaffnung der deutschen Polizei durch die Zuteilung von außerhalb Deutschlands hergestellten Feuerwaffen erfolgen.

c) Um die Aufsicht über die an die deutsche Polizei ausgehändigten Waffen zu erleichtern, werden alle Waffen mit einem deutlichen Kennzeichen versehen.

d) Die Wiederbewaffnung der Polizeibeamten darf erst nach der Durchführung der Entnazifizierung und der Entfernung aller der Militärregierung feindlich gesinnten Elemente stattfinden. Weiterhin wird das Personal der Polizei erst nach seiner Ausbildung in den ihr zugewiesenen Aufgaben wieder bewaffnet werden.

e) Vor der Ausgabe von Waffen muß ein alliierter Beamter des Öffentlichen Sicherheitsdienstes der Militärregierung für den guten Erfolg der Ausbildung bürgen und die Versicherung abgeben, daß die Wiederbewaffnung gerechtfertigt ist.

f) Die Überwachung der Beschaffung und Verteilung der Polizeiwaffen und Munition wird durch die Forderung einer schriftlichen Buchführung über den Waffenbestand seitens jeder Polizeistelle erfolgen. Der Verlust einer Waffe muß von der deutschen Polizei unverzüglich der Militärregierung schriftlich gemeldet werden.

2. Bis zur Beschaffung und Verteilung von Feuerwaffen nichtdeutscher Herkunft darf die deutsche Polizei in Ermangelung der in § 1b beschriebenen Waffen mit anderen zweckmäßigen Waffen ausgestattet werden.

Ausgefertigt in Berlin, den 6. November 1945.

(Die in den drei offiziellen Sprachen abgefaßten Originaltexte dieser Direktive sind von *V. Sokolowskij*, General der Armee, *O. P. Echols*, Generalmajor, *B. H. Robertson*, Generalleutnant, und *L. Koeltz*, Armeekorpsgeneral, unterzeichnet.)

Abb. 3.3: Nur unter strengen Auflagen wurde es der deutschen Polizei gestattet, wieder Waffen zu tragen.

„Berechtigte Frage." Hartmut nickt zustimmend. „Das war wirklich ein großes Experiment. Ausgesucht wurden ‚zuverlässige Verteidiger der demokratischen Freiheiten und Völkerrechte', wie es damals bei uns hieß.[2] Anhänger des NS-Deutschlands sollten so ferngehalten werden. Besonders als Kommandeure wurden oft zuverlässige Mitglieder aus der deutschen KPD oder Überlebende aus dem Widerstand gegen Hitler eingesetzt. Damit ging einher, wie du richtig erkannt hast, dass viele Mitglieder der neuen Polizeiorgane nicht oder nur unzureichend für ihren Dienst ausgebildet waren. Immerhin waren es Anfang 1946 bereits knapp 22.000 Volkspolizisten. Da bedarf es kaum der Erwähnung, dass es nicht nur an Ausbildung, sondern auch an Ausrüstung, besonders an Fahrzeugen, mangelte. Nicht einmal einheitliche Uniformen konnten bereitgestellt werden. Weit verbreitet waren deshalb blau eingefärbte Wehrmachtsuniformen."

„Das kann ich mir gut vorstellen. Es gab ja nichts direkt nach dem Krieg", wirft Erich ein. „Wer war denn die vorgesetzte Behörde, die Sowjetische Militäradministration?"

„Ja, die Dienstausweise waren am Anfang sogar zweisprachig, russisch und deutsch. Die deutschen Polizisten sollten als Hilfskräfte die sowjetische Militärpolizei unterstützen. Ihre Aufgaben bestanden vor allem aus dem Schutz der Bevölkerung und der Durchsetzung von Ordnung und Sicherheit – also aus klassischer Polizeiarbeit wie Verbrechensbekämpfung und Verkehrssicherheit. Die größte Herausforderung war in den ersten Jahren der Kampf gegen die Lebensmittelschieber. Darüber hinaus halfen die Volkspolizisten aber auch, Plünderer zu verfolgen, bei der Suche nach Kriegsverbrechern, sogar beim Einbringen der Ernte. Dazu kam die Unterstützung der Behörden bei der Umsetzung der Bodenreform von 1945 und der Verstaatlichung der Betriebe ab 1946, doch es gab auch Einsätze bei der Hochwasserkatastrophe im Oderbruch im Frühjahr 1947.

Organisatorisch griff man auf Vorbilder der Weimarer Republik zurück. Auf örtlicher Ebene entstanden Einzel- und Gruppenposten, Reviere, Orts- und Kreisleitungen, nach Bildung der Länder im Juli 1945 Landespolizeibehörden. Am 30. Juli 1946 wurde die Deutsche Verwaltung des Innern (DVdI) gegründet, wenn du so willst, ein Vorläufer des Innenministeriums, dem die Führung und Koordination der Polizeibehörden in den Ländern übertragen wurde. Ab November 1946 wurde zudem, wieder auf Befehl der Sowjetischen Militäradministration, zur Kontrolle von Personen und Waren an den Zonenübergängen auch eine Grenzpolizei aufgebaut."

„Und 1949 kam die DDR", fügt Erich hinzu.

2 So wird es auch zitiert in: Geschichte der Deutschen Volkspolizei, S. 17.

„Ja, 1949 änderte sich vieles. Nach der Staatsgründung mussten Verwaltungsapparat, Sicherheitsorgane und Wirtschaft angepasst werden. Die Volkspolizei der ehemaligen Besatzungszone wurde zum Organ des neuen Staates DDR. Als zentral geleitetes, bewaffnetes Organ wurde sie nun dem Ministerium des Innern unterstellt. Oberster Dienstherr der DVP war entsprechend der Innenminister, der die Behörde über die ebenfalls 1949 neu gegründete Hauptverwaltung der DVP (HV DVP) im Ministerium des Innern leitete. Mittelinstanzen bildeten 14 Bezirksbehörden der DVP (BDVP) und das Präsidium der VP Berlin (PdVP). Die unterste Ebene der Polizeiorganisation bestand aus den VP-Kreisämtern (VPKA), die als Außenstellen VP-Reviere, -Wachen und -Gruppenposten unterhielten, sowie den VP-Inspektionen (VPI) in den Ostberliner Stadtbezirken. In den Gemeinden und Stadtbezirken wurden hauptamtliche Abschnittsbevollmächtigte (ABV) eingesetzt, die von rund 158.000 freiwilligen Helfern als ehrenamtliche Hilfspolizisten unterstützt wurden.[3]

Die übergeordnete Aufgabe der DVP war es fortan, als ‚treuer Diener der Deutschen Demokratischen Republik die Verfassung zu schützen'. So oder so ähnlich wurde es damals formuliert", erinnert sich Hartmut. „‚Sie wird jeden Angriff auf den demokratischen Staat, auf seine politischen, wirtschaftlichen und kulturellen Einrichtungen oder auf seine demokratischen Organisationen mit der notwendigen Härte zurückweisen' – ja, so hat es damals die Polizeiführung ausgedrückt", ergänzt er.[4]

„Weißt du, Erich, inzwischen war die Volkspolizei zu einer sehr wichtigen Einrichtung geworden. Zu ihrer neu gebildeten Hauptverwaltung beim Innenministerium gehörten nun Schutzpolizei, Kriminalpolizei, Grenzpolizei, Feuerwehr, Verwaltungspolizei und Transportpolizei. Letztere wich in ihrem Aufbau von den anderen Einheiten ab und war die Eisenbahnpolizei der Reichsbahn. Darüber hinaus gab es ab 1952 die rund 18.000 Mann starken VP-Bereitschaften. Das waren kasernierte Volkspolizeitruppen, die vornehmlich zur Bekämpfung politischer Unruhen bestimmt waren. Und schließlich gehörte auch der Betriebsschutz dazu, über den ich dir jetzt mehr erzählen werde."

Der Betriebsschutz

„Ist euer Betriebsschutz eigentlich erst 1949 gegründet worden?", fragt Erich, den dieses so anders organisierte Polizei- und Bewachungswesen mehr und mehr interessiert.

„Ja und nein. Bereits in den ersten Jahren der sowjetischen Besatzungszone waren von der Volkspolizei Maßnahmen zum Schutz der Betriebe ergrif-

3 Vgl. dazu: https://de.wikipedia.org/wiki/Deutsche_Volkspolizei (Zugriff 22.6.2015).
4 Zitiert nach: Schulze: Buch der Deutschen Volkspolizei, S. 43.

fen worden, die aber auf unterschiedliche Art und Weise realisiert wurden. Am 17. Mai 1949 aber wurde mit dem Befehl Nr. 0020 der Sowjetischen Militäradministration für 43 Sowjetische Aktiengesellschaften und für 64 volkseigene Betriebe der Betriebsschutz systematisch aufgebaut. Dieser Wachdienst war zu Beginn 3.500 Mann stark und hatte den klassischen Objektschutz vor Diebstahl oder Sabotage zur Aufgabe. Die Kosten hatten die jeweiligen Betriebe und Einrichtungen aufgrund von Verträgen mit Dienststellen der Volkspolizei beziehungsweise aufgrund von Vereinbarungen zwischen Industrieministerien der Länder und der Hauptverwaltung der Volkspolizei zu tragen.

Der Betriebsschutz wurde in zwei Formen organisiert: Am 3. Juni 1949 begann der Aufbau des Betriebs- und Objektschutzes A in den Sowjetischen Aktiengesellschaften und Großbetrieben, die von uniformierten Volkspolizisten bewacht wurden. Ab September 1949 wurde in den übrigen volkseigenen Betrieben und kleineren Einrichtungen ein Betriebsschutz B eingeführt, der aus Zivilisten bestand, die aus den Betrieben selbst gestellt oder von ihnen angestellt wurden. Die Wachleute wurden jedoch von der DVP angeleitet und kontrolliert. Hinsichtlich der Dienstdurchführung waren die Angehörigen des Betriebs- und Objektschutzes A den Leitern der bewachten Einrichtungen unterstellt. Die DVP übernahm Schulung, Ausbildung, Einstellung und Entlassung, Bewaffnung und Versorgung sowie die disziplinarische Kontrolle des Betriebsschutzes. Entlohnung und Dienstgrade entsprachen denen der Volkspolizei.

Abb. 3.4: Ärmelemblem des DDR-Betriebsschutzes (getragen ab 1969).

Anfang 1951 hatte sich der Betriebsschutz sogar zu einem Dienstzweig der Volkspolizei mit eigener Hauptabteilung entwickelt. Bereits 1952 umfasste der Betriebsschutz A circa 10.800 Angehörige, die in 329 Betrieben tätig waren. Zum Betriebsschutz B gehörten zu diesem Zeitpunkt etwa 13.800 Mann, die 1.686 Betriebe schützten. Zusätzlich stellte die DVP in einigen Betrieben auch die Betriebsfeuerwehr.

Und dann gab es noch eine dritte Abteilung, den Betriebsschutz O. Bis 1952 waren auch dort schon etwa 2.400 Männer angestellt. Sie sind bis heute für die Bewachung der SED-Zentralen im Kreis, im Bezirk und in Berlin zuständig. Die eingesetzten Kollegen sind Zivilisten und tragen blaue Uniformen ohne Abzeichen oder Ränge. Insgesamt waren nach amtlichen Angaben auch 1987 noch etwa 15.000 Mitarbeiter beim Betriebsschutz tätig."

„Ihr seid ja eine richtig große Behörde", staunt Erich, „und alle gleich ausgerüstet, oder nicht?"

„Ja, fast. Alle haben die Pistole Makarow. In einigen wichtigen Einrichtungen wird die Bewaffnung durch eine Maschinenpistole des Typs Kalaschnikow erweitert. Unsere Einsatzfahrzeuge sind dieselben wie die der üblichen Volkspolizei: Wartburg, Lada und der Mannschaftswagen Robur LO. Kollegen, die im Streifendienst eingesetzt sind, tragen nicht nur eine Dienstwaffe, sie führen auch eine Kartentasche, einen ausziehbaren Schlagstock und eine Führungskette mit."

„Die Führungskette braucht ihr bei Festnahmen, nicht?"

„Ja, genau. Die Verständigung erfolgt via Funk oder über das Telefon. Das Unterstellungsverhältnis ist etwas kompliziert und für einen Außenstehenden nicht einfach zu begreifen. Also beginne ich einmal mit den Großbetrieben. Diese haben ein Betriebsschutzkommando, welches die Gesamtverantwortung trägt. Es ist in verschiedene Betriebsschutzwachen untergliedert, weil große Betriebe über viele Ein- und Ausgänge verfügen. Alles, was über den normalen Kontrolldienst hinausgeht, wird durch das Kommando realisiert, also Streifengänge, kriminalistische Aufklärung, präventive Maßnahmen usw. Diese großen Betriebsschutzdienststellen verfügen auch über eine eigene Kriminaltruppe, die entsprechend ausgebildet ist, um Straftaten schnell bearbeiten zu können.

Kleine und örtliche Betriebsschutzbereiche unterstehen den Dienststellen der Volkspolizeikreisämter. In jeder Betriebsschutzeinrichtung gibt es einen Diensthabenden, der für seine Mannschaft die Verantwortung innehat. In allen Polizeidienststellen, die keine Betriebsschutzwache haben, ist wenigstens ein Betriebsschutzoffizier vorhanden. Dieser ist nicht nur der Verbindungsmann zu den Einrichtungen und Betrieben vor Ort, er ist auch der Ansprechpartner für die Kollegen des Betriebsschutzkommandos B, salopp gesagt für die Pförtner, die durch uns nur angeleitet und geschult werden. Sie unterstehen arbeitsrechtlich, wie ich schon berichtete, ihrer jeweiligen betrieblichen Einrichtung. So ist der Betriebsschutz bei uns seit 1949 organisiert, und das ist auch die Grundlage für meine Tätigkeit bis heute", schließt Hartmut seine Erzählung.

„Also, wenn man so will, habt ihr die gleichen Aufgaben wie die privaten Sicherheitsunternehmen bei uns im Westen", bemerkt Erich. „Aber eins ist bei euch besser. Ihr vertretet, weil ihr Teil der Polizei seid, auch das Gewaltmonopol des Staates. Eigentlich keine schlechte Lösung."

„Wenn man das so sieht, stimmt es", ergänzt Hartmut. „Alles unter einem Dach sozusagen, daher auch die Familientradition. Mein Vater und auch mein Bruder beispielsweise sind Kriminalisten bei der Volkspolizei. Als mein Vater aus der Kriegsgefangenschaft zurückkam, wurde er angesprochen, in den Polizeidienst einzutreten, weil er kein Freund der Nazis war. Mein Großvater Wilhelm war ja schon dabei und riet ihm zu. So begann er Anfang 1949 seinen Dienst. In den ersten Jahren bei der Kriminalpolizei war seine Arbeit, wie ich dir bereits erzählt habe, durch Aufklärung von Delikten beim Schwarzhandel und Sabotageakten an den Betrieben geprägt. Da erleichtert es die Zusammenarbeit, wenn alle zu einem Haufen gehören – vom Betriebsschutz bis zur Kripo. Später leitete er übrigens in einem Volkspolizei-Kreisamt die Abteilung Kriminalpolizei. 1972 ging er in Pension. Mein Bruder ist zwei Jahre jünger als ich und hat als Kriminaler Karriere gemacht. Er begann nach seinem Abitur 1975 an der Humboldt-Universität Berlin Kriminalistik zu studieren. Heute arbeitet er im Range eines Hauptmanns im Präsidium der Volkspolizei Berlin."

„Und wie war dein Werdegang?"

„Ich habe die übliche Offizierslaufbahn der Volkspolizei eingeschlagen und kam nach dem Abitur 1972 zur Volkspolizei. Dort begann ich an der Fachschule des Ministeriums des Innern ‚Wilhelm Pieck' in Aschersleben mein Studium. An dieser Schule wurden vor allem die Offiziere der Schutzpolizei ausgebildet. Die Offiziere des Betriebsschutzes rekrutierten sich nämlich hauptsächlich aus dieser Fachrichtung, denn der Schutz des sozialistischen Eigentums war auf allen anderen Schulen des Ministeriums ein wichtiges Ausbildungsfach. Allerdings konnten auch von den anderen Offiziersschulen der Volkspolizei Offiziere zum Betriebsschutz kommandiert werden.

Als jungen Leutnant der Volkspolizei versetzte man mich dann nach Berlin-Lichtenberg. Dort hatte ich meine Feuertaufe bei der Schutzpolizei zu überstehen. Bereits nach nur knapp zwei Jahren, ich war gerade 26 Jahre geworden, wurde ich zum Betriebsschutz versetzt. So begann ich 1979 in Röntgental meinen Dienst. Kurz vor den Ereignissen am 9. November, also zum 40. Jahrestag der DDR, wurde ich zum Major der Volkspolizei ernannt. Vorausgegangen war eine riesige Büffelei. Ich musste nämlich im Fernstudium noch meinen Hochschulabschluss machen, denn sonst wäre eine Beförderung in diesen Rang nicht infrage gekommen. Die meiste Dienstzeit habe ich in dem Aufnahmeheim verbracht, zuerst als Schichtleiter, später als stellvertretender Leiter, inzwischen bin ich seit einigen Jahren der ‚Chef' dort", berichtet Hartmut, und aus seinen Worten klingt auch etwas Stolz.

„Darauf kannste stolz sein", nickt Erich dann auch anerkennend.

„Die Praxis ist bei uns im Aufnahmeheim Röntgental aber wenig aufregend", fügt Hartmut hinzu. „Auch bei meinen Kollegen in den Lagern der Staatsreserve, in strategisch wichtigen Betrieben wie Kraftwerken, Raffinerien, Flughäfen, Chemiewerken oder in anderen wichtigen Wirtschaftsunternehmen besteht der Job vor allem aus Routine. Du kennst das ja: Streifengänge, Patrouillenfahrten usw."

„Na, und ob. Streifengänge zu Fuß oder Geländefahrten mit dem Einsatzwagen gibt es auch in der privaten Sicherheitsbranche im Westen. Das ist doch das kleine Einmaleins der allgemeinen Absicherung von Objekten", bestätigt Erich.

„Ja, aber pass auf, jetzt kommt etwas Besonderes." Hartmut ist jetzt ganz in seinem Element. „Unsere Aufgaben sind damit nicht erschöpft. Der Betriebsschutz ist auch ein wichtiger Faktor in der Prävention. Wir beobachten nicht nur die Umgebung, wir analysieren auch ständig, wo überall Sicherheitslücken auftreten könnten. Die können in der Einfriedung verborgen sein, in der Einlasskontrolle oder im Umgang mit den sogenannten Dienstgeheimnissen. Ein wichtiger Arbeitsschwerpunkt bei uns ist ferner der vorbeugende Arbeits-

Abb. 3.5: Sondermarken der DDR: 25 Jahre Deutsche Volkspolizei.

schutz. Wir kontrollieren die unterschriftlichen Belehrungen für Gesundheits- und Arbeitsschutz. Besonders wichtig ist das Erkennen von Ordnungswidrigkeiten oder gar Straftaten. Du weißt ja, Diebstahl gibt es überall, und hier haben die Kollegen sehr viel Fingerspitzengefühl einzubringen, denn sie müssen die erkannten Fälle auch strafrechtlich verfolgen und bearbeiten, was bei euch wohl die Kripo macht. Der Betriebsschutz muss also auch kriminalistisch tätig werden. Über Eigentumsdelikte hinaus bearbeiten wir zudem noch Betriebsunfälle und Havarien. Wir haben also eine ganze Menge Aufgaben."

„Wenn das gesetzliche Unterstellungsverhältnis stimmen würde, dann könnten wir in der Privatwirtschaft auch viel mehr leisten, als nur auf etwas aufzupassen", meint Erich.

„Na ja, ich weiß nicht, ob das so einfach wäre. Unsere Ausbildung ist auch entsprechend lang. Generell haben alle Offiziere, und das gilt für alle bewaffneten Organe der DDR, eine Fach- oder Hochschule absolviert. Auch die Mannschaftsdienstgrade verfügen heute über eine abgeschlossene Berufsausbildung und eine fachliche Ausbildung. So absolvieren alle die VP-Schule ‚Ernst Thälmann' in Neustrelitz, das ist die Dienstanfängerschule, und danach lernen sie in ihrer Fachrichtung weiter, zum Beispiel in Wolfen an der Schule für Abschnittsbevollmächtigte ..."

„In der BRD heißen die Kontaktbereichsbeamte", unterbricht Erich.

„... oder an der Transportpolizeischule Halle", zählt Hartmut unbeirrt weiter auf, „an der Verkehrspolizeischule Magdeburg, in Dommitzsch an der Nachrichtenschule, in Pretzsch an der Schule für Diensthundewesen, in Bautzen an der Schule der Versorgungsdienste oder an der Unterführerschule des Innenministeriums für die Bereitschaftspolizei in Dresden. Darüber hinaus verfügt die Volkspolizei über zwei eigene Fach- und Hochschulen. Viele Mitarbeiter studieren, so wie ich, oder lernen an anderen Fach- und Hochschulen der DDR und treten erst nach Abschluss ihres Studiums in die Volkspolizei ein. Andere wiederum haben bei uns studiert und sind danach in der Volkswirtschaft gelandet."

„Hör auf, Hartmut! Mir wird ja ganz schummrig."

„So viel ich gehört habe, ist in der Privatwirtschaft bei euch im Westen keine Berufsausbildung oder gar ein Studium vorgesehen, stimmt's?", fragt Hartmut.

„Stimmt, ein Studium oder eine Fachausbildung gibt es nicht. Aber sollte es zu der Wiedervereinigung kommen, die ja jetzt in aller Munde ist, könnte wirklich eine qualitative Verbesserung im Bewachungsgewerbe erreicht werden. Da könnte unsere Branche dazugewinnen."

Nach einer kleinen Pause fährt Hartmut fort: „Aber jetzt will ich dir noch etwas über unsere Aufnahmeheime erzählen, weil du mich auf der Mauer danach

Abb. 3.6: Das Zentrale Aufnahmeheim Röntgental wurde 1989 geschlossen und ist heute ein Seniorenpflegeheim.

gefragt hast. Am Anfang gab es viele Einrichtungen, doch im Laufe der Zeit wurde ein Zentrales Aufnahmeheim eingerichtet, und die bezirklichen wurden geschlossen. Grund hierfür war der starke Rückgang von Aufnahmesuchenden und die zentralisierte Tätigkeit der Staatssicherheit, die in den Heimen sehr aktiv war. Auch konnte man ein Objekt besser abschirmen als mehrere. Unser Dienst war wie gesagt nichts Besonderes. Wir sicherten das Objekt und waren für die Eingangs- und Ausgangskontrolle verantwortlich, auch die der ein- und ausfahrenden Fahrzeuge. Allerdings setzen wir inzwischen auch Bildübertragung ein, während wir bis vor einigen Jahren alles noch mit unseren Augen überwacht haben."

„Apropos Staatssicherheit. Hast du bei unserem ersten Treffen nicht auch von Reibereien mit der Stasi berichtet?", fragt Erich.

„Ja, das ist ein ganz spezielles Verhältnis. Erich, du musst wissen, dass die Staatssicherheit ursprünglich Hauptverwaltung zum Schutz der Volkswirtschaft hieß und auch der Volkspolizei angehörte. 1950 wurde sie jedoch zum selbstständigen Ministerium für Staatssicherheit (MfS). Wir waren also früher Kollegen. Doch heute ist das MfS eine der mächtigsten Behörden der DDR. Grund für die ewigen Querelen mit den Stasi-Leuten sind ihre überzogenen Kontrollen, mit denen sie uns schikanieren. Die verstecken schon mal einen Mitarbeiter auf ausfahrenden Fahrzeugen. Sollte ein Kollege den Stasimann übersehen haben, gibt es gleich ein großes Geschrei. Der Betriebsschutz wird dann so hingestellt, als ob er ständig Fehler mache. Strafen, ja Versetzungen werden ausgesprochen. So ist jeder permanent unter Druck, nur ja keinen Fehler zu machen. Aber Menschen machen nun mal Fehler. Doch die Stasi hatte eben immer recht! Bis heute. Heute sitze ich hier im Café Kranzler und plaudere mit dem Klassenfeind, und keinen interessiert das mehr!" Hartmut muss lachen, und auch Erich ist amüsiert.

„Wenn du Interesse hast, kann ich dir noch mehr Geschichten über den Betriebsschutz erzählen."

„Unbedingt!" Erich ist begeistert.

„Was du jetzt hören wirst, wird dich vielleicht an James-Bond-Filme erinnern, es ist aber das wahre Leben", beginnt Hartmut. „Kannst du dir vielleicht etwas unter der Bezeichnung MVM vorstellen?"

Kopfschüttelnd verneint Erich.

„Also, die MVM ist die sogenannte Militärische Verbindungsmission der Alliierten. Dies war eine militärische Einrichtung in Potsdam, die von den Alliierten des Zweiten Weltkrieges nach Kriegsende geschaffen wurde. Alle vier Streitkräfte der alliierten Siegermächte hatten die Möglichkeit, eine MVM in einer Besatzungszone der anderen Sieger einzurichten. Während die Sowjetunion je eine MVM in den drei westlichen Zonen betrieb, hatten die drei Westalliierten jeweils eine in der Ostzone. Zweck dieser Behörden war ursprünglich die Erleichterung der Kommunikation und Zusammenarbeit der Alliierten untereinander. Eine MVM durfte in der fremden Besatzungszone einen Amtssitz unterhalten und Überwachungs- sowie Kontrollfahrten durchführen. Weiterhin wurde der ungestörte Nachrichtenverkehr garantiert sowie die Immunität der Gebäude zugesichert. Die britische MVM in der sowjetischen Zone wurde am 16. September 1946 eingerichtet, die USA unterhielt dort ab März und Frankreich ab April 1947 eine MVM. Die MVM der US-Armee war übrigens in Neu Fahrland ansässig. Nach Gründung von BRD und DDR 1949 wurden die MVM jedoch weiter betrieben."

„Ah, ich ahne, was kommt", unterbricht Erich.

„Na klar: In der Zeit des Kalten Krieges wurden die Privilegien der MVM zur Spionage verwendet", verkündet Hartmut, „das machten die Sowjets in der BRD und die Westalliierten in der DDR. Und die Mitglieder der westlichen MVM, das waren unsere ‚Kunden'. Immerhin hatten ihre Fahrzeuge besondere Kennzeichen, die aus Länderkürzel, Nationalitätenflagge und Nummern bestanden. Die Fahrzeuge der britischen Mission waren mit den Nummern 1 bis 12 gekennzeichnet, die der USA hatten die Nummer 20 bis 29, die der Franzosen 30 bis 38, so waren sie zu erkennen.

Die Mitarbeiter der MVM versuchten natürlich, so viele Informationen wie möglich zu sammeln. Wichtige Landstriche, Straßen, militärische und transporttechnische Bereiche und auch die Staatsgrenze waren für diese Mission jedoch eigentlich Sperrzonen. Aber daran wurde sich nicht gehalten. Vielmehr wurde versucht, diese Sperrgebiete zu umgehen oder in sie einzudringen, denn gerade dort, glaubten die Agenten, gab es viel zu entdecken.

Und da kommen nun wir ins Spiel. Gegen die drei Westalliierten konnte nur die sowjetische Besatzungsarmee vorgehen. Und das war unser Problem. Wie soll ich jemanden festhalten, wenn ich keine Möglichkeit habe, ihn festzunehmen? An Anwendung von Gewalt war nicht zu denken, der Einsatz von Waffen hätte schwerwiegende Konsequenzen nach sich gezogen. Also mussten wir uns was einfallen lassen.

Diese Kennzeichen führen die Angehörigen der drei westlichen Militärverbindungsmissionen (MVM), die beim Oberkommandierenden der Gruppe der zeitweilig in der DDR stationierten sowjetischen Streitkräfte akkreditiert sind. Ihnen ist es gestattet, sich auf dem Territorium der DDR, mit Ausnahme der für sie gesperrten Gebiete, frei zu bewegen, wobei sie den Rechtsvorschriften der DDR und der völkerrechtlich vereinbarten Ordnung unterliegen.

Zur Gewährleistung der den Angehörigen der drei westlichen MVM zugesicherten Rechte und der Einhaltung der übernommenen Pflichten melden Sie bitte alle diesbezüglichen Feststellungen unter Berücksichtigung der umseitig genannten Punkte an Ihre oder an die nächstliegende VP-Dienststelle.

Abb. 3.7: Hinweiskarte für die Angehörigen der bewaffneten Organe der DDR. Vorderseite: Informationen über Kennzeichen der MVM-Fahrzeuge.

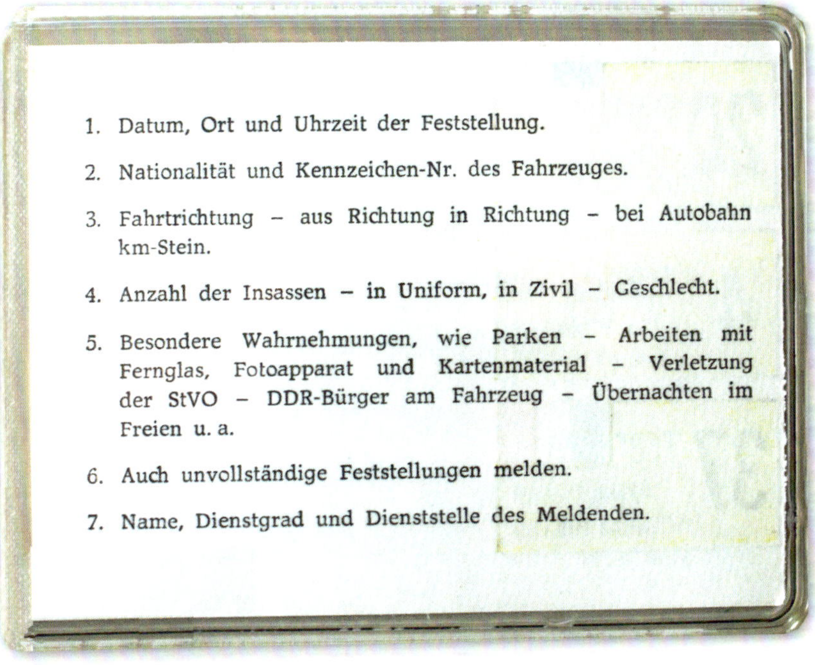

1. Datum, Ort und Uhrzeit der Feststellung.
2. Nationalität und Kennzeichen-Nr. des Fahrzeuges.
3. Fahrtrichtung – aus Richtung in Richtung – bei Autobahn km-Stein.
4. Anzahl der Insassen – in Uniform, in Zivil – Geschlecht.
5. Besondere Wahrnehmungen, wie Parken – Arbeiten mit Fernglas, Fotoapparat und Kartenmaterial – Verletzung der StVO – DDR-Bürger am Fahrzeug – Übernachten im Freien u. a.
6. Auch unvollständige Feststellungen melden.
7. Name, Dienstgrad und Dienststelle des Meldenden.

Abb. 3.8: Auf der Rückseite sind Anweisungen abgedruckt, worauf bei Sichtung von MVM-Fahrzeugen zu achten ist.

Abb. 3.9: Fahrzeug Nr. 1 der britischen Militärverbindungsmission (aufgenommen wahrscheinlich in der Nähe des Hermsdorfer Kreuzes, heute A4/A9).

Ich glaube, es war in einem der Lager der Staatsreserve gewesen, vielleicht in Wesenberg, Marxwalde oder Burkau. Jedenfalls wurden diese Lager vom Betriebsschutz, also von uns, bewacht. Was da so alles gelagert wurde, ist mir auch nicht bekannt. Auf alle Fälle gehörten Lebensmittelkonserven dazu, die in den Geschäften der DDR kurz vor dem Ablaufdatum verkauft wurden. Das war bestimmt bei euch in Westberlin und in der BRD auch so."

„Ja", bestätigt Erich.

„Siehst du. Aus welchen Gründen auch immer, die Angehörigen der MVM waren ganz scharf darauf, herauszufinden, was in diesen Staatsreservelagern gebunkert wurde. Und auf unserer Seite waren die Kollegen ständig angehalten, genau das zu verhindern. Die Zufahrtsstraßen und das unmittelbare Terrain waren zwar Sperrgebiet für die Militärische Verbindungsmission, aber wie ich schon sagte, das interessierte die meistens nicht.

Es war im Hochsommer. Das Jahr weiß ich nicht mehr, so um 1974. Da wurde an einem Lager festgestellt, dass öfter die Fahrzeuge der MVM langsam und in dichter Folge die Peripherie erkundeten. Natürlich wurde das sofort der Stasi gemeldet. Die informierte uns, dass sie diese Bewegungen auch schon beobachtet habe. Nach einigem Überlegen beschloss man, den neugierigen Militärs des Westens eine Falle zu stellen.

Für die Stasi war nämlich alles möglich. Die organisierten dann schnell eine größere Bewegung im Staatsreservelager, und den westlichen Spionen blieb das nicht verborgen. Sie versuchten mit allen Mitteln, nähere Informationen zu erhalten. Ein Fahrzeug fuhr in das Sperrgebiet und fotografierte fleißig. Darauf hatten die Kollegen gewartet. Offen konnten sie ja nichts tun. Also wurden die Bewegungen im Lager forciert. Vier Betriebsschützer verließen das Objekt über einen zweiten Ausgang und schlichen sich an das MVM-Fahrzeug heran. Diese vier hatten eine Plane bei sich, die sie schnell über das Fahrzeug warfen und festzurrten. Das Auto war gefangen und mit ihm die Insassen. Aussteigen konnten sie nicht, denn dann hätten sie das Territorium der DDR betreten, und da hätten wir als Polizei das Recht gehabt, sie festzunehmen. Also blieben sie im Wagen und warteten gemeinsam mit uns auf die Sowjets. Bis die kamen, wurde das Gelände durch die Stasi gesichert, und nach mehreren Stunden traf auch die Militärpolizei der sowjetischen Streitkräfte ein. Wir nahmen an, dass diese Militärpolizisten vom KGB waren. Sie brachten einen Tieflader mit, auf den das Fahrzeug geladen und abtransportiert wurde.

Es gab noch mehr Tricks. Andere Wachtruppen klemmten die Fahrzeuge der MVM einfach zwischen dem Eingangstor fest, sodass keiner aussteigen konnte. Die Russen erledigten dann den Rest, wie beschrieben."

Erich muss herzlich lachen. „Das ist ja wirklich wie im Film zugegangen. Und ich dachte, der Kalte Krieg war nur im Kino so spannend!"

„Oh nein! Nicht nur an der Mauer und auf der Glienicker Brücke gab es spektakuläre Begegnungen zwischen Ost und West. Aber bei euch im Westen waren die Wachleute ja bei Privatfirmen angestellt und nicht daran beteiligt", fügt Hartmut hinzu.

„Davon will ich dir jetzt erzählen, wenn du noch Zeit und Lust hast zuzuhören."

„Auf jeden Fall. Ich habe heute nichts mehr vor und bin ganz gespannt darauf zu erfahren, wie sich unser Beruf bei euch entwickelt hat", antwortet Hartmut. „Aber erst bestellen wir uns mal ein Bier."

„Das machen wir!"

Das private Bewachungsgewerbe im Westen

Nachdem die beiden Freunde ein frisch gezapftes Bier vor sich stehen haben, hebt Erich sein Glas: „Prost, Hartmut!"

„Zum Wohl, Erich!"

Nach einem kräftigen Schluck beginnt Erich: „Wenn ich nun über die privaten Sicherheitsunternehmen im Westen nach dem Krieg erzähle, muss ich eins vorausschicken: Die Geschichte des Bewachungsgewerbes ist nicht so einfach darzustellen, weil sie die Geschichte vieler einzelner Gesellschaften ist, die sich zudem, wie das in der Marktwirtschaft so ist, auch noch gegenseitig gekauft und übernommen haben."

Hartmut muss lachen. „So viel weiß ich schon über eure Marktwirtschaft, dass es viele private Unternehmungen in der Bewachungsbranche gibt, die teilweise miteinander verflochten sind. Vielleicht kannst du einfach über die sprechen, die am größten sind und die du am besten kennst. Die grundlegenden Dinge wie Aufgaben, Ausrüstung usw. werden sich doch bei allen ähneln."

„Okay, gute Idee", stimmt Erich zu. „Dann werde ich mich auf die GfE und die Raab Karcher Sicherheit, das Schweizer Unternehmen Protectas, die DSW Security Düsseldorf und die Werkschutzgruppe Frankfurt beschränken.

Aber, ich will wie du in Berlin 1945 beginnen. Unmittelbar nach der Kapitulation im Mai wurde natürlich auch in den Westzonen das private Bewachungsgewerbe verboten. Wahrscheinlich hatten die Alliierten vor allem den Werkschutz in den großen Betrieben Deutschlands im Auge, der teilweise von SS-Leuten gestellt worden war, der aber mit privaten Bewachungsunternehmen nichts zu tun hatte. Wie auch immer, mit Sicherheit duldeten sie, wie du schon erzählt hast, keine bewaffneten Kräfte im Land. Im Westen wurde den Bewachungsunternehmen sogar erst 1951 wieder gestattet, Waffen zu tragen.[1]

Es dauerte jedoch nur sieben Monate, bis private Sicherheitsfirmen in den Westzonen ihre Tätigkeit wieder aufnehmen konnten. Das heißt konkret, in den drei westlichen Besatzungszonen wurden auf Antrag nach und nach wieder Konzessionen für den Betrieb von Sicherheitsunternehmen herausgegeben.[2] Der Grund ist einfach nachzuvollziehen: Auch in den Westzonen grassierten natürlich Plünderungen, Diebstahl, Lebensmittelschmuggel usw. Die Bewachung von privatem Eigentum war daher dringend geboten.

Die vor dem Krieg etablierten Unternehmen wussten das natürlich und hatten sich auf die Arbeitsaufnahme vorbereitet. Bevor sie ihre Anträge auf Erteilung einer Konzession stellten, wurden Ausrüstungen repariert, Dienstkleidung musste hergestellt werden, und viele andere Arbeiten waren zu erledigen. Bedenkt man die großen Zerstörungen in den Städten, ist natürlich davon auszugehen, dass auch die alten Dienstgebäude und Diensträume nicht unbedingt verschont geblieben waren. So wurde die Zeit genutzt, um sich für die Zukunft vorzubereiten.

Die nach dem Krieg neu gegründeten, aber vielfach schon vor 1933 bestehenden Unternehmen schlossen sich innerhalb der westlichen Besatzungszonen rasch zu Interessenvertretungen zusammen, ab 1946 entstanden so regionale Vereine des Bewachungsgewerbes wie der Kölner Verband Bewachungsgewerbe e. V., der bereits am 24. Oktober 1904 gegründet worden war und bis dato als Bundesverband galt.[3] Weitere waren die Vereinigung des Bewachungsgewerbes in Bayern e. V. und die Vereinigung des Bewachungsgewerbes in Hessen e. V. Am 31. März 1948 wurde aus diesen Anfängen die Vorläufige Arbeitsgemeinschaft der Vereinigung des Bewachungsgewerbes, aus der wiederum sechs Monate später, am 27. September 1948, der Zentralverband des Deutschen Bewachungsgewerbes e. V. als Spitzenorganisation der deutschen Bewachungsunternehmen hervorging. Erster Präsident des neuen Verbandes

1 *DSD. Der Sicherheitsdienst*, Sonderheft *Vom BDWS zum BDSW*, hg. vom Bundesverband der Sicherheitswirtschaft, 63. Jahrgang 2011, „Chronik", S. 2, http://www.bdsw.de/cms/DSD/3-11/Sonderheft%20BDSW%2003-2011.pdf (Zugriff: 10.6.2015).

2 Die folgenden Ausführungen beruhen auch auf: Meik Lange: „100 Jahre BDWS. 1904–2004", in: *DSD. Der Sicherheitsdienst*, Sonderheft *Vom BDWS zum BDSW*, hg. vom Bundesverband der Sicherheitswirtschaft, 63. Jahrgang 2011, S. 10–14, besonders. S. 12, http://www.bdsw.de/cms/DSD/3-11/Sonderheft%20BDSW%2003-2011.pdf (Zugriff: 10.6.2015).

3 Vgl. auch: Erich Kupferschmidt, Thomas Menzel: Geschichten, S. 190–196.

wurde Erich Flesche von der Düsseldorfer Wach- und Schließgesellschaft Flesche & Co. Zu diesem Zentralverband kam 1949 auch Westberlin."

„Also gab es auch in Berlin schon wieder private Bewachungsunternehmen?" Hartmut will es genau wissen.

„Sicher. Du erinnerst dich doch an meinen Großvater Paul Lorenz, der im Dritten Reich von den Nazis mit Gewalt in den Wachberuf gedrängt wurde?"

„Na klar! Der war doch aus Riemberg in Schlesien?"

Abb. 4.1: Logo des Zentralverbandes des Deutschen Bewachungsgewerbes um 1948.

„Genau. Für meinen Großvater hatten die Zwangsmaßnahmen der Nationalsozialisten wenigstens ein Gutes gehabt: Er hatte Gefallen am Wachberuf gefunden. Als er 1945 nach Berlin kam, wurde gerade das private Bewachungsgewerbe wieder zugelassen, und im letzten Abschnitt seines Berufslebens hatte er keine Chance mehr, als Handels- oder Kaufmann neu anzufangen. Paul Lorenz war nämlich bereits 61 Jahre alt. Also bewarb er sich bei der Deutschen Wachgesellschaft in Berlin und erhielt dort auch prompt eine Anstellung. In einem der größten Gewerbegebiete Deutschlands in Berlin-Spandau wurde er als Wachmann eingesetzt. Zum Schluss seiner kurzen Laufbahn war er Objektleiter in einem großen Berliner Unternehmen. 1951 ist er in den Ruhestand gegangen. Dies inspirierte wiederum seinen Sohn Rudolf, also meinen Vater, sich nach Weltkrieg und Kriegsgefangenschaft ebenfalls im Bewachungsgewerbe ausbilden zu lassen und dort einzusteigen. Er war von Beginn seiner Tätigkeit bis zu seiner Verrentung 1988 in der Einsatzzentrale der Deutschen Wachgesellschaft tätig. So wurde unsere Familientradition begründet."

Abb. 4.2: Signet der Deutschen Wachgesellschaft.

„Das war bei euch ja ganz ähnlich wie bei uns!", ruft Hartmut dazwischen.

Abb. 4.3: Genehmigungsurkunde des Berliner Polizeipräsidenten für die Deutsche Wachgesellschaft vom 22. Mai 1946.

„Ja, Hartmut", antwortet Erich. „Die Faszination unseres Berufes ist eben ansteckend. Mein Vater lebte für seinen Beruf, allerdings verlief sein Berufsleben sehr viel ruhiger als das unserer Großväter."

„Und die Deutsche Wachgesellschaft, in der dein Großvater und dein Vater arbeiteten, war schon vor dem Krieg eines der großen Bewachungsunternehmen von Berlin?", erkundigt sich Hartmut.

„Ja, aber nicht das einzige. Dein Großvater war ja bei der Berliner Wach- und Schließgesellschaft angestellt, und beide gehörten zu einer Dachgesellschaft. Wenn du so willst, haben unsere Großväter also beim gleichen Unternehmen gearbeitet."

„Das musst du mir genauer erklären, das verstehe ich, ehrlich gesagt, nicht so ganz", meint Hartmut etwas verwirrt.

Der Polizeipräsident in Berlin
Abteilung IV. - Gewerbe -
Abt. IV/2 - Tgb.-Nr. 31.40 - 4853/45

Berlin N 54, den 22. Mai 1946
Linienstraße 83/85
Fernruf: 42 00 14, App. 175

Betrifft:
Bezug:

Genehmigungsurkunde.

Der Deutschen Wachgesellschaft m.b.H., Berlin-Charlottenburg, Windscheidstr. 11, wird hiermit gemäß § 34a der Reichsgewerbeordnung die Erlaubnis erteilt, in Groß-Berlin gewerbsmäßig Leben oder Eigentum fremder Personen zu bewachen und damit selbständig das Bewachungsgewerbe auszuüben.

Diese Erlaubnis ist nur für die hierin genannte Person gültig und erlischt, wenn der Geschäftsbetrieb auf eine andere natürliche oder juristische Person übergeht.

Der Gewerbebetrieb muß vor seinem Beginn bei der Stadt Berlin, Bezirksamt Charlottenburg, und bei der Steuerbehörde angemeldet werden.

Die Vorschriften des Ministers für Handel und Gewerbe vom 18.1.1928 (MBliV. S.16) für den Geschäftsbetrieb der Personen, die gewerbsmäßig Leben oder Eigentum fremder Personen bewachen, sind von dem Erlaubnisinhaber genauestens zu beachten.

Berlin, den 17. Mai 1946
Der Polizeipräsident
Abteilung IV
I.V.:
Polizeipräsident in Berlin – Abt. IV - Gewerbepolizei
[Unterschrift]

Verwaltungsgebühr:
250,- RM
Tarifstelle 30 I der VGO

Betrag erhalten
23. MAI 1946
Abteilung IV

Fl.

Die GfE und Raab Karcher

Erich nimmt noch einen Schluck und fährt dann fort: „Du kennst doch sicher den Begriff ‚Holding'. Nun, im Bewachungsgewerbe ist schon seit 1902 so etwas Ähnliches wie eine Holding bekannt, die Gesellschaft für Eigentumsschutz (GfE) nämlich.[4] Als 1902 die Berliner Wach- und Schließgesellschaft und die Deutsche Wachgesellschaft kurz nacheinander aus der Taufe gehoben wurden, dachten die Gründer strategisch und vereinten noch im gleichen Jahr beide Neugründungen unter dem Dach der Aktiengesellschaft GfE und danach noch viele andere Unternehmen."

„Ah, jetzt verstehe ich", lacht Hartmut. „Vereint sind wir stärker."

„Ja, so ungefähr dachte man. Als Einzelunternehmen am bekanntesten war die Deutsche Wachgesellschaft mbH. Dieses Unternehmen war das Flaggschiff des Berliner Bewachungsgewerbes. Bereits wenige Jahre nach seiner Gründung existierten mehr als 28 Niederlassungen in ganz Deutschland. Und die Unternehmungen der Deutschen Wachgesellschaft mbH beschränkten sich nicht nur auf die allgemeine Bewachung, vielmehr ging man innovative Wege. Denn sehr früh erkannten die rührigen Firmengründer, dass die Technisierung des Bewachungsgewerbes die Zukunft ist. So wurden als Töchter der GfE auch die Unternehmen Berliner Raumschutz GmbH, die Elektro-Alarm und Raumschutz GmbH und die Deutsche Raumschutz AG Berlin gegründet. Ziel: umfassende Kundenbetreuung. Bald kamen auch Gesellschaften aus anderen Städten hinzu, und auch unter diesen befanden sich Firmen mit spezialisierten Dienstleistungsangeboten. Nach ihrer Wiederzulassung im Frühjahr 1946 wurde die GfE in den Nachkriegsjahrzehnten still und heimlich zu einer der ganz großen Holdings in Deutschland. Schließlich gehörten die Berliner Wach- und Schließgesellschaft, die Münchener Wach- und Schließgesellschaft, die Wach- und Schließgesellschaften Duisburg, Essen, Rosenheim, Berlin Oberspree, Bremen, Spandau und Mannheim, die Deutsche Wachgesellschaft Berlin, die Wachgesellschaft Bavaria, Armoured Car Services, Adarma, Bayrischer Nachtpatrouillenschutz, Allschutz Wach- und Sicherheitsinstitut, Dewag, Custodia, Berliner Schlüsselverwahrgesellschaft, Raumschutzgitter-Vertriebs GmbH, Deutsche Garantie-Tresor GmbH, Deutsche Wachgruppe Berlin, Wachdienst Grunewald und noch viele mehr zur GfE. Die genaue Zahl ist gar nicht mehr feststellbar. Nach dem Mauerbau 1961 wurde der Sitz nach Wiesbaden verlegt. Übrigens war und ist die GfE auch im Verband ein wichtiges Mitglied. Unter ihrer aktiven Mitwirkung entwickelte sich der 1948 gegründete Verband zum bundesweiten Berufsverband der deutschen Bewachungsindustrie. Und ab 1973 nannte sich diese Vereinigung Bundesverband Deutscher Wach- und Sicherheitsunternehmen e. V. (BDWS). So weit alles klar, Hartmut?", erkundigt sich Erich.

BDWS

Abb. 4.4: Logo des Bundesverbands Deutscher Wach- und Sicherheitsunternehmen e. V. 1973.

4 Vgl. zu der GfE auch: Ebenda, S. 186.

„Ja, so weit habe ich alles verstanden. Aber das ist noch nicht das Ende der Geschichte, stimmt's?"

„Stimmt. Denn mit Raab Karcher betrat in den achtziger Jahren ein neuer Akteur die Bühne des deutschen Bewachungsgewerbes. Diese Firma ist ebenfalls sehr alt, war aber zuvor nicht im Sicherheitswesen tätig. Sie wurde am 10. Oktober 1848 als Dienstleistungsunternehmen in Kaiserslautern geboren. Neun Unternehmer hatten damals eine Vision – gemeinsam kann man mehr erreichen! Es waren Händler, Handwerker und Industrielle, die wie Friedrich Carl Raab, Jacob Raab, Heinrich Raab, Eduard Karch, Ernst Huber und einige andere erkannt hatten, welches Potenzial im Handel mit Steinkohle aus dem Saarland steckte. So ist das Unternehmen Raab Karcher entstanden.

Abb. 4.5: Mit diesem Werbeplakat präsentierte Raab Karcher seine umfangreiche Produktpalette um 1862.

Abb. 4.6 (S. 66-67): Fahrzeug-Parade der Deutschen Wachgesellschaft vor dem Berliner Olympiastadion um 1982/83.

Elf Jahre nach der Gründung der Kaiserslauterer Kohlenhändler Gesellschaft stieg der Industrielle Carl Heinrich Karcher ein und nannte den Betrieb wenig später Raab, Karcher & Cie. Der erste Firmensitz befand sich noch im Haus des Patriarchen, des Unternehmers Friedrich Carl Raab. Seine Söhne Heinrich und Jacob machten die Gesellschaft zusammen mit Carl Heinrich Karcher zu einer der erfolgreichsten Handelsgesellschaften in der deutschen Geschichte. Kohle, Öl, Kraftstoffe, Tankstellen, Binnenschifffahrt, Eisen und Stahl, Sprengstoffe, Karbid, Chemie, Wärmetechnik, Baustoffhandel – alles Mögliche kam im Laufe der Jahrzehnte dazu. Das Unternehmen wuchs und wuchs unbeschadet von zwei Weltkriegen das ganze 20. Jahrhundert hindurch. Schon vor dem Ersten Weltkrieg war eine enge Verbindung zur Gelsenkirchener Bergwerks AG entstanden. 1975 war dann das Ende der Eigenständigkeit besiegelt. Der VEBA-Konzern übernahm Raab Karcher. Somit wurde die stolze ‚Alte Dame' eine Tochter der VEBA AG. Aber das muss uns hier nicht weiter interessieren.

Wichtiger ist: 1986 war das Jahr des Einstieges von Raab Karcher in die Sicherheitsbranche. Regional baute man in Essen und Hamburg eigene Strukturen auf, aber die Verantwortlichen erkannten schnell, dass auf dem Wege eigener Entwicklung kein überregionales Bewachungs- und Sicherheitsunternehmen zu schaffen war. So wurden Investitionen beschlossen. Und man stieg gleich ganz groß ein und erwarb 1988 die Gesellschaft für Eigentumsschutz (GfE) in Wiesbaden, die inzwischen ein Sicherheitsunternehmen war, das bundesweit agierte, dezentral mit regionalen Bereichen Berlin, Nord, West, Mitte, Südwest und Süd organisiert war und einen ausgezeichneten Ruf genoss."[5]

5 Vgl. dazu auch Otto Diederichs: „‚Sicherheit ist Kapital' – Private Sicherheitsdienste in Zahlen und Fakten", in: *Clip*, Nr. 43, 26. Dezember 1992, http://www.cilip.de/1992/12/26/sicherheit-ist-kapital-private-sicherheitsdienste-in-zahlen-und-fakten/ (Zugriff: 10.6.2015).

B C 3381
B VD 211

Das Wachstum der Branche in den siebziger Jahren und Protectas

„Beeindruckend! Und die Berliner Bewachungsunternehmen arbeiteten all die Jahre unter eigenem Namen weiter?", will Hartmut jetzt wissen.

„Genau."

„Aber es hat doch bestimmt auch Neugründungen gegeben, oder nicht?", fragt Hartmut weiter.

„Jede Menge", bestätigt Erich. „Gerade die siebziger Jahre waren für unsere Branche ein Zeitraum spürbaren Wachstums.[6] Ursache für den statistisch feststellbaren Wachstumsschub waren in erster Linie die beginnenden Aktivitäten der Roten Armee Fraktion (RAF) und anderer terroristischer Gruppen, die eine neue Bedrohungslage schufen."

Abb. 4.7: Bombenanschlag der RAF auf einen Club hinter dem Hauptquartier des V. US-Corps, Frankfurt a. M., Mai 1972.

„Ja, eure Terroristen, die sind auch bei uns bekannt geworden", wirft Hartmut ein.

„Das glaube ich gerne. Sie beherrschten schließlich jahrelang die Öffentlichkeit", antwortet Erich. „Zu dem beginnenden Terrorismus kam eine stetig steigende Zahl von Straftaten in der Bundesrepublik, die die Nachfrage nach Sicherheitsdienstleistungen weiter verstärkte. Da auch vermehrt Firmen in das Visier von Straftätern gerieten, eröffnete sich im Bereich Werkschutz ein attraktives Geschäftsfeld. Hinzu kam als neues Tätigkeitsfeld die Bewachung von U- und S-Bahnen sowie von Flughäfen. So entstanden mit der erweiterten Nachfrage viele neue Sicherheitsgesellschaften in Deutschland und Europa.

Was war neu an den neu gegründeten Unternehmen? Im Wesentlichen zwei Aspekte: Es wurde nun mit ausgefeilten Sicherheitskonzepten gearbeitet, dazu kam neue Technik, die sich in diesem Jahrzehnt in den Volkswirtschaften etablierte und die nun auch im Bewachungsgewerbe einzog. So kamen leistungsstärkere Funkgeräte zum Einsatz, und Notruf- und Sicherheitszentralen gewannen immer mehr an Bedeutung. Das Zeitalter der Computer kündigte sich an. Die ersten tragbaren Rechner kamen bereits auf den Markt, und die Sicherheitsbranche begann auch diese neue Technik zu nutzen."

„Trifft das auch auf die Protectas in der Schweiz zu?", fragt Hartmut gespannt.

„Ja, Hartmut, auch auf die", bestätigt Erich. „Weißt du, ich kann dir deshalb ausführlich von diesem Unternehmen berichten, weil meine Schwester in der Schweiz lebt und mein Schwager wie ich in der Sicherheitsbranche ist, nämlich bei eben dieser Protectas. Klar, dass wir zwei dann bei Familientreffen gerne fachsimpeln. Daher weiß ich, dass die Arbeitserklärungen des Un-

6 Vgl. für das Folgende: Lange: 100 Jahre BDWS, S. 12.

ternehmens gut auf alle großen deutschen Unternehmen zu übertragen sind, sodass wir die Protectas stellvertretend für die ganze Branche betrachten können.

„Ah, noch ein wenig Familientradition", meint Hartmut grinsend.

„So ist es. Also, der Gründer der Gesellschaft hieß Pierre Rochat. Am 29. Juni 1976 hob er in Lausanne die Protectas SA aus der Taufe. Seine Dienstleistungen, das hatte er sich geschworen, sollten sich deutlich von denen der Mitbewerber unterscheiden. Denn ihm als Sicherheitsexperten war bewusst, dass der herkömmliche Kontrollgang nicht alles sein kann, was ein modernes Wachunternehmen seinen Kunden anbieten kann. Er wollte nach seinen eigenen Worten ein ‚althergebrachtes Handwerk modernisieren', es grundlegend verändern, sowohl auf konzeptioneller Ebene als auch im Bereich von Ausrüstung, Technik und Ausbildung.[7]

Abb. 4.8: Pierre Rochat, *16. Januar 1934 in Aubonne; † 7. Januar 2015 in Saint Prex.

Seine erste Filiale eröffnete er in Lausanne mit nur einem Auftrag: der Überwachung von Veranstaltungen der Patinoire (der örtlichen Eisbahn). Neue Mandanten, wie die Unternehmen Bobst, Crédit Suisse und Nestlé, kamen jedoch schnell dazu, die Liste der Kunden wurde immer länger und attraktiver. Gleichzeitig begann Protectas auch die Expansion in der Schweiz. So wurden die Filialen in Genf (Juni 1978) und Zürich (November 1978) aufgebaut. Wenige Wochen später erwarb man die Züricher Bewachungs-AG Zübewag. Schon bald konnten darüber hinaus auch Unternehmen in Frankreich, Deutschland und Österreich gekauft werden.

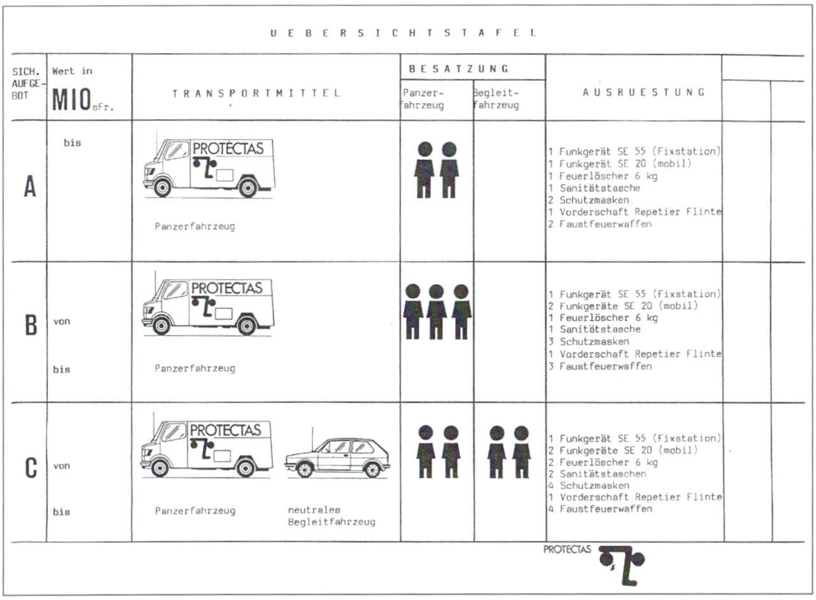

U E B E R S I C H T S T A F E L

SICH. AUFGE-BOT	Wert in MIO sFr.	T R A N S P O R T M I T T E L	B E S A T Z U N G Panzer-fahrzeug	 Begleit-fahrzeug	A U S R U E S T U N G		
A	bis	PROTECTAS Panzerfahrzeug			1 Funkgerät SE 55 (Fixstation) 1 Funkgerät SE 20 (mobil) 1 Feuerlöscher 6 kg 1 Sanitätstasche 2 Schutzmasken 1 Vorderschaft Repetier Flinte 2 Faustfeuerwaffen		
B	von bis	PROTECTAS Panzerfahrzeug			1 Funkgerät SE 55 (Fixstation) 2 Funkgeräte SE 20 (mobil) 1 Feuerlöscher 6 kg 1 Sanitätstasche 3 Schutzmasken 1 Vorderschaft Repetier Flinte 3 Faustfeuerwaffen		
C	von bis	PROTECTAS Panzerfahrzeug neutrales Begleitfahrzeug			1 Funkgerät SE 55 (Fixstation) 2 Funkgeräte SE 20 (mobil) 2 Feuerlöscher 6 kg 2 Sanitätstaschen 4 Schutzmasken 1 Vorderschaft Repetier Flinte 4 Faustfeuerwaffen		

PROTECTAS

Abb. 4.9: Auszug einer Übersichtstafel, die der Ausbildung bei der Protectas dient.

7 Das Zitat findet sich in: *ProtaNews*, Nr. 10, Juni 2006, S. 3.

Der Erfolg beruhte auf einem ausgeklügelten Gesamtkonzept. Die Gebäude und Werkstätten jedes Kunden wurden untersucht, dann wurde eine Risikoanalyse erstellt, aus der schließlich ein Sicherheitskonzept mit einem Bewachungsplan hervorging. Dies war in den siebziger Jahren ein völlig neuer Ansatz, der von da an bis heute immer weiter verfeinert wurde."[8]

„Ein gewaltiger Schritt in Richtung Professionalisierung", nickt Hartmut anerkennend.

„Ja, genau. Aber wie gesagt, auch andere Gesellschaften begannen in diesen Jahren, technisch aufzurüsten und ihre Angebote analytisch zu vertiefen. Bei der Protectas, wie wohl auch bei den anderen, müssen seitdem die Spezialisten der Unternehmen als Erstes die Sicherheitspolitik des Auftraggebers und dessen Absichten erfassen. Sie beginnen dabei in der Regel mit der Untersuchung der bereits vorhandenen Sicherheit. Die Risiken werden inventarisiert und nach folgenden Kriterien eingestuft und beurteilt: Schweregrad der Schäden, die entstehen können, und Wahrscheinlichkeit, dass das Ereignis eintreten wird. Danach wird entschieden, welche Risiken geduldet werden können und welche zu reduzieren oder gänzlich auszuschließen sind. Anschließend ermitteln die Berater einen Katalog von Maßnahmen und schlagen dem Kunden mehrere Alternativen vor. Die endgültige Entscheidung, wie der Kunde sich schützen will, liegt bei ihm. Die letzte Phase des Konzepts beinhaltet die praktische Durchführung der baulichen, technischen und personellen Maßnahmen, die gewählt wurden. Die der Protectas übertragenen Aufgaben werden in einem Pflichtenheft detailliert aufgeführt, und ihre vertragskonforme Ausführung wird von einem Koordinator kontrolliert. Für jede angebotene Dienstleistung, also die klassische Gebäude- und Anlagenbewachung, aber auch Eventabsicherung, Werttransport usw., hat das Unternehmen ein spezifisches Konzept entwickelt, das auf dem skizzierten Grundkonzept aufbaut.

Grundsätzlich werden zwei Formen von Bewachung angeboten. Die erste besteht aus der ständigen Anwesenheit eines Protectas-Mitarbeiters, der das Objekt nach einem vorher genau festgelegten Verfahren bewacht. Die zweite, die sogenannte präventive Bewachung, sieht den Einsatz von Patrouillen vor, deren Tätigkeit hauptsächlich der Abschreckung dient. Sie haben die Aufgabe, den Schutz des Bewachungsobjektes durch häufige Kontrollgänge zu gewährleisten. Für sehr große Objekte kann eine Einsatzzentrale vor Ort eingerichtet werden, da der Umfang gewisser Sicherheitsmaßnahmen eine autonome Verwaltung beim Kunden rechtfertigt.

Der Bewachungsmitarbeiter im Einsatz beim Kunden kontrolliert nicht nur die technischen Anlagen, mit denen er sich zuvor vertraut gemacht hat, sondern ebenfalls die Alarmsysteme, deren Funktionsweise er einwandfrei beherrschen muss. Alarmsysteme, die rund um die Uhr Einbrüche, technische Pannen oder

8 Ebenda.

entstehende Brände melden können, sind die grundlegende Voraussetzung für eine rasche Intervention."

„Was verstehst du unter Intervention?" Hartmut schaut Erich fragend an.

„Einen Moment noch. Ich komme gleich darauf zurück. Ein wichtiger Teil des Konzepts ist nämlich noch die Ausbildung der Mitarbeiter. Bei der Protectas werden alle Sicherheitskräfte für den Bewachungsbereich geschult, sie werden an streng methodisches Arbeiten gewöhnt, Aufmerksamkeit und Beobachtungsgabe werden trainiert. Die Schulung ist auf drei wesentliche Faktoren ausgerichtet: die Präventivmaßnahmen, das überlegte Handeln, die sachdienliche Meldung. Das Anlernen am Einsatzort ist ebenfalls eine wichtige Etappe der Ausbildung. Es vermittelt die spezifischen Kenntnisse des Bewachungsobjektes, denn es werden verschiedene Einsatzbereiche bedient: Grundstücke und Geschäftsräume, Banken, Industriekomplexe, öffentliche Gebäude, Krankenhäuser, Forschungszentren, Baustellen oder Villen, um nur einige zu nennen. Außerdem wurde ein spezieller Sicherheitsdienst für Luftfahrtgesellschaften eingerichtet.

Und jetzt komme ich zu den Interventionskräften. Einbrüche, Überfälle, technische Pannen oder natürliche Schäden können unter Kontrolle gehalten werden, wenn rechtzeitig entsprechende Maßnahmen getroffen worden sind. Der Interventionsdienst von Protectas reagiert prompt, sobald ein Alarm gemeldet wird. Die meisten Interventionen werden nämlich durch Alarm ausgelöst. Die Meldung erfolgt über Systeme, die an eine Alarmempfangszentrale angeschlossen sind und Gefahren wie Feuer, Einbruch, Überfall oder technische Pannen differenziert weitergeben. Dies ermöglicht es, unverzüglich den Einsatz kompetenter Fachleute zu koordinieren.

Bei Einbruch-Alarm kontrollieren die Interventionskräfte am Einsatzort zunächst die Umgebung. Nach Beobachtung und Analyse der Situation sowie Beurteilung der Risiken betreten die Sicherheitsmitarbeiter anschließend das Objekt. Finden sie Spuren eines Einbruches oder nehmen sie eine offensichtliche Gefahr wahr, werden sofort die zuständigen öffentlichen Dienststellen, also Polizei, Feuerwehr usw., für eine kombinierte Intervention alarmiert. Bei Überfall-Alarm werden diese entsprechend den gesetzlichen Bestimmungen direkt verständigt. Am Einsatzort vertreten die Mitarbeiter von Protectas dann den Auftraggeber, falls dieser abwesend ist. Die Interventionsdienste sind dezentralisiert stationiert, sodass sie innerhalb kürzester Zeit zur Stelle sein können."

„Verstehe ich das richtig, dass die Interventionsdienste im Alarmfall aus einer Einsatzzentrale ausrücken?", fragt Hartmut.

„Ja und nein. In den Einsatzzentralen können Interventionskräfte anwesend sein, wenn sie sich in einem entsprechenden zentralen Ort des Einsatzgebietes befinden. Sonst werden diese Kräfte immer an zentralen Standorten konzentriert. Von dort aus werden sie dann durch die Einsatzzentrale zum Gefahrenort delegiert. Die Einsatzkräfte werden entsprechend geschult, trainiert und ausgebildet. Im Training dieser Kräfte ist auch der Betrieb der Einsatzzentrale enthalten, in der sie ein Praktikum als Operator absolvieren. Außerdem erhalten sie Spezialkurse, um sich mit der Funktionsweise bestimmter technischer Anlagen vertraut zu machen. Jeder Sicherheitsmitarbeiter muss die verschiedenen Alarm- und Sicherheitssysteme der Kunden perfekt beherrschen. Zu diesem Zweck werden Weiterbildungsseminare von den Erbauern und Lieferanten der betreffenden Systeme durchgeführt. Die Interventionskräfte sind in der Schweiz im Dienst zudem stets bewaffnet. Verlangt wird daher auch die Befähigung zum Schießen sowie die genaue Kenntnis der gesetzlichen Vorschriften über Waffen, Munition und deren Gebrauch.

Abb. 4.10: In der Schweiz ist die Bewaffnung der Mitarbeiter Standard.

Die Ausrüstung der Interventionskräfte umfasst Bewaffnung, Übermittlungsgeräte und technische Unterlagen. Letztere enthalten sämtliche Informationen über alarmgeschützte Bereiche, ihre Zugangswege und die vorhandenen technischen Anlagen."

„Erich, nehmen wir einmal an, diese Interventionsteams stoßen am Einsatzort auf Einbrecher, noch bevor die Polizei da ist. Dürfen sie die festnehmen, dürfen sie Gewalt anwenden?"

„Du hast gut mitgedacht, Hartmut. Hier besteht nämlich ein Unterschied zu Deutschland. Sollten die Interventionskräfte auf Einbrecher oder andere unbefugte Personen treffen, haben sie entsprechend der Jedermannsrechte das Recht, die eingedrungenen Personen festzusetzen. In der Schweiz kann das auch mit Androhung von Gewalt durch die mitgeführten Schusswaffen erfolgen, aber in Deutschland tragen unsere Interventionskräfte keine Waffen. Hier muss der Sicherheitsmitarbeiter klug, umsichtig und gesetzeskonform handeln", führt Erich aus.

„Ganz schön kompliziert! Das ist bei uns einfacher", stellt Hartmut fest.

„Ja, und dazu kommt, dass unsere Aufgaben immer vielfältiger geworden sind", ergänzt Erich. „Denn neben der beschriebenen Grundtätigkeit bietet das Unternehmen Protectas zahlreiche Sonderdienstleistungen an. Eine davon ist die Sicherung von Veranstaltungen. Auch hier beginnt die Dienstleistung mit der Analyse: Art und Umfang des Ereignisses, Profil des Publikums, Beschaffenheit der Infrastruktur, mögliche Gefahren, die mit Installationen, eventuellen Ausschreitungen des Publikums oder vorsätzlichen Handlungen in Zusammenhang stehen können. Die größte Gefahr entsteht bei Publikumsveranstaltungen erfahrungsgemäß durch das Phänomen der Masse. Die Konzentration von vielen Menschen auf beschränktem Raum erzeugt oft Aufregung oder gar Panik, die schwerwiegende Folgen haben kann. Die Aufgabe von Protectas besteht darin, Panik zu verhindern oder im Keim zu ersticken. Dazu dienen verschiedene Dienstleistungen: Ein- und Ausgangskontrolle, Aufsichtsdienst,

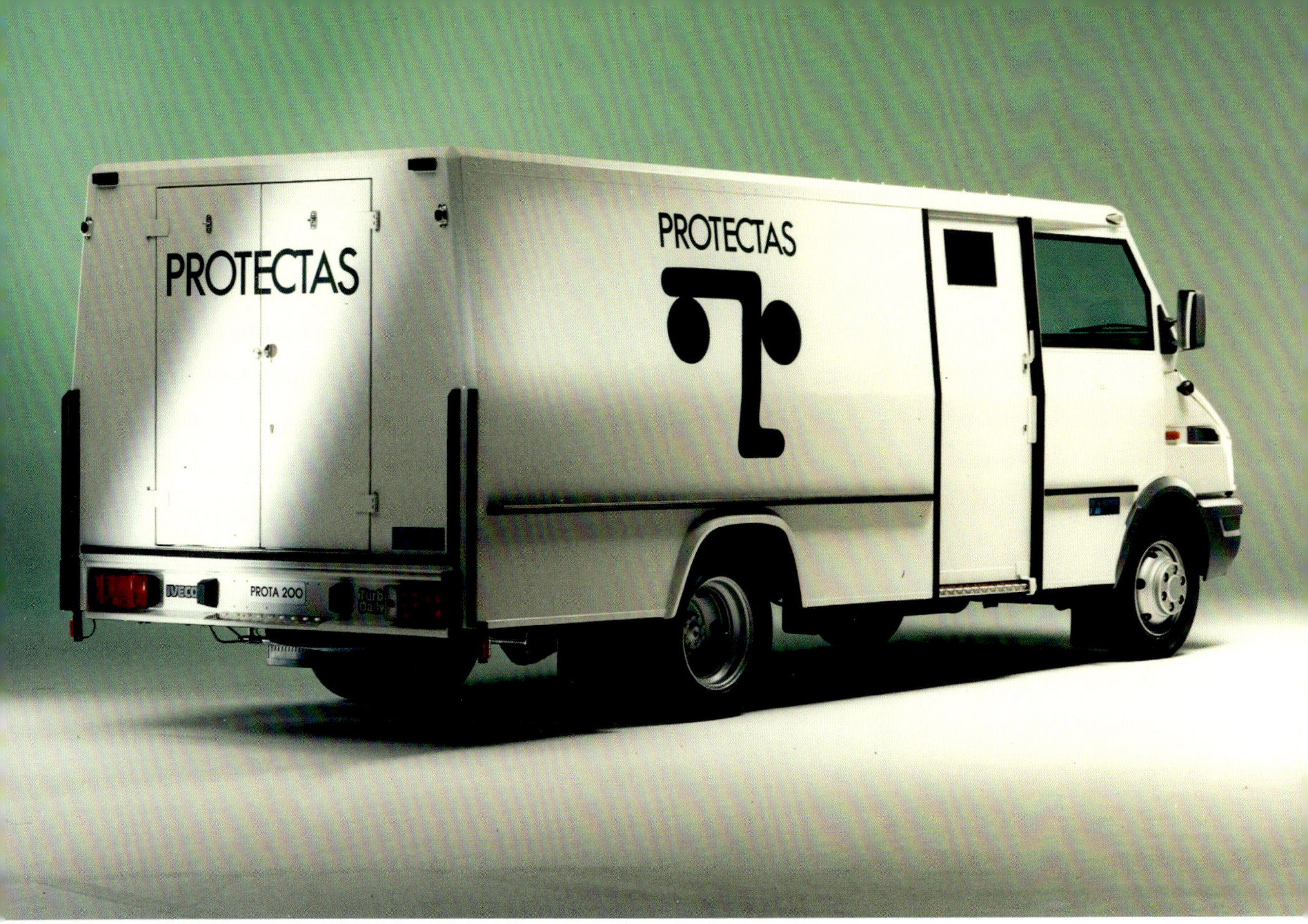

Abb. 4.11: Fahrzeug für Werttransporte um 1982.

Ordnungsdienst auf Parkplätzen, Durchsuchungen, Empfangs- und Auskunftsdienst. Je nach Ausmaß der Sicherheitsvorkehrungen kann auch eine Einsatzzentrale vor Ort eingerichtet werden. Zu den Events, die abgesichert werden, gehören öffentliche und private Feiern, Freiluftfestivals, Konzerte, große Sportveranstaltungen, Empfänge, Kongresse, Messen.

Eine weitere Sonderleistung stellen Werttransporte dar: Hier richtet sich die sogenannte Vorbereitungsphase auf die Herstellung guter Arbeitsbeziehungen zwischen Kunden, Versicherern und Transportunternehmen. Hinzu kommt die Abklärung juristischer, administrativer und finanzieller Fragen. In der Planungsphase werden Strategie und Ausführung des Auftrages von einem Spezialisten festgelegt. Er vergewissert sich, dass alle Sicherheitsnormen genau beachtet werden. In der Ausführungsphase wird der Transport durchgeführt. Mit ihrem Netz von Verbindungsstellen führt Protectas zum Beispiel Luftfrachttransporte im gesamten europäischen Raum aus, wobei etwa Banknoten exportiert oder zurückgeführt werden. Das Personal bei Werttransporten muss über ausgezeichnete Fähigkeiten im Schießen verfügen und gesetzliche Vorschriften in Bezug auf Waffen, Munition und deren Gebrauch genau kennen. Es wird mit regelmäßigen Schulungen auf dem neuesten Stand gehalten, sodass der Mitarbeiter stets alle neuen Techniken erlernt.

Ein weiterer Faktor bei Werttransporten sind die Fahrzeuge. In Zusammenarbeit mit einem europäischen Konstrukteur wurde eine neue Generation von gepanzerten Fahrzeugen entwickelt, die eigens für Werttransporte konzipiert sind. Diese Panzerwagen sind mit einem integrierten Sicherheitssystem ausgerüstet: Technische Leitsysteme verhindern falsches Manövrieren, welches die Sicherheit der Begleiter und des transportierten Wertgutes gefährden könnte.

Im Falle eines Angriffs auf ein Panzerfahrzeug kann die Gefahr möglicherweise nur unter Anwendung von Gewalt abgewehrt werden. Die Transportbegleiter müssen daher in der Lage sein, ihr Leben und gleichzeitig auch die transportierten Wertsachen zu verteidigen. Das Unternehmen stattet sie aus diesem Grund mit den besten und leistungsfähigsten Waffen aus.

Das Panzerfahrzeug steht in ständiger Verbindung mit der Einsatzzentrale der Protectas, an die es nach präzisen Vorschriften den Verlauf des Einsatzes meldet. So kann jederzeit der Standort des Fahrzeugs ermittelt werden. Während seines Einsatzes dient das betreffende Fahrzeug auch als mobiler Kommandoposten. Dieser bleibt in permanenter Verbindung mit den ‚Läufern', die das Fahrzeug verlassen.

Bei Werttransporten hat der Funkverkehr in gewisser Hinsicht eine ebenso abschreckende Wirkung wie die Bewaffnung. Der Angriff auf einen Transporter bedeutet letztlich Konfrontation mit den vereinten Interventionskräften von Protectas und Polizei."

„Mensch, dein Großvater ging noch mit einem Hund auf Streife, und dein Schwager und du, ihr arbeitet in Hightech-Unternehmen", staunt Hartmut.

„Es gibt aber auch eher herkömmliche Tätigkeiten wie den Personen- und Begleitschutz", schränkt Erich ein. „Ein wirksamer Schutz hängt hier natürlich zuallererst von den guten Reflexen des Leibwächters ab. Dennoch bedarf es sorgfältiger Vorbereitung auf den Auftrag. Sie beginnt mit der Bestandsaufnahme und Analyse sämtlicher Belange, welche die zu schützende Person betreffen, weshalb diese zur Mitarbeit herangezogen wird. Es handelt sich darum, möglichst genau eventuelle Bedrohungen, deren Ursprünge und Motive zu erkennen und auf die möglichen Formen von Gewaltanwendung vorbereitet zu sein. Die Risiken hängen selbstverständlich von der Persönlichkeit und Tätigkeit des Kunden ab, sie können zum Beispiel politischer, wirtschaftlicher, ideologischer oder religiöser Natur sein. Des Weiteren werden die tägliche Umgebung, die Gewohnheiten, Reisen, der Bekanntenkreis und die typischen Merkmale der zu schützenden Person und ihrer Umwelt untersucht. Die eingehende Ermittlung dieser Faktoren ermöglicht es, die geeignetsten Schutzmaßnahmen auszuarbeiten. Um einen wirksamen Schutz zu gewährleisten, muss der Leibwächter den Kunden auch auf unumgängliche Vorsichtsmaßregeln aufmerksam machen, ihm bestimmte Reflexe angewöhnen und ihn andererseits dazu bringen, die eine oder andere Gewohnheit abzulegen. Wichtig ist daher, dass die Beziehung zwischen Schützer und dem Schutzbefohlenen auf gegenseitigem Vertrauen beruht.

Der Leibwächter muss imstande sein, sich in Stress-Situationen vollkommen zu beherrschen, ein scharfes Auge haben, Initiative zeigen, über ausgezeichnete Kondition verfügen, mit Waffen umgehen können und Erfahrung in der Fahrtechnik für den Begleitschutz besitzen. Und er muss aufmerksam das Zeitgeschehen verfolgen und mit den verschiedensten Vorgehensweisen von Terroristen, Entführern und Attentätern vertraut sein.

Das Profil eines Leibwächters entspricht also dem eines perfekten Sicherheitsspezialisten, der seinen Mut sowie physische und intellektuelle Fähigkeiten beim Einsatz in den verschiedenen Dienstarten unter Beweis gestellt hat. Außerdem muss er über eine ausgeprägte Intuition verfügen. Dieser hoch spezialisierte Beruf bleibt in der Regel der Elite der Sicherheitskräfte vorbehalten.

Zum Schluss will ich dir noch von der Einsatzzentrale erzählen, die gewissermaßen das menschliche und technologische Gehirn, den Knotenpunkt für den Funkverkehr und den Sammelpunkt aller zweckdienlichen Informationen im Zusammenhang mit den laufenden Einsätzen darstellt. Sie ermöglicht es, Meldungen rund um die Uhr auf Distanz zu koordinieren, zu kontrollieren und unverzüglich zu reagieren. Die EZ, wie wir sie kurz nennen, ist somit eine der wichtigsten Einrichtungen des gesamten Unternehmens. Sie wird von Fachpersonal betrieben und ist mit Spitzentechnologie ausgerüstet. Der aufsichtführende Operator, der mit den diensttuenden Mitarbeitern in Verbindung steht, verfolgt zwecks Kontrolle und Koordination nach genauen Weisungen den Arbeitsablauf. Seine Funktion erfordert besondere Fähigkeiten, da er nicht nur die zahlreichen bei ihm eintreffenden Meldungen zu interpretieren hat, sondern gegebenenfalls auch die zwischenzeitliche Funkstille. Ihm liegen sämtliche Akten über die Dienstaufträge vor, die er überwacht, und er kennt für jeden von ihnen das vorgesehene Abwicklungsprogramm. Die Sicherheitsmitarbeiter am Einsatzort können sich somit auf seine permanente Unterstützung verlassen. Die Einsatzzentrale ist außerdem das Bindeglied zum Interventionsdienst der Protectas. Es ist der Operator, der nach Empfang einer Alarmmeldung die Intervention einleitet und steuert. In der Schweiz stehen drei Einsatzzentralen rund um die Uhr in Betrieb, und zwar in Lausanne, Genf und Zürich. Sie gewährleisten den gesamten Funkverkehr auf Schweizer Gebiet."

„Und so funktionieren alle privaten Sicherheitsunternehmen?", fragt Helmut.

„Zumindest die großen der Branche", bestätigt Erich.

„Donnerwetter!" Hartmut ist sichtlich beeindruckt.

Die DSW-Gruppe

„Und zu den Großen gehörte auch die DSW Security Düsseldorf", fährt Erich fort.[9] „Genauer gesagt, hieß das Unternehmen zunächst Deutscher Schutz- und Wachdienst (DSW). Seine Gründung erfolgte bereits am 10. Februar 1925 in der damaligen preußischen Hauptstadt Berlin. Die Gründer waren Albert und Alfred Oppermann. Das Unternehmen florierte und konnte sich prächtig im Markt etablieren, zahlreiche Niederlassungen und Geschäftsstellen im ganzen Reichsgebiet wurden eröffnet.

Dann kam der Krieg, und die Zerstörung nahm auch hier ihren Lauf. Wie viele andere Sicherheitsunternehmen verlor auch die DSW große Teile der technischen Ausrüstung und Uniformen. Niederlassungen im Osten des Reiches waren nicht mehr erreichbar, das Unternehmen verkleinerte sich. An einen geordneten Wiederaufbau war unter diesen Umständen in den ersten Friedenstagen nicht zu denken. Dennoch begann Alfred Oppermann mit der Neuorganisation seines Betriebs. Unterstützung bekam er durch seinen Sohn Hans-Joachim Oppermann, der 1946 aus der Kriegsgefangenschaft zurück in seine Heimatstadt Berlin kam. Er trat als Mitgesellschafter in das Unternehmen ein und sollte eine erfolgreiche Zukunft in der DSW vor sich haben.

Schritt für Schritt wurden nun alte Gesellschaften wiederbelebt oder neue gegründet. Reichlich ein Jahrzehnt später, 1963, begann in der Mainmetropole Frankfurt ein neuer Zweig der DSW zu wachsen und damit ein weiterer Abschnitt der Firmengeschichte.

Der Anstoß zu dieser Neugründung erfolgte auf einer USA-Reise von Hans-Joachim Oppermann, der von Ernst van der Lee, dem Inhaber des Nederlands Veiligheits Dienst (NVD), begleitet wurde. Die beiden Herren wollten sich ein Bild von der Arbeitsweise der Firmen Pinkerton's National Detective Agency und William J. Burns International Detective Agency machen, den beiden US-Giganten der Branche mit zusammen etwa 40.000 Mitarbeitern. Nicht nur die Zentrale der beiden Unternehmen wurde besucht, man begutachtete darüber hinaus auch eingehend die Arbeitsmethoden der US-Marktführer.

Nach diesem Besuch reifte bei Oppermann und van der Lee der Entschluss, in Frankfurt/Main eine gemeinsame DSW-Gesellschaft zu gründen. Eine geniale Idee, wie sich zeigen sollte. Zwar war der Wunschname für das Unternehmen, DSW Deutscher Schutz- und Wachdienst, nicht verfügbar, aber man einigte sich rasch auf die Alternative DSW Der Schutz- und Wachdienst. Unter diesem Namen wurde das neue Mitglied der DSW-Gruppe 1963 ins Leben gerufen.

9 Die Ausführungen über die DSW beruhen auf Informationen von Reinhard W. Ottens; darüber hinaus wurden folgende Magazine und Mitteilungsblätter der DSW verwendet: *Der Sicherheit wegen*, Mitteilungsblatt der DSW Nr. 7, Mai 1975, S. 6; Nr. 9, 1976, S. 14; *DSW-Info* 12, Dezember 1979, S. 4; *SECEUROP Magazin* Nr. 3, 1982, Seite 24, Archiv der Securitas Holding GmbH, Archiv-Nr. MA-002-00237-B6aR1F2; *DSW Magazin* 1988/89, S. 12, Archiv der Securitas Holding GmbH, Archiv-Nr. MA-002-00243-B6aR1F2.

Alfred Hochwald, eine prägende Persönlichkeit in den Häusern Berlin und Göttingen der DSW, wurde Mitgesellschafter und übernahm die Geschäftsführung. Trotz vieler bereits etablierter Mitbewerber schaffte Hochwald einen großartigen Start und konnte die VDO Automotive und den Verlag Frankfurter Allgemeine als erste Kunden gewinnen. Ihnen sollten viele weitere folgen.

Abb. 4.12: Die Väter der DSW Düsseldorf-Gruppe (v. l. n. r.): Reinhard W. Ottens, Alfred Hochwald, Ernst van de Lee und Manfred Welcher.

Die ersten Wachmänner wurden noch im Souterrain eines Geschäftshauses in Frankfurt-Bockenheim auf ihre zukünftigen Aufgaben vorbereitet. Doch das Unternehmen expandierte schnell. Ein Standortwechsel war die Folge des Platzmangels, und Ende der siebziger Jahre zog die DSW Frankfurt schließlich in ein eigenes modernes Gebäude auf der Heerstraße ein.

1979 ging Alfred Hochwald mit der Gewissheit in den Ruhestand, in Frankfurt ein führendes Bewachungsunternehmen geschaffen zu haben. An seinen Erfolg konnte sein Nachfolger, Manfred Welcher, nahtlos anknüpfen. Auch unter seiner Regie wuchs das Unternehmen."

„Das wird wohl wieder so eine Erfolgsgeschichte wie bei der Protectas?", fragt Hartmut lachend.

„Na und ob. Aber pass auf, wie es weitergeht! Der Erfolg in Frankfurt hatte die DSW-Geschäftsführung so beflügelt, dass fast zwangsläufig die Idee aufkam, sich weiter auszudehnen. Gesagt, getan: In Düsseldorf gründeten Hans-Joachim Oppermann, Ernst van der Lee und Alfred Hochwald 1973 eine weitere DSW-Gesellschaft.

Und mit Reinhard W. Ottens fand man einen zielstrebigen jungen Kaufmann, der vor allem auf den Optimismus, etwas bewegen zu wollen, zurückgreifen konnte. Über eigenes Kapital verfügte er jedoch nicht, was er trocken kommentierte: ‚Ich hatte kein Geld für eine Beteiligung, aber meinen Willen, meinen Optimismus – und das Geld anderer Leute.' Folglich stundete man ihm seine Einlage für die ihm angebotene Beteiligung. Allerdings brachte er andere Qualitäten ein, insbesondere großes Fachwissen, vor allem auf den Gebieten Personalwesen, Management, Organisation und nicht zuletzt Haussicherheit. Ottens Philosophie beruhte auf einem ehernen Grundsatz: Vertrauen ist gut, Kontrolle ist besser. Schon nach Abschluss des ersten Geschäftsjahres konnte er die gestundete Einlage aus den erwirtschafteten Gewinnen zurückzahlen.

Und er baute das neue Unternehmen weiter aus. Neben den Wachleuten wurden nun auch Kontrollinspektoren beschäftigt, die das Bindeglied zwischen Geschäftsführung und Mitarbeitern vor Ort, aber auch notwendiges Kontroll- und Schulungsorgan, darstellten. Von seinem niederländischen Partner van der Lee übernahm er die Ausbildungs- und Organisationskonzepte sowie die Idee, vor allem junge und gut ausgebildete Mitarbeiter einzustellen. Eine gepflegte Erscheinung, ansprechende Uniform, Diensthemd und Krawatte ergänzten die Präsentation der Wachleute.

Abb. 4.13: Die Zentrale der DSW in Düsseldorf, Lindemannstraße 79.

Zum Ausbildungsprogramm der Mitarbeiter gehörten die Sachgebiete Grundlagen des bürgerlichen Rechts, Psychologie, Werkschutzdienstkunde und Werkschutztechnik. Um all dies fundiert vermitteln zu können, wurde die DSW-Schule gegründet. Damit war es möglich geworden, dem Kunden eine seinen Bedürfnissen angepasste Dienstleistung mit entsprechend geschultem Personal anzubieten – eine Strategie, von der die Branche viel lernen konnte.

„War das bei der Protectas nicht ganz ähnlich?"

„Richtig, Hartmut. Wenn du dich an das erinnerst, was ich dir über die Schweizer Firma gesagt habe, erkennst du ganz ähnliche Schwerpunkte, nämlich konsequente und individuelle Weiterentwicklung der Sicherheitsstrategie für jeden einzelnen Kunden; kontinuierliche Aktualisierung von Aus- und Fortbildung der Mitarbeiter; permanente Fortentwicklung des Führungsstils, mit einem Wort: zunehmende Professionalisierung."

„Das alles entspricht so gar nicht dem üblichen Klischee vom bequemen Leben der Wachleute, die bei der Arbeit fröhlich trinken und ihr Geld im Schlaf verdienen", stellt Hartmut amüsiert fest.

„Ah, kennst du das auch? Das ist absoluter Unsinn", ereifert sich Erich. „Das Wachgewerbe war wie gesehen schon in den siebziger Jahren sehr professionell aufgestellt und Disziplin eine Grundvoraussetzung für diesen Job. Eigentlich gab es ihn doch nie, den trinkenden und schlafenden Wachmann. Im Gegenteil: Wachleute absolvieren ein hartes Training und werden theoretisch geschult. Ohne dies dürfen die bei seriösen Firmen gar nicht anfangen."

„Das glaube ich sofort", nickt Hartmut zustimmend.

„Wo war ich stehen geblieben?" Erich überlegt kurz, dann fährt er fort: „Also, mit den neuen Ausbildungs- und Organisationskonzepten war der Erfolg der DSW Düsseldorf vorprogrammiert. Mit seinem Frankfurter Partner Manfred Welcher, der zwischenzeitlich auch Mitgesellschafter geworden war, gründete Reinhard W. Ottens in der Folgezeit weitere Unternehmen in Köln, Hannover, Hamburg, Mannheim, Stuttgart und München. Die DSW-Gruppe war bald flächendeckend vertreten, und in nahezu allen neu gegründeten Unternehmen wurden Sicherheitszentralen eingerichtet, die 24 Stunden am Tag besetzt waren, um operativ die dringend benötigten Schalt- und Führungsstellen zu etablieren.

Aus- und Weiterbildung wurden in der DSW-Gruppe nicht nur großgeschrieben, man investierte auch viel Zeit, unternehmerische Kraft und Mittel, um den Ausbildungsstand der Mitarbeiter immer weiter zu verbessern. Wenn es dich interessiert, Hartmut, will ich dir aus einem DSW Magazin vorlesen, das ich bei mir zu Hause gefunden habe, wie ein Ausbildungstag 1982 auf dem Security-Schießstand ausgesehen hat."

„Sicher interessiert mich das."

„Na, dann hör zu!"

Wir versammelten uns in der früheren Kies- und Sandgrube, die inzwischen hervorragend ausgebaut ist für Schießübungen aller Art. (...) Zunächst musste eine Strecke gehangelt werden, zur Simulierung einer Grabenüberquerung. Dann ging es schnellstens zum Eingang des Schießstandes. Drei Ziele waren von der Tür aus zu treffen, jeweils mit einem Doppelschuss. Dann schneller Rückzug vor den Stand, laden, sichern, Waffe zurück in das Holster und wieder zurück in den Stand hinein. Je zwei Schuss waren abzugeben – in einer Scheibenentfernung von 35 Meter liegend, 30 Meter sitzend und 25 Meter kniend. Dazwischen die Waffe wieder in die Holster. Zeitgewinn war alles. Neu laden, hieß es dann, schnell aus dem Stand heraus, den Berg hinauf, den Berg herunter, auf einem markierten Weg wieder in den Schießstand hinein und dort – aus 15 Meter Entfernung – schießen auf fünf Dosen, alle waren zu treffen.

Ja, das war es schon ... Dabei zählte die Zeit, zählten die Treffer, zählte die Einhaltung der Bedingungen. Worauf es ankam? Nun, auf körperliche Fitness, schnelles Erkennen des Ziels, besonnenes Zielen und Abdrücken und auf sicheren Umgang mit der Waffe. Es gab noch eine weitere Übung: Nach einem Hürdenlauf auf zwei Scheiben schießen und treffen. Nach größter körperlicher Beanspruchung muss dennoch die Waffe ruhig gehalten werden. Das will geübt sein. [10]

Abb. 4.14: Das DSW-Magazin, eine Zeitschrift für Kunden und Interessierte, von 1987.

„Sehr professionell", lobt Hartmut.

„Ja, das kann man sagen. Und jetzt erzähle ich dir noch etwas über Reinhard W. Ottens, der nichts dem Zufall überließ. Also lud er den international anerkannten Schießexperten Siegfried Hübner ein, das Schießtraining der DSW zu bewerten. Hübner, der neben der Grenzschutzsondereinheit GSG 9 auch viele Staatsoberhäupter und Industriebosse in seiner ‚Survival-Schießtechnik' unterrichtet hatte, nahm an, und man legte einen Termin für die Begutachtung fest.

Am ersten Tag wurde die Zeit für die theoretische Ausbildung genutzt. Es wurde ein spezieller Film über jene ‚Survival-Schießtechnik' gezeigt, den Hübner kommentierte: ‚Um zu überleben, müssen Sie gnadenlos schnell handeln. Sie müssen so gut treffen, dass Ihre Gegner nicht mehr auf Sie schießen können. Sonst sieht es schlecht für Sie aus.'

10 *SECEUROP Magazin*, Nr. 3, 1982, S. 28/29, s. Anm. 9.

Der folgende Tag wurde auf dem Schießstand verbracht. Interessiert schaute der Schießspezialist den Schützen zu, aber selbst kleinste Überziehungen der Zeit kritisierte er gnadenlos: ‚Im Ernstfall wären Sie jetzt angeschossen oder tot.' Doch nach Beendigung der Schießausbildung bestätigte Hübner dem erleichterten Ottens: ‚Was ich heute gesehen habe, ist wirklich großartig. Ihre Männer haben einen hervorragenden Ausbildungsstand.'[11] Ottens war beruhigt."

„Der war ja ein richtiger Perfektionist", stellt Hartmut fest.

„Und darum letztlich auch so erfolgreich", meint Erich. „Das Unternehmen wuchs und wuchs. Die Verwaltung wurde zu klein und man beschloss, sich zu vergrößern. Die Wirtschaftskraft der DSW Düsseldorf-Gruppe spiegelte sich denn auch im neuen Verwaltungsgebäude in Düsseldorf wider. Dieses Haus, auch als ‚Haus der Sicherheit' bekannt, beherbergte die Mitarbeiter der Sicherheitsdienste Düsseldorf und die DSW Security-Schule sowie die Verwaltung der neu gegründeten Holding. Denn die bis dahin als Einzelgesellschaften agierenden Unternehmen wurden nun in der DSW Security Holding zusammengefasst, was eine zentrale Führung der DSW-Gruppe erleichterte. Als dann Manfred Welcher in den Ruhestand ging, sah er sein Lebenswerk in der neu aufgestellten Holding in guten Händen."

„Oh Mann, bei euch ist aber auch ein ewiger Wandel", stöhnt Hartmut.

„So ist der Kapitalismus", lacht Erich, „jetzt muss ich aber noch ein Unternehmen wenigstens kurz erwähnen.

Abb. 4.15: Aufnäher der Werkschutz-Gruppe.

Die Werkschutz-Gruppe Frankfurt

Das Unternehmen ist eng mit seinem Gründer Helmut Sczesny verbunden. Der war ursprünglich Rechtswissenschaftler und Berater für Sicherheitsfragen der Frankfurter Polizei in Bezug auf Klein-, Mittel- und Großbetriebe und erkannte frühzeitig Diskrepanzen zwischen rechtsstaatlichen Möglichkeiten und den Erwartungen der beratenen Betriebe. So fasste er den Entschluss, seinen eigenen Weg einzuschlagen. Er gründete 1964 das Werkschutz-Institut Helmut Sczesny. Aus dieser Gesellschaft ging 1970 die Werkschutz GmbH Frankfurt hervor. Um diesen Kern entwickelten sich weitere Sicherheitsunternehmen, die zur Werkschutz-Gruppe Frankfurt zusammengeschlossen wurden. Nach dem Tod von Helmut Sczesny übernahm sein Sohn Engelbert 1978 die Unternehmensführung. Der neue Chef der Werkschutz-Gruppe Frankfurt hatte zu diesem Zeitpunkt schon viele Jahre als Jurist im väterlichen Betrieb gearbeitet.

11 Ebenda.

Die Unternehmensphilosophie bestand auch hier hauptsächlich aus der individuellen Beratung der Kunden und der Umsetzung der entwickelten Konzeption mit eigenen Sicherheitsfachkräften. Wichtig war wie bei der Protectas, dass das Konzept nicht auf die Abstellung von Wachpersonal beschränkt war, sondern individuelle Lösungen, wie zum Beispiel die Qualifizierung von Personal und dessen technische Ausrüstung, für jeden einzelnen Kunden erarbeitet wurden. Der Firmenleitsatz war: ‚Nur Qualität setzt sich auf Dauer durch.'

Abb. 4.16: Der Geld- und Werttransport der Werkschutz-Gruppe.

Ab April 1974 begann das Unternehmen mit der Sicherung von Kernkraftwerken und kerntechnischen Anlagen. Die Werkschutz-Gruppe Frankfurt betreute Kernkraftwerke in Mühlheim-Kärlich, Biblis, Philippsburg und Grundremmingen. Die hierfür erstellten Konzeptionen wurden im Zuge der weiteren Firmenentwicklung auch für andere industrielle Einrichtungen spezifisch umgearbeitet. Somit entstand eine Vielzahl von Einsatzmöglichkeiten für die in der Praxis bewährten Mitarbeiter.

Abb. 4.17: Der Führungskreis der Werkschutz-Gruppe Frankfurt (v. l. n. r.): Wolfgang Keller, Max Wiegand, Wolfgang Waschulewski, Engelbert Sczesny, Carola Denkau, Hans-Peter Hirschmann.

Es gibt noch viel mehr Wettbewerber auf dem Markt des Bewachungsgewerbes, aber ich glaube, ich habe für heute genug gequatscht und dir auch einen Überblick gegeben", schließt Erich seinen Bericht.

„Ja, das war sehr informativ. Mir schwirrt der Kopf von den vielen neuen Informationen. Lassen wir es gut sein für heute", stimmt Hartmut zu.

Die „Gründerzeit" nach 1989

Wir verlassen nun vorübergehend unsere beiden Freunde und widmen uns der turbulenten Zeit nach der Wiedervereinigung, die durch eine Flut von Neugründungen geprägt war.

Nach dem Mauerfall versuchten die DDR-Regierung unter Hans Modrow und der Zentrale Runde Tisch, an dem auch Vertreter der Bürgerbewegung saßen, den Staat zu reformieren und eine neue Verfassung auszuarbeiten.[1] Doch die Massenbewegung der DDR-Bevölkerung machte alle Reformbestrebungen zunichte: „Wir sind ein Volk" war die Parole, die immer mehr Anhänger fand. Am 18. März 1990 kam es auf Beschluss des Runden Tisches zu den ersten freien Volkskammerwahlen in der DDR. Das Ergebnis war für viele überraschend. Es siegten nicht die neuen Parteien, die aus der Bürgerbewegung entstanden waren, sondern die von der westdeutschen CDU unterstützte CDU der DDR, eine der ehemaligen „Blockparteien", holte die meisten Stimmen. Grund: Die Ankündigung der Wirtschafts- und Währungsunion und der von Kanzler Helmut Kohl propagierte Weg in die Einheit. Zugespitzt formuliert: Die Partei, die die DM versprach, gewann die Wahl. Am 23. August 1990 stimmte auch die Volkskammer für den Beitritt der DDR zur BRD nach Artikel 23 des

1 Vgl. dazu: Ulrich Herbert: Geschichte Deutschlands, S. 1115-1117; Martin Doerry: „18. März 1990. Der Kampf des Kanzlers", in: *Der Spiegel*, Nr. 44, 2014. S. 52-60.

Grundgesetzes. Ab dem 3. Oktober galt auch in den nunmehr neuen Bundesländern das Grundgesetz. Die Einheit Deutschlands war nach 45 Jahren wiederhergestellt.

Doch für die DDR-Bürger hatte bereits nach dem 9. November 1989 eine neue Zeit begonnen, die Zeit der Marktwirtschaft, denn es war über Nacht ein neuer Markt mit über 16 Millionen Einwohnern entstanden. Viele Demonstranten sehnten sich zwar nach der DM und nach Meinungs- und Reisefreiheit, aber sie ahnten nicht, was es bedeuten würde, wenn ihr Land die Marktwirtschaft mit der neuen Währung übernehmen würde. Nach einer Studie des Ostberliner Instituts für angewandte Wirtschaftsforschung aus dem Frühjahr 1990 waren 80 Prozent der DDR-Unternehmen international nicht wettbewerbsfähig und mithin nicht in der Lage, Produkte zu DM-Preisen zu verkaufen.[2] In der kollabierenden Volkswirtschaft mussten sich die DDR-Bürger damit abfinden, dass die gewohnte staatliche „Führsorge" wegfiel und für viele ein beruflicher Neuanfang unvermeidlich wurde. Eine Neuorientierung, die nur allzu oft den beruflichen Absturz bedeutete. Karrieren fanden ihr jähes Ende, die Arbeitslosigkeit stieg. Nicht alle waren sofort bereit, sich eine neue berufliche Herausforderung zu suchen. Aber viele von denen, die flexibel genug waren, fanden in einer neuen Branche wie der privaten Sicherheit die Chance für den Neuanfang. Es waren Goldgräberzeiten für mutige Neugründer, aber auch für etablierte Westunternehmen, die den Schritt auf neue Märkte wagten.

Retsch & Berger GmbH - das erste zivile Wachunternehmen der DDR

In dieser Zeit des wirtschaftlichen und gesellschaftlichen Neubeginns waren viele gut ausgebildete ehemalige Soldaten, Polizisten und andere Angehörige von DDR-Organen „auf dem Markt". Gleichzeitig würde mit dem (absehbaren) Ende der DDR auch der staatlich organisierte Betriebsschutz der Volkspolizei entfallen. Bei diesem einmaligen Zusammentreffen von Nachfrage und Angebot war die Gründung des ersten privaten Bewachungsunternehmens der DDR nur eine Frage der Zeit.

Bereits Ende 1989, Anfang 1990 war es so weit. Zwei junge Volkspolizisten aus Potsdam hatten die Idee, sich in der Sicherheitsbranche selbstständig zu machen, ein Vorhaben, das zu diesem frühen Zeitpunkt bei Kollegen noch für Kopfschütteln sorgte, wie wir aus der Chronik des Zivilen Wachschutzes Potsdam Retsch & Berger GmbH erfahren:

Abb. 5.1 (S. 84): Für die Gebühr von 16 Mark erhielt Jürgen Retsch am 6. Februar 1990 die Genehmigung, einen zivilen Wachschutz ab dem 1. Mai 1990 zu betreiben.

Bereits im Januar 1990 war es kein Geheimnis mehr, war es doch schon Gewissheit, dass die Gründung eines solchen Unternehmens bevorstand. In den Reihen der Deutschen Volkspolizei war es schnell herum, dass zwei

Abb. 5.2 (S. 85): Knapp vier Monate später folgte dann auch ein Eintrag ins Handelsregister der Stadt Potsdam.

2 Martin Doerry: 18. März 1990, S. 56.

Gewerbegenehmigung

für

Herrn Jürgen Retsch, geb. am 06.05.1956, wohnhaft in Potsdam,
Ernst - Thälmann -Straße 16

Auf Ihren Antrag vom 08.01.1990 erteilen wir Ihnen auf Grund der Verordnung vom 12. Juli 1972 (GBl. II, Nr. 47, Seite 541) über die Förderung des Handwerks bei Dienst- und Reparaturleistungen und die Regelung der privaten Gewerbetätigkeit

die GENEHMIGUNG Ziviler Wachschutz
mit Wirkung vom 01.05.1990

in Ernst - Thälmann - Straße Nr. 16

Auflagen
- Einhaltung der preisrechtlichen Bestimmungen
- Einhaltung des Arbeits-, Gesundheits- und Brandschutzes

Für diese Gewerbegenehmigung ist entsprechend der Verordnung über die staatlichen Verwaltungsgebühren vom 28. 10. 1955 (GBl. I, Seite 787) die Gebühr in Höhe von 16,00 M laut untenstehender Kostenrechnung zu entrichten.

Gegen diese Entscheidung können Sie schriftlich unter Angabe von Gründen innerhalb einer Frist von vier Wochen nach Zugang der Entscheidung Beschwerde bei uns einlegen. Für Beschwerden, die sich gegen die Höhe der Gebühren richten, beträgt die Frist nur eine Woche.

Kostenrechnung:

Gebühr: 15,00 M

Auslagen: 1,00 M

Insgesamt: 16,00 M

3,– M Verwaltungsgebühr | 3,– M | 3,– M Verwaltungsgebühr
1,– M Verwaltungsgebühr
2,– M Verwaltungsgebühr | Verwaltungsgebühr | 2,– M Verwaltungsgebühr

Rat der Stadt Potsdam
Abt. Versorgungswirtschaft

(Siegel)

Potsdam, den 06.02.1990

Bellmann
Bellmann
Stadtrat
Unterschrift

309 30 000 395 A 16 871

Betr.-Nr. 95506446
Konto-Nr.: 2134-33-60320

GewA 1

Gewerbe-Anmeldung

Bitte mit Schreibmaschine oder in Blockschrift vollständig und gut lesbar ausfüllen sowie die zutreffenden Kästchen ankreuzen.

Angaben zum Betriebs-inhaber Bei Personengesellschaften (z. B. OHG) ist für jeden geschäftsführenden Gesellschafter ein eigener Vordruck auszufüllen. Bei juristischen Personen (z. B. GmbH) ist bei Feld Nr. 3 bis 10 und Feld Nr. 30 und 31 der gesetzliche Vertreter anzugeben. Die Angaben für weitere gesetzliche Vertreter zu diesen Nummern sind auf einem Beiblatt ☐ oder weiteren Vordrucken ☐ gemacht.

Nur vom Amt auszu-füllen! ▽

Amt	Feld	Eintrag
1-3 Rechtsform	1 Im Handels-, Genossenschafts- oder Vereinsregister eingetragener Name	Ziviler Wachschutz GmbH
	2 Ort und Nr. der Eintragung	Staatl. Notariat Pdm. Handelsregister Nr. 5
	3 Familienname	Retsch
	4 Vornamen	Jürgen, Gerd
	5 Geburtsname (nur bei Abweichung vom Familiennamen)	
	6	
	7 Geburtsdatum	06.05.56
	8 Geburtsort (Ort, Kreis, Land)	DDR Ludwigsfelde
9 Staat	9 Staatsangehörigkeit	DDR; andere:
	10 Anschrift der Wohnung und Telefon-Nr.	1590 Potsdam, Ernst-Thälmann-Str. 16 Tel.: 77182
	11 Zahl der geschäftsführenden Gesellschafter (nur bei Personengesellschaften): Zahl der gesetzlichen Vertreter (nur bei juristischen Personen):	

Angaben zum Betrieb

	12 Anschrift der Betriebsstätte und Telefon-Nr.	1560 Potsdam, Berliner Str. 50
	13 Anschrift der Hauptniederlassung und Telefon-Nr.	1560 Potsdam, Berliner Str. 50
	14 Anschrift der früheren Betriebsstätte	1590 Potsdam, E.-Thälmann-Str. 16
15 Gewerbe	15 Angemeldete Tätigkeit (genau angeben; z. B. Herstellung von Möbeln, Elektroinstallationen u. Elektroeinzelhandel, Großhandel mit Lebensmitteln usw.)	Sicherheitsdienstleistungen aller Art
	17 Datum des Beginns der angemeldeten Tätigkeit	01.03.90

18 Art des angemeldeten Betriebes: Industrie ☐ Handwerk ☐ Handel ☐ Sonstiges X

19 Anzahl der voraussichtlich im angemeldeten Betrieb beschäftigten Arbeitnehmer: z.Z. 25

Die Anmeldung wird erstattet für:
- 20 einen selbständigen Betrieb X — eine Zweigniederlassung ☐ — eine unselbständige Zweigstelle ☐
- 21 ein Automatenaufstellungsgewerbe ☐ — 22 ein Reisegewerbe ☐

Wegen:
- 23 Neuerrichtung des Betriebes X
- 24 Übernahme eines bereits bestehenden Betriebes (z. B. durch Kauf, Pacht, Erbfolge, Änderung der Rechtsform, Gesellschaftereintritt) ☐

26 Name des früheren Betriebsinhabers (falls bekannt)

Falls der Betriebsinhaber für die angemeldete Tätigkeit eine Erlaubnis benötigt, in die Handwerksrolle einzutragen oder Ausländer ist:

28 Liegt eine Erlaubnis vor? Nein ☐ — Ja, erteilt am/von (Behörde):

29 Liegt eine Handwerkskarte vor? Nein ☐ — Ja, ausgestellt am/von (Handwerkskammer):

30 Liegt eine Aufenthaltserlaubnis vor? Nein ☐ — Ja, erteilt am/von (Behörde):

31 Die Aufenthaltserlaubnis enthält keine Auflage oder Beschränkung ☐ — enthält folgende Auflage oder Beschränkung:

Hinweis: Diese Anzeige berechtigt nicht zum Beginn des Gewerbebetriebes, wenn noch eine Erlaubnis oder eine Eintragung in die Handwerksrolle notwendig ist. Zuwiderhandlungen können geahndet werden. Die Fortsetzung eines derartigen Betriebes kann verhindert werden.

Diese Anmeldung wird bescheinigt.

Pdm, den 29.05.90

Dienstsiegel: Deutsche Demokratische Republik – Rat der Stadt Potsdam – Bezirk Potsdam

i.A. [Unterschrift]

Behördenstempel/Unterschrift

32 Potsdam, Datum d. 25.05.90

33 [Unterschrift] Unterschrift

Bestätigung

Polizisten das Handtuch werfen wollten, um selbstständig zu werden. Allein der Gedanke daran, die gesicherte Existenz als Polizisten aufzugeben, war für viele Kollegen Grund genug, diese beiden als verrückt und überkandidelt hinzustellen. Die wenigsten glaubten an den Erfolg und die Beständigkeit dieses Unternehmens. Die Herren Retsch und Berger ließen sich jedoch von ihrem Weg nicht abbringen und kündigten ihr Dienstverhältnis! Die erste angenehme Seite dieser „neuen" Freiheit tat sich auf: Plötzlich wollten alle mit einem reden. Man war in den Blickpunkt der Öffentlichkeit geraten. Fast jede Zeitung berichtete über dieses Vorhaben, was gar nicht mal so schlecht war, meldeten sich doch nun die ersten Kunden beim Unternehmen.[3]

Die beiden Polizisten nahmen mit einem Westberliner Bewachungsunternehmen Kontakt auf und gewannen den Eigentümer der Werner Loesch GmbH für eine Zusammenarbeit. So wurde der Weg frei für den ersten privaten Sicherheitsdienstleister. Am 30. Januar 1990 schrieb die *Potsdamer Zeitung* unter der Überschrift „Marktlücke Sicherheit – Junge Potsdamer gründeten zivilen Wachdienst":

*Abb. 5.3: Jens Berger, *6. November 1959 in Potsdam.*

*Abb. 5.4: Jürgen Retsch, *6. Mai 1956 in Ludwigsfelde.*

Den Antrag auf ein Gewerbe für zivilen Wachschutz haben die Potsdamer Jürgen Retsch und Jens Berger gestellt. Eine neue Dienstleistung in unseren Gefilden. Wir fragten die beiden jungen Volkspolizisten nach ihren Motiven.

Ein Grund seien solche Straftaten wie der Raubüberfall auf Verkäuferinnen unlängst in Schwerin, gibt Jürgen Retsch Auskunft. Bei Geld- und Werttransporten bestehen bei uns noch viele Risiken, denen mit den gegenwärtigen Strukturen nicht beizukommen wäre. Deshalb sehen sie einen echten Markt für diese Dienstleistung. Das hat sich auch bei ihren vorbereitenden Gesprächen mit potenziellen Partnern, z. B. des Handels, von Minol oder Banken, gezeigt. Die offene Grenze ist ebenfalls ein Moment, das den Bedarf nach derartigem Wachschutz erhöht. Drüben sei man auch in punkto Bank- und Raubüberfall etliche Jahre weiter, meint Herr Retsch nicht ohne Ironie.

Mit vier Transportfahrzeugen, die internationalem Standard entsprechen, sowie etwa 10 Mitarbeitern wollen die beiden Initiatoren, die seit 13 bzw. 6 Jahren Volkspolizisten sind und auf diesem Gebiet eine Fachschule abschlossen, beginnen. Möglichst bald. Um Kundschaft ist ihnen nicht bange. Feste Tourenpläne beispielsweise für große Handelseinrichtungen, wie sie sich das vorstellen, fanden bei Leitern u. a. von HO, Konsum oder MITROPA waches Interesse. Die Verkäuferinnen könnten den abendlichen Weg zum Nachttresor sparen. Auch an Begleitschutz für Transporte der Banken oder von Lohngeldern haben die beiden gedacht. Was ihnen außer

3 Chronik Ziviler Wachschutz Potsdam Retsch & Berger GmbH, Archiv der Securitas Holding GmbH, Archiv-Nr. ZZ-027-01289-as-11.

der Gewerbegenehmigung noch fehlte, wäre Platz für ihr Unternehmen, für Büro, Garagen und Werkstatt.[4]

Abb. 5.5: *Die Fahrzeugflotte der ersten Stunde. Einsatzbeginn des Panzerino in der Ernst-Thälmann-Straße. Zu sehen sind (v. r. n. l.): Renè Helbig, Roland Kranepuhl, Olaf Groß.*

So einfach, wie es in diesem Zeitungsartikel dargestellt wurde, war die Gründung eines Sicherheitsunternehmens jedoch nicht. Es fehlte an allem. Kein Büro, keine Mitarbeiter, zwar Interessenten, aber noch keine Aufträge. Die Grundidee war, Geld- und Werttransporte zu übernehmen. Hier sahen die beiden jungen Unternehmer ihre Chance am Markt. Schnell wurde in der Ernst-Thälmann-Straße 17 ein „Büro" gefunden, in dem alle anfallenden Tätigkeiten zusammen in einem Raum absolviert wurden. Man besorgte sich drei VW Golf und einen Fiat Panzerino – ein Auto mit Tücken, aber hohem Bekanntheitsgrad in Potsdam. Dieser Panzerino mit dem amtlichen Kennzeichen DTH 8-93 war ein stark gepanzertes Fahrzeug mit schusssicherer Verglasung. Er war ein Muster an Stärke und Kraft auf dem Sektor des Geld- und Werttransportes, der Stolz des jungen Unternehmens, aber leider auch ein Verkehrsschreck auf den Straßen von Potsdam. Man muss sich das so vorstellen: Ein Pkw, der gepanzert ist wie ein Panzerspähwagen, aber mit einem sehr eingeschränkten Ausblick auf den Verkehr. Herr Czekalla war der erste Mitarbeiter des Unternehmens, der die negativen Seiten des Panzerino kennenlernte, denn er übersah einen Baum. Niemandem passierte etwas – außer dem Baum.

4 *Potsdamer Zeitung* vom 30. Januar 1990.

Abb. 5.6: Der überall auffallende Fiat Panzerino bei seiner Vorstellung vor Schloss Cecilienhof im Neuen Garten.

Am 6. Februar 1990 erhielt das junge Unternehmen die Gewerbegenehmigung und man konnte durchstarten. Mit zehn Mitarbeitern wurden die ersten Kunden betreut. Bereits am 28. März wurde die Funklizenz beantragt, die man vier Wochen später auch erhielt. Der Zivile Wachschutz Potsdam Retsch & Berger GmbH durfte auf der Frequenz 146,350 MHz und auf zwei weiteren arbeiten.

Auch dem Fernsehen der DDR war dieser Vorgang nicht verborgen geblieben. Am Tag der Eintragung in das Handelsregister in Potsdam, am 29. Mai 1990, wurde in der abendlichen Nachrichtensendung *Die aktuelle Kamera* die Gründung des Unternehmens gemeldet.

Aber dieses Pionier-Unternehmen konnte seine Selbstständigkeit nicht lange halten. Schon bald kam es zu einem Zerwürfnis mit dem Partner aus dem Westen, das zur Trennung führte, wobei das Ende der Zusammenarbeit mit der Werner Loesch GmbH durchaus filmreife Episoden mit sich brachte:

Es geschah am 5. Juli 1990. Als mit der Werner Loesch GmbH keine Einigung mehr möglich war, begann eine Art Kleinkrieg, der mit unfairen Mitteln geführt wurde. Über Nacht wurden die Kennzeichen unserer Transporter eingezogen und der Versuch unternommen, ein Unternehmen kaputt zu machen. Damit aber nicht genug. Der Wachschutz (Loesch) begann eine Abwerbung der Mitarbeiter, indem er ihm hörige Kollegen zu unseren Mitarbeitern schickte. Aber das Ergebnis war niederschmetternd, denn der Wachschutz bekam nur die Nullen (hinter dem Komma!). Vom Stamm der

20 Mitarbeiter stiegen zwei Mann aus. Der Rest hatte den Willen zum Weitermachen.

Innerhalb von 72 Stunden standen vier neue Transporter vor der Haustür. In einem unbeschreiblichen Marathon hatten die Herren Berger, Glatzel, Kranepuhl und Helbig vier Transporter aus Holland geholt. Damit wurde das Unternehmen übers Wochenende gerettet. Von Seiten des Gegners war nicht beachtet worden, dass der „Kampf" an einem Freitag eröffnet worden war.[5]

Der Zivile Wachschutz Potsdam Retsch & Berger GmbH überlebte also, begab sich aber am 17. Juli 1990 in die erfolgreiche Partnerschaft mit der neu gegründeten DSW Security GmbH Berlin. Es begann eine neue Erfolgsstory.

Die Gründung der DSW Security GmbH Berlin

Abb. 5.7: Reinhard W. Ottens, *4. November 1944.

Die DSW-Gruppe aus der BRD sollte in dieser Zeit ebenfalls Geschichte schreiben. Durch den Fall der Mauer entwickelten sich Möglichkeiten, in das Gebiet der noch bestehenden DDR und darüber hinaus zu expandieren. Die DSW Security Düsseldorf musste denn auch nicht lange auf Unterstützungsanfragen für die Gründung von Bewachungsunternehmen warten. Jede Anfrage wurde von der Geschäftsführung wirtschaftlich, inhaltlich und personell auf den Prüfstand gestellt. Die damalige Situation schien allen Beteiligten wie ein Déjà-vu, sie fühlten sich zurückversetzt in die Gründerzeit der DSW Security Düsseldorf 1973.

Nun galt es vor allem, nichts zu überstürzen. Reinhard W. Ottens berichtete später im unternehmenseigenen DSW-Magazin, dass er nicht gewillt gewesen war, sich auf unkalkulierbare Abenteuer einzulassen:

(...) mal eben so ein Sicherheitsunternehmen in der DDR aufzumachen, dazu wird uns niemand bewegen! Wir sind keine Abenteurer und riskieren nicht durch ein unsinniges Engagement in der DDR die Qualität unserer Dienstleistung in der Bundesrepublik (...).[6]

Man wollte schon genau wissen, wer die neuen Geschäftspartner „von drüben" waren. Die Geschäftsführung entschied sich daher erst nach reiflicher Überlegung für eine Gruppe von Frauen und Männern um Frau Marita Carl, von denen viele im DDR-Außenministerium gearbeitet hatten. Im selben Artikel heißt es weiter:

So entstand mit Marita Carl an der Spitze in Ostberlin ein DSW SECURITY-Unternehmen, das von Anfang an fachlich für Aufmerksamkeit am Markt

5 Chronik DSW Security Potsdam, Archiv der Securitas Holding GmbH, Archiv-Nr. ZZ-027-01289-as-11.
6 *DSW Magazin*, 1991, S. 16–17, Archiv der Securitas Holding GmbH, Archiv-Nr. MA-002-00245-B61R1F2.

Abb. 5.8: Vereinbarung zur Zusammenarbeit: Marita Carl (zweite v. r.), Reinhard W. Ottens (links) und Klaus Stüllenberg (zweiter v. l.) vor dem Palasthotel in Berlin nach der Joint Venture-Unterzeichnung.

> *sorgte. Es galt, das Know-how zu transferieren, die Verantwortlichen zu Kauf- und Fachleuten zu entwickeln, um sie auf diesem Weg zu Partnern in einem gemeinsamen Unternehmen und zum zukünftigen „Selbermachen" zu qualifizieren.*[7]

Es war eine gute Entscheidung, denn das neue Unternehmen hatte das Rüstzeug, sich zu behaupten, auch unter den damals extrem schwierigen Bedingungen. Am 19. April 1990 wurde die DSW Security GmbH Berlin offiziell in der Hauptstadt der DDR gegründet und stellte das erste Joint Venture der DSW Security-Gruppe dar. Frau Marita Carl und die Herren Erhard Gilgen, Axel Uhlig und Dr. Karl Pfannenschwarz beantragten die Eintragung des Unternehmens in das Handelsregister Berlin unter der Firmenbezeichnung DSW Security Berlin GmbH. Diese Eintragung erfolgte am 22. Mai 1990. Im Gesellschaftervertrag wurden die Tätigkeiten beschrieben, die primär der privaten Sicherheit dienen sollten:

> *(...) der umfassende Schutz und die Sicherung von Industrie- und Handelsunternehmen sowie von Objekten jedweder Art im Gebiet der früheren DDR, eingeschlossen ist die Beratung zu Schutz und Sicherheit. Das Unternehmen übernimmt den gesicherten Transport von Zahlungsmitteln und Wertgegenständen sowie den Schutz von Personen.*[8]

Der eingeschlagene Weg der Expansion in die neuen Bundesländer erwies sich für die Gruppe DSW Security als goldrichtig. Die pensionierte Personalmanagerin der Securitas Sicherheitsdienste Berlin, Frau Ingrid Peters, die ebenfalls zu den Gründungsmitgliedern aus Ostberlin zählte, erinnert sich aus „Ostsicht" an den Beginn der Zusammenarbeit Anfang 1990, als vieles, wie das so ist in Umsturzjahren, schnell entschieden und noch mehr improvisiert werden musste:

> *An einem Wochenende Anfang März des Jahres 1990 erschienen Marita und Roland Carl auf dem Wochenendgrundstück meiner Familie mit einer „Idee". Ausgangspunkt dafür war die Gewissheit, dass Hans-Dietrich Genscher niemanden von uns aus dem Außenministerium der DDR ins Auswärtige Amt übernehmen würde und man sich rechtzeitig neu orientieren müsse. Eine „Marktlücke" musste her. Im Westen nichts Neues, jedoch im Osten unbekannt, war das private Bewachungsgewerbe. Also – so die Idee – gründet Frau Carl eine Bewachungsfirma und holt mich als „Mehrzweckgerät" mit ins Boot.*
>
> *Das Wichtigste in dieser Phase war, einen Partner zu finden, der sich durch hohe Qualität bereits einen Namen gemacht hatte. Über entsprechende Anfragen bei der Agentur Schimmelpfenning[9] kam dafür als mittelständisches Unternehmen die Firma DSW Security mit Hauptsitz in Düsseldorf infrage.*

7 Ebenda.
8 Gesellschaftervertrag vom 19.4.1990, Archiv der Securitas Holding GmbH, Archiv-Nr. D-003-03539-AR-E.
9 Eine Wirtschaftsauskunftsdatei, vergleichbar der Schufa, siehe auch: http://www.intrum.com/de/ueber_uns/schimmelpfeng (Zugriff: 30.6.2015).

Dem Holding-Chef, Reinhard W. Ottens, lagen bereits mehrere Anfragen aus den Bezirken der DDR zur Bildung eines Joint Ventures vor.

Abb. 5.9: Die gute Seele der DSW Security Berlin: Ingrid Peters.

Ein Büro musste her. Rechtsanwalt Dr. Pfannenschwarz, der anfänglich mit zu den Firmengründern im Osten gehörte, stellte eine Zweizimmerwohnung in der Leipziger Straße zur Verfügung. Die ersten Büromöbel, die uns noch bis in die Rheinsteinstraße begleiten sollten, erhielten wir kostenlos von einem in der DDR akkreditierten Korrespondenten einer bundesdeutschen Zeitung. Damit wurden die beiden Räume als „Chefzimmer" und „Sekretariat" ausgestattet. Im Sekretariat standen zusätzlich zwei Panzerschränke, die diesem Raum zwar ein professionelles Flair gaben, jedoch ausschließlich der Aufbewahrung hochprozentigen Alkohols westlichen Ursprungs von Herrn Pfannenschwarz dienten. Ich brachte eine dem Außenministerium für 250 DDR-Mark abgekaufte Kugelkopf-Schreibmaschine mit in die „Ehe", und schon waren die wichtigsten Vorbereitungen für das äußere Erscheinungsbild geschaffen; der hohe Besuch aus Düsseldorf konnte kommen.

Und er kam in Gestalt eines imposanten Herrn, der sich als „Ottens" vorstellte, und mit ihm kam der Leiter der DSW-Schule, Klaus Stüllenberg. Während es im „Chefzimmer" darum ging, ob wir die Chance für einen neuen Anfang und somit für unsere Existenzsicherung erhalten würden, klingelte im „Sekretariat" in Abständen von 15 bis 30 Minuten das Telefon. Ich bedankte mich jeweils artig beim Anrufer für das Interesse an der Dienstleistung und fragte die erforderlichen Daten ab. Nach stundenlangen Verhandlungen fiel uns allen ein Stein vom Herzen – die Herren hatten sich für uns entschieden.

Aufgrund unserer äußerst mangelhaften Kommunikationstechnik (es war immer noch März 1990, am 1. April wurde der erste Gesellschaftervertrag geschrieben, der am 19. April 1990 notariell geschlossen wurde) wurden wir erst einmal mit einem „Mobiltelefon" ausgerüstet. Dieses Teil war ein Koffer von ca. 75 mal 50 Zentimeter und aufgrund seines Gewichts keineswegs zum Herumtragen geeignet. Aber man konnte damit in den Westen telefonieren und auch von dort angerufen werden. Ferner erhielten wir ein Faxgerät, dessen große und schwere Antenne wir jeden Morgen auf den Balkon und abends wieder ins Zimmer bugsierten. Da dieses Gerät analog an das Telefonnetz der DDR angeschlossen war, konnte man damit nur morgens bis 6.30 Uhr und abends nach 20 Uhr senden.

Ein wirklicher Höhepunkt war der erste Computer. Es galt ja offiziell noch immer das Embargo. Hightech auf offiziellem Wege in die DDR zu liefern war eigentlich nicht möglich. So wurde ein für Frankfurt/Main bestimmter Computer über Westberlin befördert und in unserem Büro „zwischengelagert". Mit seinen 32 MB Arbeitsspeicher war das ein wahnsinnig „schnelles" Teil und die Software Q-ONE wohl weltweit ziemlich unbekannt.

In der Folgezeit überschlugen sich die Ereignisse. Gesellschaftervertrag, Notartermin, Eröffnung eines Firmenkontos, Gewerbeanmeldung, Vorbereitung auf den Handelsregistereintrag usw. Und ein neues, größeres Büro musste her. Dieses fanden wir in der sogenannten Windmühle, Rochstraße 9, am Alexanderplatz. Hier hatten wir nun ein Zimmer für die Geschäftsführerin Marita Carl, ein Zimmer für die Technik mit Dr. Peter Hoppe an der Spitze, ein Zimmer Personal/Sekretariat/Buchhaltung (also für Uwe Klotz und für mich) sowie eines für die Qualitätssicherer/Akquise (Axel Uhlig und Erhard Gilgen) zuzüglich Nebengelass, das u. a. als Kleiderkammer diente.

Abb. 5.10: Das erste Mobiltelefon der DSW: 75 x 50 Zentimeter groß und circa 8 Kilogramm schwer.

Die Brüder Ralf und Silvio Büchner fuhren dann nach Düsseldorf, um die ersten mit DSW-Kleidung beladenen Dienstautos abzuholen, amtliches Kennzeichen unseres ersten Firmenautos: D-SW 2025. Die ersten Kunden wurden akquiriert (Greibermoden, Tiefbau, ELPRO, CVU, Aucoteam), Ämter und Behörden – die sich allesamt in der Abwicklung befanden – wurden zur Personalgewinnung kontaktiert (die Bewerber vom Zentralkomitee der SED wollten dann doch lieber zur Müllabfuhr). Gleichzeitig musste die Firma mit ihrer Dienstleistung in den Bezirken der DDR bekannt gemacht werden. Wir, also die Familie Peters, bekamen den Auftrag, eine Firmenvorstellung in den DDR-Bezirken vorzubereiten, in denen vor allem Industrie angesiedelt war (Chemnitz, Leipzig, Dresden, Erfurt). Nach entsprechender telefonischer Vorbereitung ging die Rundreise los – mit dem Dienstwagen der Geschäftsführerin, einem weißen Passat, der schon etliche Kilometer auf dem Buckel hatte, mit Düsseldorfer Kennzeichen. Dieses Auto garantierte eine gewisse Narrenfreiheit, hatte aber auch seine Nachteile. Abgesehen davon, dass im Vergleich zum Wartburg der Rückwärtsgang technisch super getarnt war, gab es in der Nähe der namhaften Hotels damals viele Kinder und Jugendliche, die sich beim Nähern eines Wagens mit westlichem Kennzeichen den Anschein gaben, als würden sie unter Einsatz ihres Lebens genau für dieses Auto einen Parkplatz frei halten. Die Enttäuschung, wenn es als Dank statt Westmark Alu-Chips [DDR-Mark, Anm. von E. K.] gab, war unübersehbar.

Bei den Verantwortlichen in den Hotels war die Verständigung sofort gegeben, wenn die Bemerkung fiel, die Veranstaltung habe zu laufen wie ein Staatsempfang. In Erfurt hieß das Zauberwort „Hasenjagd". So lief es dann auch, und am besten in Erfurt. Es wurden Anzeigen in den örtlichen Tageszeitungen geschaltet, Firmen angeschrieben und die für Betriebssicherheit zuständigen Mitarbeiter zu den Veranstaltungen eingeladen. Letzte Station war dann das Palast-Hotel in Berlin. Das Interesse der Firmen war heftig und alle Veranstaltungen waren außerordentlich gut besucht.

Im Palast-Hotel erschien auch die gesamte Geschäftsführung einer Wachschutzfirma aus Potsdam, die sich noch vor uns gegründet und ein Joint Venture mit einer Westberliner Firma gebildet hatte. Die Herren zog es von diesem Unternehmen weg und zur DSW hin, was auch relativ zügig realisiert wurde.

Nun galt es, in Leipzig, Dresden, Chemnitz, Erfurt und Cottbus Niederlassungen zu gründen. Frau Carl und Dr. Hoppe betrieben die Personalakquise. Ein Volltreffer war Karlheinz Thieme für Leipzig, Peter Strnad für Chemnitz wurde wenig später gegen Jochen Weber und dieser gegen Hubert Seewald ausgewechselt, auch Herwig Schaetzle für Erfurt war nicht lange im Amt, ebenso wenig Günter Harnisch für Dresden, dessen Funktion später Harald Meßner übernahm.

Abb. 5.11: Das Palasthotel, Berlin-Mitte, Karl-Liebknecht-Straße 5.

Ab jetzt war jeden Donnerstag Treffen aller Niederlassungsleiter in Berlin. Während in stundenlangen Beratungen die nächsten Schritte besprochen und Strategien entwickelt wurden, war ich damit befasst, entsprechend der Zuarbeit der Niederlassungsleiter Angebote zu erstellen, Verträge zu schreiben und alle Arbeiten für die folgende Woche zu verrichten, was eigentlich Aufgabe der noch nicht vorhandenen Sekretärinnen der Niederlassungsleiter gewesen wäre.

In Vorbereitung auf die zu beantragende Eintragung ins Handelsregister mussten nun Gewerberäume gefunden werden – bisher residierten wir ja in Mietwohnungen.

Ich wurde zum noch amtierenden Generaldirektor von Versina nach Marzahn geschickt, um von diesem wenn möglich Gewerberäume anmieten zu können. Dieses Handelsunternehmen, das ausschließlich dazu da war, in der DDR akkreditierte ausländische Vertretungen, Journalisten usw. mit

Abb. 5.12: Die Niederlassung der DSW Security Berlin in der Rheinsteinstraße 81 am 10. Oktober 1990.

westlichen Waren zu versorgen, verfügte in der Beilsteiner Straße über ein großes Büro sowie ein riesiges Lagerhaus. In dieser Phase gab es jedoch schon intensive Verhandlungen mit der METRO zur Übernahme von Versina, sodass es dem Generaldirektor Hartwig nicht mehr möglich war, uns Gewerberäume zu vermieten. Allerdings bekamen wir von ihm den Tipp, es im Nebenhaus bei Direktor Gerlach von Ruhla-Uhren zu versuchen, der uns auch schriftlich bestätigte, dass er uns 150 bis 250 Quadratmeter Bürofläche vermieten würde. Mit dieser Adresse wurde die Firma DSW Security dann am 22. Mai 1990 ins Handelsregister mit der Nummer HRB 33887 eingetragen.

Nun hatten wir eine Firma, aber noch immer keinen wirklichen Firmensitz. In Weißensee, hieß es, vermiete eine Firma Gewerberäume. Herr Ottens kam nach Berlin, um mit Frau Carl in diesem Stadtteil Räume anzumieten - sehr zu meinem Leidwesen, denn mein Arbeitsweg hätte sich verdoppelt. Als sie unverrichteter Dinge zurückkehrten, weil dieses Gebäude in der Nacht zuvor abgebrannt war, wurde ich lange Zeit augenzwinkernd verdächtigt, meine Finger hierbei im Spiel gehabt zu haben.

Der nächste Tipp kam von Herrn Woythe, der sich erinnerte, dass die Mongolische Botschaft in Karlshorst von der Fritz-Schmenkel-Straße 81 (später umbenannt in Rheinsteinstraße) in eine neue Dependance in die Dönhoffstraße umgezogen war und das Gebäude in der Rheinsteinstraße nach wie vor leer stand. Also auf zum Eigentümer, dem Dienstleistungsamt für Ausländische Vertretungen, das uns auch tatsächlich dieses Gebäude vermietete.

Anfang August bezogen wir unseren neuen Firmensitz, in dem nun Tag und Nacht gebaut, gehämmert, gesägt wurde und Kabel verlegt wurden. Im Obergeschoss befand sich eine kleine Wohnung, bestehend aus drei Zimmern mit Dachschräge, Küche und Bad. In der ersten Etage befanden sich das ehemalige Büro des Botschafters sowie vier weitere Büroräume, das Erdgeschoss wurde für Empfänge und sonstige Repräsentationsveranstaltungen genutzt. Es bestand aus zwei großen Zimmern, die durch Öffnen einer Falttür zu einem Saal umfunktioniert werden konnten, und zwei weiteren großen Räumen. Im Keller dominierte eine Großküche, die später unsere Kleiderkammer wurde.

Abb. 5.13: Die Geschäftsführerin Marita Carl mit ihren Kollegen vor dem Firmengebäude.

Unser ehrgeiziges Ziel war es, als erstes privates Sicherheitsunternehmen im Osten Deutschlands eine vom VdS anerkannte Sicherheitszentrale zu betreiben. Von Herrn Ottens wurde Friedrich Quentin nach Berlin versetzt, ein junger, handwerklich begabter DSW-Mitarbeiter aus dem mittleren Management, der die Vorschriften des VdS kannte und heftig ins Baugeschehen eingriff. Hier wurde jetzt jeder eingesetzt, der zwei rechte Hände hatte. Ob das der Vater von Friedrich Quentin - ein hoher Militär der Bundeswehr - oder mein Mann - Professor für Sinologie - war, wer hämmern und sägen *konnte, trug seinen Teil bei. Am 10. Oktober 1990 war es dann erreicht: Im Rahmen einer Pressekonferenz wurde die erste vom Verband der Sachversicherer zertifizierte Sicherheitszentrale im Gebiet der ehemaligen DDR vorgestellt. Später gab es solche Sicherheitszentralen auch in Leipzig, Dresden und Potsdam zu bestaunen.*[10]

Die DSW Security Berlin hatte ab dem 22. Mai zwar einen Eintrag im Handelsregister, eine Geschäftsführung, aber, nun ja, keine Wachleute. Und Mitte Juni 1990 zeichneten sich die ersten Aufträge ab. Spätestens am Montag, den 2. Juli, mussten unbedingt 30 neue Sicherheitsmitarbeiter zur Verfügung stehen. Woher nehmen und nicht stehlen? Abhilfe konnte nur Frank Salewsky mit seinen vielen Verbindungen schaffen. Er sollte sich für die Geschäftsgründer als „Mitarbeiterbesorger" verdient machen und nahm sich der Sache an. Anruf auf Anruf wurde getätigt. Bekannte, ehemalige Arbeitskollegen, Freunde und Freunde von Freunden, die von anderen empfohlen wurden, konnten nach und nach überzeugt werden, am Samstag, den 30. Juni, zur Vorstellung und Einführungsschulung in der Firma vorzusprechen. Aus Düsseldorf reiste für die Vorstellung des Unternehmens eigens ein Trainer der DSW-Akademie an. In jeder Unterrichtspause wurden die Teilnehmer der Schulung weniger. Dem einen passten die Schichtzeiten nicht, dem anderen wurde bewusst, dass man sehr viel stehen muss, wieder anderen war die Entlohnung zu gering. Am Ende des Tages hatte man keine 30 neuen Mitarbeiter. Aber Frank Salewsky bewies sein Organisationstalent, übrigens ohne einen eigenen Anstellungsvertrag, denn der folgte erst später, und besorgte die fehlenden Mitarbeiter. So konnte an dem besagten Montag die notwendige Anzahl an Sicherheitsmitarbeitern zum Dienst aufziehen. Mit der Besetzung der ersten Objekte bei der ELPRO, der CVU, dem Aucoteam, den Greiber-Moden und beim Tiefbau begann die aktive Tätigkeit der neuen Gesellschaft.

Abb. 5.14: Frank Salewsky, der „Mitarbeiterbesorger".

Da sich die Leistungskraft der DSW Security Berlin sehr schnell herumsprach, wurden wenige Wochen später schon wieder neue Sicherheitsmitarbeiter benötigt. Diesmal wurde in Berliner Tageszeitungen für das neue Bewachungsunternehmen geworben. Und die Interessenten kamen in Massen. Zeitweise reichte die Bewerberschlange vom Empfang bis weit hinaus in den Vorgarten. Nicht jeder war für den Beruf geeignet, aber sehr viele Kandidaten füllten die Bewerberlisten. So schaffte man sich ein Reservoir an potenziellen Mitarbeiterinnen und Mitarbeitern.

Aus dieser Zeit muss noch eine interessante Episode erzählt werden. Ein Bewerber, Roman Schwarz, sagte immer nur den einen Satz: „Ich will in dieser Firma arbeiten." Frau Carl hatte jedoch das Gefühl, dieser Bewerber passe nicht zum Unternehmen. So musste wieder Frank Salewsky her, um eine Entscheidung zu fällen. Er schickte den Bewerber zu einem Elektromarkt nach Marzahn.

10 Erinnerungen von Ingrid Peters, Archiv der Securitas Holding GmbH, Archiv-Nr. ZZ-001-00560-AR-I.

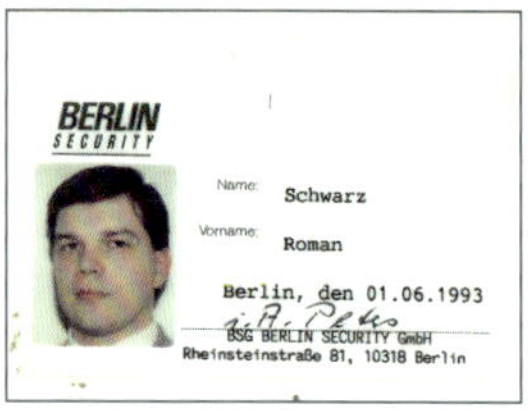

Abb. 5.15: Immer noch im Dienst: Roman Schwarz (DSW-Ausweis von 1993).

Dieser Markt war das richtige Objekt zur Eignungsprüfung neuer Mitarbeiter. Nach drei Tagen besuchte Frank Salewsky den Kollegen vor Ort und stellte ihm die Frage, wie er den Job fände. Die Antwort kam wie aus der Pistole geschossen: „Es ist ein Scheißjob, aber ich will in dieser Firma arbeiten." Eine klare Ansage. Roman Schwarz verblieb im Unternehmen, wurde zu einem wichtigen Sicherheitsmitarbeiter und ist heute eine Führungskraft.

1991 musste die DSW Security Berlin in BSG Berlin Security GmbH umbenannt werden. Grund: Nach dem schrittweisen Eigentumswechsel in der DSW Deutscher Schutz- und Wachdienst in Berlin und den DSW-Gesellschaften Frankfurt und Düsseldorf waren die neuen Eigentümer in Berlin aus wettbewerbsrechtlichen Gründen nicht bereit, den „Neuen" das Führen des Namens „DSW" zu gestatten. Unser Erfolg schmerzte wohl zu sehr ... Da man sich nicht mit Rechtsstreitigkeiten herumschlagen wollte, wurde der Name eben umgeändert. Dem Erfolg des Unternehmens hat es nicht geschadet.

Die Branche in den neunziger Jahren

Vieles von dem, was die Protectas in der Schweiz schon in den siebziger und achtziger Jahren entwickelt hatte, wurde nun in großen und seriösen Unternehmen auch in Deutschland Standard. Der Markt geriet in eine geradezu euphorische Phase. Allein in Berlin tummelten sich viele hundert Sicherheitsunternehmen, und der Verdrängungswettbewerb war schwer zu bestehen. Denn die „Gründerjahre" hatten auch eine negative Seite. Die neuen Unternehmen aus dem Ostteil der Stadt und den neuen Bundesländern konnten wegen ihrer Sozialleistungen, die bei Weitem unter Westniveau lagen, viel niedrigere Preise anbieten. Dies geriet nicht zum Segen für die Branche. Denn es wurde eine Spirale nach unten begonnen, die erst viele Jahre später zum Stillstand kam. Die staatlichen und öffentlichen Einrichtungen beschäftigten jetzt nur noch den billigsten Anbieter, und die anderen mussten sich umstellen oder blieben auf der Strecke. Aber schauen wir uns die großen Unternehmen wieder einzeln an:

Raab Karcher

Die Deutsche Wachgesellschaft war unter dem Dach der Raab Karcher gezwungen, neue Wege zu gehen, um den Anschluss an den Markt nicht zu verlieren. Hierbei spielte die enge Zusammenarbeit mit den Schwesterunternehmen eine bedeutende Rolle. Aber Raab Karcher reagierte umgehend. Alle Unternehmen, in welcher Stadt auch immer sie angesiedelt waren, wurden zu einer Marke verschmolzen, der Gesellschaft für Eigentumsschutz. Die Vereinigung trat am 1. April 1992 in Kraft. „Kurzum: Wir heißen jetzt GfE, Gesellschaft für Eigentumsschutz, und tragen den Namen der Unternehmensgrup-

Abb. 5.16: *Damals aktuellster Stand der Technik: Die Notrufzentralen steuern den Einsatz der Sicherheitskräfte.*

pe, deren erfolgreiches Mitglied wir schon seit Jahrzehnten sind", heißt es in einem entsprechenden Informationsschreiben „an unsere Geschäftspartner" (vgl. Abb. 5.17).[11]

Dieser Schritt war der erste zur Neuorganisation des Sicherheitskonzerns. Eine weitere wichtige Maßnahme war die Gründung vieler Niederlassungen im Osten. Auf diese Weise konnten die tariflichen Zwänge überwunden werden und man konnte ebenfalls billiger am Markt agieren. Bereits wenige Monate später, am 1. April 1993, firmierte man wiederum um, diesmal unter dem Motto „Wir geben Sicherheit einen neuen Namen", und die Raab Karcher Sicherheit GmbH entstand (vgl. Abb. 5.18).[12] Die Wirkung dieser Strategie war durchschlagend: Die Raab Karcher Sicherheit unter Führung der VEBA AG wurde schnell zum Marktführer in der Sicherheitsbranche. Sie war nicht nur umsatzmäßig die führende Gesellschaft, sie war auch ein sehr sozialer Arbeitgeber.

11 Informationsschreiben vom April 1992, Archiv der Securitas Holding GmbH, Archiv-Nr. D-007-03506-AR-B.
12 Informationsschreiben vom März 1993, Archiv der Securitas Holding GmbH, Archiv-Nr. D-004-03505-AR-B.

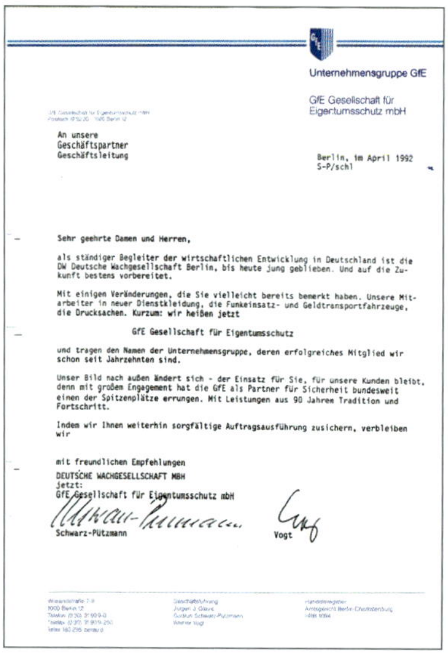

Unternehmensgruppe GfE

GfE Gesellschaft für
Eigentumsschutz mbH

An unsere
Geschäftspartner
Geschäftsleitung

Berlin, im April 1992
S-P/schl

Sehr geehrte Damen und Herren,

als ständiger Begleiter der wirtschaftlichen Entwicklung in Deutschland ist die DW Deutsche Wachgesellschaft Berlin, bis heute jung geblieben. Und auf die Zukunft bestens vorbereitet.

Mit einigen Veränderungen, die Sie vielleicht bereits bemerkt haben. Unsere Mitarbeiter in neuer Dienstkleidung, die Funkeinsatz- und Geldtransportfahrzeuge, die Drucksachen. Kurzum: wir heißen jetzt

GfE Gesellschaft für Eigentumsschutz

und tragen den Namen der Unternehmensgruppe, deren erfolgreiches Mitglied wir schon seit Jahrzehnten sind.

Unser Bild nach außen ändert sich - der Einsatz für Sie, für unsere Kunden bleibt, denn mit großem Engagement hat die GfE als Partner für Sicherheit bundesweit einen der Spitzenplätze errungen. Mit Leistungen aus 90 Jahren Tradition und Fortschritt.

Indem wir Ihnen weiterhin sorgfältige Auftragsausführung zusichern, verbleiben wir

mit freundlichen Empfehlungen

DEUTSCHE WACHGESELLSCHAFT MBH
jetzt:
GfE Gesellschaft für Eigentumsschutz mbH

Schwarz-Pützmann Vogt

raab karcher
sicherheit

Im März 1993

Wir geben Sicherheit einen neuen Namen ...

Sehr geehrte Damen und Herren,

die Leistungen unseres Unternehmens stehen seit Beginn dieses Jahrhunderts für Kompetenz in allen Sparten der Sicherheit. Viele neue Ideen und Entwicklungen haben uns zu dem heutigen Standard geführt, und wir haben uns vorgenommen, die Qualität unserer Angebote weiterhin zu verbessern.

Zum 1. April 1993 ändert sich unser Firmenname:
Aus **GfE Gesellschaft für Eigentumsschutz mbH** wird **Raab Karcher Sicherheit GmbH**.

Unternehmensgruppe GfE **wird** raab karcher sicherheit

Mit dem neuen Namen und den neuen "Kleidern" - sprich unserem Corporate Design - dokumentieren wir nun auch nach außen unsere Zugehörigkeit zu einem starken, innovativen Dienstleistungskonzern. Mit dieser Transparenz wollen wir noch mehr als bisher unsere absolute Verpflichtung zur Seriosität und Solidität verdeutlichen. Zum Vorteil für unsere Kunden und Geschäftspartner.

Unsere Sicherheitsberater werden Ihnen bei der nächsten Gelegenheit gerne weitere Informationen vermitteln. Bis dahin freuen wir uns auf eine gute Zusammenarbeit.

Mit freundlichen Grüßen

Raab Karcher Sicherheit GmbH

Schwarz-Pützmann W. Vogt

Abb. 5.17: Die Deutsche Wachgesellschaft wird in GfE Gesellschaft für Eigentumsschutz umbenannt (Informationsschreiben vom April 1992).

Abb. 5.18: Es ist Bewegung in der Branche: Schon ein Jahr später wird aus der GfE die Raab Karcher Sicherheit GmbH (Informationsschreiben vom März 1993).

Die Protectas SA

Abb. 5.19: Werbeflyer der Protectas: schon mit zehn Standorten dabei.

Auch bei der Protectas in der Schweiz veränderte sich ab 1992 die Situation grundlegend. Man gab die Selbstständigkeit auf und trat in das Unternehmen der schwedischen Sicherheitsgruppe Securitas AB ein, auf die wir im folgenden Kapitel ausführlich eingehen werden. Der Firmenname Protectas blieb in der Schweiz und Frankreich trotz vieler Veränderungen erhalten. Um den Firmenzusammenhang mit dem schwedischen Unternehmen zu dokumentieren, wurden die drei roten Punkte in das Logo übernommen.

Mit dem Beitritt wurde die Präsenz der Protectas-Gruppe in weiteren 14 Ländern Europas verstärkt, und in der Schweiz folgten neue Übernahmen: 1992 wurden die Genfer ISS Securisystem und in Solothurn die Uebewa AG erworben, 1998 kaufte man die Firma CNC in Montreux. Durch diese Zukäufe etablierte sich Protectas unter dem Dach der Securitas AB Stockholm in der Schweiz als eines der stärksten und bekanntesten Sicherheitsunternehmen.

Abb. 5.20: Ein Protectas-Team im Einsatz.

Und die Expansion ging auch im neuen Jahrhundert weiter: Es erfolgte die Übernahme der Schweizer Gesellschaften GSS Security Zürich 2004, Securiconsult SA Genf und PATROL GmbH Rapperswil-Jona 2006. Dabei wurde die Werttransport- und Geldverarbeitungssparte unter dem neuen Namen Protectas Cash Handling SA ausgegliedert. Auch in der jüngsten Vergangenheit wurden neue Firmen in den Verbund aufgenommen.

Im Bereich der Sicherheitsdienstleistungen im Luftverkehr kam es zu einer vollständigen Neuorganisation. Es entstand eine eigene Gesellschaft mit der Bezeichnung Aviation Security AG Opfikon-Glattbrugg. Aus der Fusion mit der Firmengruppe BDM Genf (ARTV, Securexpo Diffusion, Sural) entstand schließlich die Protectas Systems SA.

Die DSW-Gruppe

Die DSW-Gruppe beschränkte sich nach 1989 keineswegs auf die beschriebene Gründung der DSW Security Berlin, um den Markt in den neuen Bundesländern abzudecken. Vielmehr expandierte das Unternehmen auch in andere osteuropäische Länder, nämlich in die aus der ehemaligen Sowjetunion hervorgegangenen GUS-Staaten. 1992 wurden die Gesellschaften Odessa Security, Samara Security, Ukraina und Kiew Security gegründet, in der Slowakei entstand 1993 die DSW Security Bratislava und in Russland selbst 1994 die DSW Atlas St. Petersburg. Leider war der Ausflug in die GUS-Staaten nur von kurzer Dauer, denn die neuen Machthaber in den Ländern der ehemaligen Sowjetunion begrenzten das wirtschaftliche Engagement ausländischer Investoren. 1996 war das Abenteuer wieder beendet.

Abb. 5.21: Thema des DSW-Magazins 93 ist die Erweiterung in den Osten.

Dennoch: Mit der Erweiterung der DSW-Gruppe in Richtung Osten war auch die Zeit gekommen, mit etablierten Sicherheitsunternehmen in Westeuropa und den USA eine Allianz zu bilden. Das Zeitalter der Globalisierung hatte begonnen und die Düsseldorfer nutzten die sich bietenden Chancen.

Folgerichtig gründete Reinhard W. Ottens Mitte der neunziger Jahre zusammen mit Schwesterunternehmen aus Belgien, Frankreich, Großbritannien, den Niederlanden und Österreich die internationale Sicherheitsgruppe Seceurop. Die DSW Security Düsseldorf war bei diesem Zusammenschluss nicht nur Ideengeber, sondern auch eine der aktivsten Gesellschaften.

ODESSA SECURITY

SAMARA SECURITY

UKRAINA SECURITY

Abb. 5.22: Die Logos der damaligen Tochterunternehmen Odessa, Samara und Ukraina.

Aber auch in Deutschland hatte das Wachstum kein Ende. Gemeinsam mit der DSW Frankfurt am Main schufen die Düsseldorfer zwischen 1985 und 1992 in Bad Oldesloe, Köln, München, Stuttgart und Mannheim neue DSW-Unternehmungen, später auch in Essen, Hamburg und Wiesbaden. Die DSW Security Düsseldorf zählte bald zu den fünf umsatzstärksten Sicherheitsdiensten in der Bundesrepublik.

Konsequenz all der Neugründungen: die United Protection Düsseldorf, in der alle Gesellschaften der DSW-Gruppe einbezogen waren. Weiterhin wurden in diesen Jahren Kooperationen mit der Rural/Metro Corporation USA, Seceurop Belgium, der Nederlandse Veiligheidsdienst Group und der Seceurop England eingegangen.

Parallel zu diesem Wachstum wurden auch in der Sicherheitstechnik neue Wege beschritten. Man gründete eigene Technikunternehmen mit der Bezeichnung DSW-Technik, die die benötigte Ausrüstung herstellten, auch der Sektor der Geld- und Werttransporte wurde neu strukturiert.

Abb. 5.23: Die DSW in Bratislava, Slowakei.

Darüber hinaus erkannten die Verantwortlichen die Notwendigkeit, eigene Bildungseinrichtungen zu entwickeln, um den Ausbildungsstand der vielen neuen Mitarbeiter effektiv zu verbessern. Dafür wurden eigens die DSW-Schulen aufgebaut.

Neben den organisatorischen und technischen Veränderungen müssen aber auch die vielen neuen Mitarbeiterinnen und Mitarbeiter erwähnt werden, die an der Erfolgsstory der DSW einen wesentlichen Anteil hatten. Viele gut ausgebildete Menschen fanden eine neue berufliche Heimat in der DSW-Security Düsseldorf und ihren Tochterunternehmen. Und solche Mitarbeiter brauchte die Branche, um die neuen Anforderungen schnell und richtig umzusetzen.

Die Werkschutz-Gruppe Frankfurt wird zur Deutschen Sicherheits AG

Die Entwicklung der Werkschutz-Gruppe nach der Wende erfolgte in zwei Etappen. Zunächst wurde 1993 aus eben dieser Werkschutz-Gruppe die Aktiengesellschaft Werkschutz AG. An der Spitze der neu gebildeten Aktiengesellschaft stand Engelbert Sczesny, Vorstandsvorsitzender und Volljurist. Er lehrte am Kriminalwissenschaftlichen Institut der Universität Köln, war langjähriges Mitglied im IHK-Prüfungsausschuss und Vorsitzender im Waffensachkundeausschuss der Stadt Frankfurt. Ihm zur Seite standen Wolfgang Waschulewski, der für Personal- und Einsatzkonzeption verantwortlich war, sich um Aufbau und Führung einer Personen- und Objektschutzgruppe für einen Großkonzern kümmerte und Offizier der Feldjägertruppe war, sowie Karlheinz Göbel, Diplom-Betriebswirt und Unternehmensberater, der für das Controlling zuständig war.

Noch im gleichen Jahr 1993 folgte die zweite Etappe: Aus der Werkschutz AG wurde die Deutsche Sicherheits AG (DSAG). Die Dienstleistungen der DSAG und ihrer angeschlossenen Partner lagen schwerpunktmäßig im Werk-, Betriebs- und Objektschutz, in den Werkfeuerwehren, der Arbeitssicherheit, dem werksärztlichen Dienst, dem betrieblichen Rettungswesen sowie dem vorbeugenden Umweltschutz.

Immer war die Sicherheitsanalyse beim zukünftigen Kunden der Ausgangspunkt für eine allumfassende Beratung und Betreuung. Dabei wurde die vorliegende Sicherheitsstruktur auf Wirksamkeit, Zweckmäßigkeit und Wirtschaftlichkeit überprüft. Auf diese Weise konnten Schwachstellen sowie unzureichende Absicherungen der Kundeninteressen erkannt und abgestellt werden. Im gleichen Zusammenhang wurde die berufliche Qualifizierung der eingesetzten Sicherheitsmitarbeiter eingeordnet, und gegebenenfalls wurden Weiterbildungsmaßnahmen empfohlen.

Die neue Deutsche Sicherheits AG setzte sich aus folgenden Unternehmen zusammen: KFM GmbH, TC Transport Consulting GmbH, SSP Sicherheitszentrale GmbH. Dazu kamen die Unternehmen WSG Werkschutz Nordwest GmbH + Co. Sicherheits KG, WSG Werkschutz West GmbH Co. Sicherheits KG, WSG Werkschutz Südwest GmbH Co. Sicherheits KG, WSG Werkschutz

Hessen GmbH Co. Sicherheits KG, WSG Werkschutz Süd GmbH Co. Sicherheits KG, WSG Werkschutz TZE GmbH Co. Sicherheits KG, WSG Werkschutz ESDA GmbH Co. Sicherheits KG, WSG Werkschutz Backnang GmbH Co. Sicherheits KG, WSG Werkschutz Nordost GmbH Co. Sicherheits KG und WSG Werkschutz Ost GmbH Co. Sicherheits KG.

Auch die DSAG ging in den neunziger Jahren neue Wege. Durch die Entwicklung einheitlicher Richtlinien für Sicherheitsdienstleistungen in Industrieanlagen und deren konkreter Spezifizierung eröffnete sich die Möglichkeit, Chemie- und Hightech-Firmen, Unternehmen in den Bereichen Technik, Forschung und Geldwirtschaft sowie Betriebe des städtischen Nahverkehrs zu betreuen. So wurden nachfolgende Chemie-Großkunden durch die Mitarbeiterinnen und Mitarbeiter der Deutschen Sicherheits AG gesichert: Chemiepark Bitterfeld (Bayer AG, Haereus, Ausimont u.a.), BSL Olefinverband GmbH in Schkopau (ehemals Buna AG) und die Stickstoffwerke AG in Wittenberg-Pisteritz. In der Hightech-Branche wurden die Unternehmen Bosch Telecom GmbH, Bosch Backnang, die ANT Nachrichtentechnik GmbH und das European Space Operation Center der ESA in Darmstadt durch Sicherheitsmitarbeiter der Deutschen Sicherheits AG betreut. Auf dem Dienstleistungssektor der Geldwirtschaft arbeitete man für die zentrale Verwaltung der Deutschen Bank AG in Eschborn.

Herzstück aller Sicherungsaufgaben waren die drei Leitstellen und Sicherheitszentralen in Germersheim, Waldmohr und Halle. Diese Zentralen bearbeiteten Alarmaufschaltungen, organisierten die Alarmverfolgung mit eigenen Interventionskräften und koordinierten den Geld- und Werttransport. In diesen Bereichen betreute die Deutsche Sicherheits AG über 1.500 Kunden. Die Konzentration auf Spezialaufgaben führte ebenfalls zu neuen Kunden. So stellte man Sicherheitskräfte zum Veranstaltungs- und Personenschutz für unterschiedliche Auftraggeber zur Verfügung. Ein neues und von Jahr zu Jahr wichtiger werdendes Dienstleistungssegment öffnete sich mit der Auslagerung von EDV-Daten und spezieller Datensicherung, die das Unternehmen übernahm.

Auch bei der Einrichtung der Sicherheitszentralen bewies die Deutsche Sicherheits AG ihre Weitsicht. Die Zentrale in Germersheim galt lange Zeit als die größte Leitstelle im südwestdeutschen Raum und wurde vom Verband der Schadensversicherer e. V. als erste anerkannte TEMEX-Leitstelle zertifiziert. In Halle richtete man die erste vom VdS anerkannte Alarmzentrale in den neuen Bundesländern ein.

Die Qualifizierung der Mitarbeiter hatte im Unternehmen immer einen besonders hohen Stellenwert. Ziel war es, dass alle Werkschutzmitarbeiter die IHK-Prüfung zur Werkschutzfachkraft ablegten. Die firmeneigenen acht hauptamtlichen Trainer waren erfahrene Pädagogen oder Erwachsenentrainer. Im Durchschnitt absolvierte jede Mitarbeiterin und jeder Mitarbeiter jährlich circa 100 Ausbildungsstunden. In der Deutschen Sicherheits AG wurden keine Teilzeitkräfte und Aushilfen beschäftigt. Kein anderes deutsches Wachunternehmen verfügte über so eine hohe Konzentration von IHK-Werkschutzfachkräften.

Qualität wurde von der Deutschen Sicherheits AG konsequent durchgesetzt. Hierfür wurde das Qualitäts-Managementsystem entsprechend der DIN ISO 9001 eingeführt. Die Zertifizierung erfolgte in den deutschen Gesellschaften im Juli 1994. Trotz aller Anstrengungen bei der weiteren Expansion und der Umsetzung des Qualitätsmanagements wurde die tägliche intensive Beratung nicht vernachlässigt. Die Beratungstätigkeit von Firmengründer Helmut Sczesny bildete hierfür das Fundament. So wuchs eine der erfolgreichsten Sicherheitsgesellschaften der jüngsten Vergangenheit heran.

Die deutsche Pinkerton-Gruppe

PINKERTON CONSULTING & INVESTIGATION SERVICES

Abb. 5.24: Logo der Pinkerton Consulting & Investigation Services.

„Die Zeit setzt ihre Zeichen, wir auch." Dieser Satz stammt von Allan Pinkerton und ist aus dem Jahr 1850, doch der Grundsatz beinhaltete auch 1994 noch die Philosophie der Pinkerton Consulting & Investigation Services. In diesem Jahr begann man sich in Deutschland umzuschauen, welche geschäftlichen Möglichkeiten der dortige Markt hergab. Pinkerton hatte zu diesem Zeitpunkt mehr als 47.000 Mitarbeiter und unterhielt 220 Niederlassungen weltweit. Die Geschäftsführung der Pinkerton-Gesellschaften erkannte sehr schnell, dass Deutschland die Drehscheibe des Sicherheitsgeschäftes für Osteuropa sein wird. Folglich erhielten Don W. Walker, Executive Vice President, und David J. Kornbluth, Managing Director, den Auftrag, in der deutschen Hauptstadt Berlin eine neue Repräsentanz aufzubauen.

Don Walker beschrieb 1994 in einem Interview mit der Zeitschrift W&S die Ausrichtung der Pinkerton-Aktivitäten in Deutschland:

Abb. 5.25: Don W. Walker: „Wir schützen, was Sie schätzen!"

> *Pinkerton hat eine lange Tradition in qualitativ hochwertigen Sicherheitsdienstleistungen. Qualität steht an erster Stelle. Wir versuchen, das beste Personal zu beschäftigen, und haben dafür spezielle Auswahlkriterien. Dazu trägt auch ein exzellentes Aus- und Weiterbildungsprogramm für Mitarbeiter bei. (...) Wir sind stolz auf unsere 150-jährige Geschichte und auf die Qualität unserer Arbeit als Sicherheitsunternehmen. Wir sind nicht am Geschäft am unteren Ende der Qualitätsstufe und der Preisskala interessiert. Im Gegenteil, wir sind sehr qualitätsorientiert. Mit Blick auf den deutschen Markt glauben wir, dass der deutsche Kunde auf Qualität großen Wert legt und eine Firma mit Qualitätserzeugnissen schätzt.*

Die Amerikaner gründeten nicht nur eigene Niederlassungen in Deutschland, sie recherchierten auch, welche geeigneten Wachunternehmen zum Verkauf standen. 1997 trat das Unternehmen mit dem Wach- und Kontrolldienst Bisingen (WKD) und mit der HBI-SicherheitsDienste GmbH aus Offenbach in konkrete Verkaufsverhandlungen. Beide Unternehmen waren ortsansässige mittelständige Sicherheitsdienste und wurden bereits 1946 gegründet. Mit der Übernahme der beiden Sicherheitsunternehmen stieg Pinkerton in Deutschland unter die zehn größten Anbieter auf dem Sicherheitsmarkt auf.

Allein die HBI hat eine sehr interessante Geschichte. Sie wurde als Einzelunternehmen durch den Kaufmann Ernst-Ulrich Holz 1946 gegründet. Die ersten Büroräume waren am Wilhelmsplatz 19 in Offenbach. 12 Jahre später wurde die erste Niederlassung in Limburg/Lahn für das Gebiet Hessen-West eingerichtet. Wieder 12 Jahre später hatte sich das Unternehmen so weit entwickelt, dass eine eigene Notrufzentrale nötig wurde. In den folgenden Jahren folgten nach und nach betriebsinterne Ausbildungseinrichtungen, die Umwandlung in eine GmbH, die Anerkennung der Notrufzentrale durch die VdS-Zertifizierung, eine Niederlassung in Fürth/Odenwald und der Einsatz digitaler Übertragungstechnik.[13]

All diese Maßnahmen waren nicht nur der Entwicklung am Sicherheitsmarkt geschuldet, sie waren auch das Ergebnis unternehmerischer Wertvorstellungen von einem Sicherheitsunternehmen. Mit dem Bezug der eigenen Firmenzentrale im Jahr 1989, dem OKTO-Haus „Zentrum für Sicherheit“, konnte an eine weitere Expansion gedacht werden. So unterstützte man 1990 die Neugründung der Firma DSD Deutsche SicherheitsDienste GmbH in Berlin. Mitgründer war hier die aus dem ehemaligen DDR-Unternehmen Robotron hervorgegangene Firma Robotron SicherungsTechnik und -Dienste GmbH Dresden.[14]

13 *OKTO-NEWS*, Kundenzeitung HBI SicherheitsDienste 1993, S. 7, Archiv der Securitas Holding GmbH, Archiv-Nr. MA-031-02698-V2F4.
14 Ebenda, S. 12.

Die weltweite Erfolgsgeschichte der Securitas

Abb. 6.1: Erik Philip-Sörensen als junger Mitarbeiter der Helsingborgs Nattvakt.

Wie alle großen und traditionsreichen Unternehmen der Bewachungsbranche kann auch der Securitas-Konzern auf eine lange Geschichte zurückblicken. Sie begann 1901 - in Dänemark. Dort gründete Marius Hofgrefe mit Julius Philip-Sörensen und anderen zusammen die Kjobenhavn Nattevagt Frederiksberg.[1] Das Unternehmen war in seiner Grundkonzeption an die erfolgreichen amerikanischen Pinkerton-Agenturen angelehnt. Spezialisiert hatte es sich auf allgemeine Bewachungsaufgaben und den vorbeugenden Brandschutz.[2]

Von der Helsingborgs Nattvagt zum Global Player

1909 wurde Erik Philip-Sörensen geboren, der Sohn von Julius Philip-Sörensen. Jung und ehrgeizig, ging er 1934 nach Helsingborg mit dem Vorhaben, das elterliche Unternehmen auch in Schweden zu etablieren und erwarb dort die Helsingborgs Nattvakt. Das Aktienkapital des neuen Unternehmens betrug

1 Eine ausführliche Darstellung der Unternehmensgeschichte vor 1945 findet sich in: Erich Kupferschmidt, Thomas Menzel: Geschichten, S. 164-175; Sten Söderberg: Vakt av värde. Bevakningskoncernen Securitas historia, Stockholm 1979, S. 19-20. Vgl. auch die Website G4S, Our History, http://www.g4s.com/en/Who%20we%20are/History (Zugriff: 29.6.2015).

2 Vgl. zu Pinkerton: Erich Kupferschmidt, Thomas Menzel: Geschichten, S. 94-123.

15.000 Kronen.[3] Heute gilt dies als Gründungsakt des Securitas-Konzerns. Schon 1935 wurde aus der Helsingborgs Nattvakt die Förenade Svenska Vakt Aktiebolaget (FSV), eine Aktiengesellschaft, die über 35 Jahre lang Bestand hatte. Denn im neutralen Schweden konnte sich das Unternehmen, ungestört vom Zweiten Weltkrieg, kontinuierlich weiterentwickeln, weitere Gesellschaften kaufen und Niederlassungen gründen.[4] 1942 wurden alle Gesellschaften, die Sörensen bis dahin erworben hatte, einschließlich der neuen Stockholmer Niederlassung[5], unter dem Namen FSV vereint. So war der erste Schritt in Richtung einer Konzernstruktur getan. In den anderen skandinavischen Ländern, welche von Deutschland besetzt waren, wurden die Bewachungsunternehmen dagegen unter deutsche Kontrolle gestellt und verloren ihre Selbstständigkeit.

Abb. 6.2: Unterricht bei der Nattvakt Mitte der dreißiger Jahre.

Abb. 6.3: Fahrradstreifen der Nattvakt werden instruiert (um 1935).

Nach 1945 konnten die Sörensens die alten Geschäftsfelder mit neuem Schwung beleben. Sohn Erik erkannte sehr früh, dass die Brandwachen und die Brandsicherheit nicht die einzigen Dienstleistungsgebiete im Sicherheitsgewerbe sein können. So arbeiteten seine Wachleute auch im allgemeinen Streifendienst, als Fahrradstreifen, mobile Streifen, Werkbewachung, Personenschützer usw. Um der steigenden Nachfrage an Sicherheitstechnik nachzukommen, wurde 1949 die AB Securitas Alarm gegründet.[6] Damit trat der Name Securitas erstmals im schwedischen Bewachungsgeschäft in Erscheinung. Mit Hilfe der neuen

3 Vgl. ebenda, S. 170; Sten Söderberg: Vakt av värde, S. 20, 25-26.
4 Vgl. ebenda; Söderberg: Vakt av värde, S. 28-51.
5 Söderberg: Vakt av värde, S. 39-40.
6 Ebenda, S. 52.

Abb. 6.4:
Jörgen Philip-Sörensen,
*23. September 1938.

Abb. 6.5:
Sven Philip-Sörensen, *1942.

Abb. 6.6: Group 4, Tochter der schwedischen Securitas in UK.

Techniken konnte man die Marktposition in Schweden erneut verbessern. Bald war das Unternehmen das wirtschaftlich stärkste Sicherheitsunternehmen im Land und expandierte in die skandinavischen Nachbarländer. Dadurch entwickelte sich einer der ersten multinationalen Sicherheitsdienstleister im Norden Europas.

1951 wurde man auch in England aktiv und eröffnete die erste englische Niederlassung unter dem Namen Plant Watchman Limited.[7] Besonderen Anteil an der Expansion des Unternehmens hatten ab 1963 vor allem die beiden Söhne von Erik Philip-Sörensen, Sven und Jörgen. Jörgen wurde 1965 Geschäftsführer der Securitas UK Business und übernahm zwei britische Sicherheitsunternehmen, die Shop-Detektive Ltd. Alarme und die Securitas AG. Nur drei Jahre später, 1968, wurden die britischen Unternehmen als Töchter der schwedischen Securitas unter Leitung von Jörgen Philip-Sörensen zur Group 4 zusammengefasst. Der Name deutet schon darauf hin: Das neue Unternehmen setzte sich aus den vier britischen Firmen zusammen, die durch den Phillip-Sörensen-Clan erworben wurden. Ihre Namen standen für die jeweiligen Geschäftsfelder, nämlich Bewachung (Securitas UK Business), Geld-Wert (Plant Watchman Limited), Technik (Shop-Detektive Ltd) und Rettungsdienste (Securitas AG). Auch dieser Schachzug war von Erfolg gekrönt. 1978 erzielte die Group 4 bereits einen Umsatz von 26,7 Millionen britischen Pfund.[8]

Doch Jörgen wollte mehr, er wollte auch den Sicherheitsmarkt außerhalb Europas erschließen: Parallel zu den Aktivitäten in Großbritannien wurde daher 1962 in Japan die Nihon Keibi Hoshó Kabushiki Kaisha ins Leben gerufen.[9]

Gleichzeitig wurden ab den sechziger Jahren aber auch Tochtergesellschaften in anderen europäischen Ländern gegründet: In Belgien begann die Tätigkeit schon 1961, in Portugal startete man 1964 und kam 1978 zu einem für das kleine Land beachtlichen Umsatz von 210 Millionen Escudos, in Holland und Luxemburg nahmen 1971 Tochtergesellschaften die Arbeit auf, in Italien breitete sich die Group 4 ab 1973 und in Spanien ab 1975 aus.[10]

Die vielen Firmenzugewinne und Neugründungen bedeuteten aber auch eine Vielzahl von Firmennamen und Bezeichnungen, die einen geschlossenen Auftritt am Markt behinderten. Also fasste Erik Philip-Sörensen 1972 den Beschluss, alle ihm gehörenden Unternehmungen und Firmen unter der Firmenbezeichnung „Securitas" zusammenzufassen, nicht aber die zur Group 4 gehörenden Unternehmen von Sohn Jörgen. Als Erkennungssymbol wurde das noch heute bekannte Logo, drei rote Punkte auf schwarzem Grund, gewählt. Wie Erik Philip-Sörensen auf dieses Logo kam und welche Bedeutung er ihm beimaß, haben wir im Band 1 der *Geschichten eines Sicherheitsunternehmens* ausführlich dar-

7 Ebenda, S. 53.
8 Ebenda, S. 187.
9 Ebenda, S. 192-193.
10 Ebenda, S. 185, 190-191.

Abb. 6.7: Anderer Kulturkreis – anderes Aussehen: die Securitas in Japan.

gelegt.[11] So entstand nicht nur eine neue Firmenphilosophie, sondern auch eine feste Bindung zur geschichtlichen Entwicklung im Sicherheitsgewerbe, denn die römische Göttin Securitas im Namen verbindet die römische Mythologie mit dem modernen und expandierenden Markt der privaten Sicherheit.

1981 trat der inzwischen 72-jährige Erik Philip-Sörensen ab. Er teilte seinen Unternehmensverbund unter seinen beiden Söhnen Sven und Jörgen auf. Sven Philip-Sörensen erbte den schwedischen Teil mit den Namensrechten Securitas, während Jörgen Philip-Sörensen mit der Group 4 den internationalen Teil des Unternehmens übernahm, den er ja schon seit Jahrzehnten erfolgreich entwickelt hatte.

Und Jörgen blieb weiterhin aktiv. 1989 erfolgte fast folgerichtig der Versuch, auch auf dem indischen Subkontinent Fuß zu fassen.[12] Seine Group 4 gründete ein Unternehmen mit 1.400 Mitarbeitern, danach folgte in den neunziger Jahren schnell die Erweiterung nach Bangladesch. So wurde die Group 4 auf dem Subkontinent einer der Marktführer. Darüber hinaus fasste der Sicherheits-Multi auch in anderen Ländern Asiens Fuß. Dort, weit ab von Europa, wurde das britisch-dänische Unternehmen Group 4 Securitas zu einer wichtigen Marke. Viele tausend Mitarbeiter fanden in der Firmengruppe eine Beschäftigung. Bis in die Gegenwart ist das Unternehmen ein großer Player in diesen Märkten.

11 Erich Kupferschmidt, Thomas Menzel: Geschichten, S. 21–23.
12 http://www.referenceforbusiness.com/history2/87/Group-4-Falck-A-S.html (Zugriff: 29.6.2015).

Abb. 6.8: Die Securitas war in Portugal schon in den sechziger Jahren erfolgreich.

Ein weiterer wichtiger Schritt war die Anbahnung unterschiedlicher geschäftlicher Aktivitäten auf dem amerikanischen Kontinent. So erwarb man 1990 die US-amerikanische American Magnetics Corporation und ihre spezialisierten Einheiten der Access Control-Systeme.[13]

Doch Jörgen dachte nicht nur expansiv, sondern auch innovativ und erschloss ganz neue Geschäftsfelder. Mit dem Management-Vertrag von 1990 zur Betreuung von Gefängnissen im Vereinigten Königreich betrat man geschäftliches Neuland.

In der gleichen Zeit begann die Expansion nach Deutschland, in die Türkei (1991), die Ukraine und die Vereinigten Arabischen Emirate (1992), Österreich, Kanada (1993).[14] Der internationale Zweig des Unternehmens blieb also auch in den neunziger Jahren auf Wachstumskurs, eroberte immer neue Ländermärkte und vergrößerte in allen Ländern, in denen er bereits vertreten war, kontinuierlich sein Geschäft.

Abb. 6.9: Das damalige Logo der GROUP 4 FALCK.

Im Jahr 2000, pünktlich zum neuen Millenium, kam es dann zur Elefantenhochzeit. Im Mai verkündeten die Gruppe 4 und der ebenso große und international erfolgreiche Falck-Konzern ihre Fusion. Das daraus hervorgehende Unternehmen bekam den Namen „Group 4 Falck" und war mit einem Schlag das zweitgrößte

13 Ebenda.
14 Ebenda.

Sicherheitsunternehmen der Welt. Jörgen Philip-Sörensen wurde Chairman, während der Falck-Chef Johansen die Funktion des Präsidenten und CEO übernahm.[15] Der Firmensitz wurde vorübergehend nach Kopenhagen verlegt, später siedelte das Unternehmen wieder nach London über.

Letzteres hatte schnell Folgen für die Marktposition: 2004 entstand durch die Vereinigung mit dem britischen Unternehmen Securicor die Group 4 Falck Securicor.[16] Securicor war ein altes britisches Unternehmen. 1951 zum Schutz der *Ageless-Diamond*-Ausstellung von Christie's gegründet, etablierte sich die Bewachungsgesellschaft in Großbritannien, bis sie 1959 zu einer Tochtergesellschaft der Kensington Palace Hotel Group wurde. Nach 1960 entstanden Unternehmen in Übersee. In Afrika, Malaysia und Hongkong wurden neue Gesellschaften gegründet. Auch Securicor führte den in Deutschland unbekannten Geschäftszweig, als private Firma Strafvollzugsanstalten zu betreiben. In Florida wurde eine Jugendstrafvollzugsanstalt mit 212 Plätzen übernommen.

Abb. 6.10: Das aktuelle Logo der G4S.

Dieser nun noch einmal vergrößerte Konzern, die Group 4 Falck Securicor, wurde auch an den Börsen von London und Kopenhagen gehandelt.[17] Nach dem Ausscheiden von Jörgen Philip-Sörensen aus der Konzernspitze 2006 begann der Konzernriese, sich wirtschaftlich neu aufzustellen. Nachdem die Firmen-Bezeichnung 2006 erneut, diesmal in G4S, geändert wurde, setzte man die weltweiten Akquisitionen fort, die hier gar nicht alle aufgeführt werden können. Noch 2012 wurden zum Beispiel in Brasilien und Südafrika neue Firmen übernommen. Aus der Kjobenhavn Nattevagt Frederiksberg war ein weltweit tätiger Riese geworden. Nicht viel kleiner ist seine Schwester, die Securitas AB Schweden, die aus dem ersten kleinen Unternehmen der Sörensens in Schweden, der Helsingborgs Nattvakt, hervorging. Mit ihr werden wir uns im Folgenden beschäftigen.

Die Securitas AB in Schweden

Zurück also zu Sven Philip-Sörensen, der 1981 den schwedischen Firmenteil mit den Namensrechten Securitas erbte. Er pflegte sein Erbe nicht lange und verkaufte es 1983 an die schwedische Investmentgruppe Skrinet, und nur zwei Jahre später, 1985, wurde die gesamte Securitas-Gruppe bereits wieder veräußert. Jetzt wurde die Investment AB Latour neuer Eigentümer. Die Investment-Gesellschaft begann die Securitas-Gruppe umzuwandeln. Der Schwerpunkt wurde nun auf die Sicherheitsdienstleistung gelegt und das bestehende Multiservicekonzept wurde aufgegeben. Unter den Übernahmen der Securitas in den Jahren zuvor waren nämlich nicht nur Unternehmungen der Sicherheit, sondern

15 Ebenda.
16 Vgl. dazu Website G4S, Our History, http://www.g4s.com/en/Who%20we%20ave%/History (Zugriff: 2.7.2015); http://www.fundinguniverse.com/company-histories/securicor-plc-history (Zugriff: 2.7.2015).
17 Vgl. dazu Website G4S, Our History.

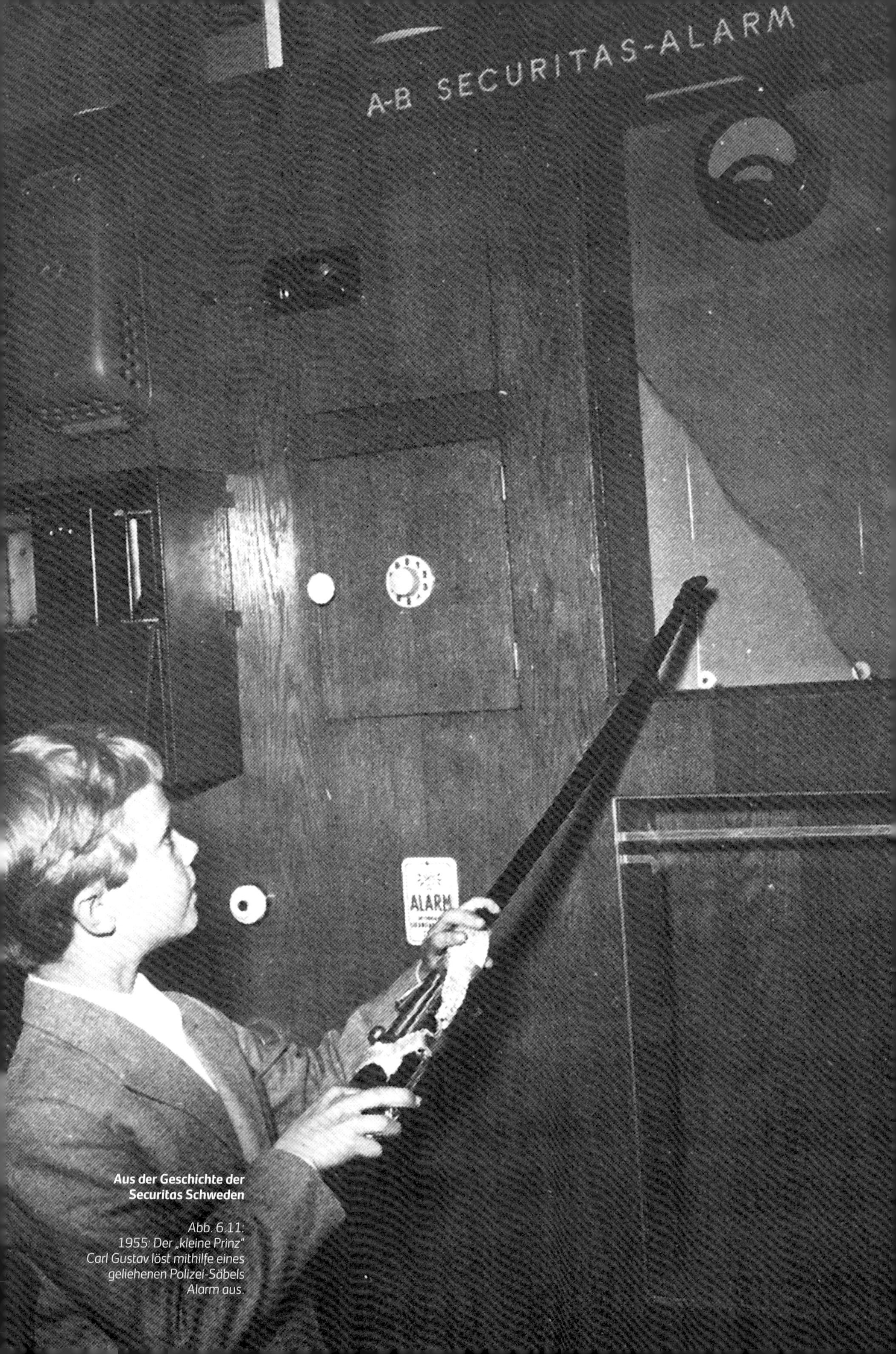

Aus der Geschichte der Securitas Schweden

Abb. 6.11:
1955: Der „kleine Prinz" Carl Gustav löst mithilfe eines geliehenen Polizei-Säbels Alarm aus.

Abb. 6.12:
24 Jahre später folgt König Carl Gustav den Ausführungen von Björn Kagger, Chef der Abteilung für externe Information, bei einerMessevorführung.

Abb. 6.13:
30. März 1951: Zum 50-jährigen Bestehen der De Forenede Danske Vagtselkaber überreicht Helga Zimmermann im Auftrag der Städtischen Wächter Blumen an Direktor Philip-Sörensen.

Abb. 6.14:
Mit einem Handschlag bekräftigen Herman Zetterberg, Präsident des Königlichen Gerichts, als Repräsentant der Besitzer der Svenska Nattvakt und Direktor Erik Philip-Sörensen (rechts) den Verkauf der über 50 Jahre alten Firma.

Abb. 6.15:
1968: Landesvater Allan Nordenstam (links) übergibt die Goldmedaille des Schwedischen Brandverteidigungsvereins an Generalkonsul Erik Philip-Sörensen.

Abb. 6.16:
Malmö 1972: Die vereinigte Wacht am Tag der schwedischen Fahne mit Lennart Leander als Fahnenführer.

Abb.6.17:
Juni 1959: Die Ligue Internationale des Sociétés des Surveillance feiert ihr 25-jähriges Jubiläum in Stockholm. Erik Philip-Sörensen wird zum neuen Präsidenten gewählt. Auf der linken Seite: Generalsekretär Manuel Spreng aus der Schweiz und Oberst H.O. von Essen aus Finnland. Auf der rechten Seite ist der Vizepräsident Giuseppe Cremonte-Pastorello aus Italien zu sehen.

Abb. 6.18:
Brunssvik, 6. Mai 1958: In der Mitte der ersten Reihe steht Direktor Erik Philip-Sörensen zwischen Sten Söderberg, Autor der Firmengeschichte Vakt av Värde, und Diözesan-Kurator Nils-Hugo Ahlstedt.

Abb. 6.19:
Als Feuerwehr-Diensthabender überwacht Distriktschef Nils-Gunnar Skog in Studsvik, wie ein Transportbehälter für uranhaltige Brennstoffe Feuer ausgesetzt wird, um die Hitzebeständigkeit zu prüfen. Im Hintergrund brennen 6.500 Liter Paraffin-Öl. Die Mitarbeiter, die an Wachschutzprojekten der Kernenergie arbeiten, sind nicht nur Wächter, sondern gleichzeitig auch Feuerwehr-, Ambulanz- und technisches Servicepersonal.

auch Schlösserdienste, Pflegedienste, Reinigungsdienste, Wartungsdienste, Dienste des Gesundheitsschutzes, der Paketlogistik und des Delikatessenservices gewesen.

In den Jahren 1985 bis 1987 fokussierten sich die Securitas-Manager deshalb auf die Umwandlung des Konzerns in einen überregionalen, weltweit operierenden Sicherheitskonzern. Man erarbeitete nach und nach maßgeschneiderte Lösungen in den Bereichen des Sicherheitsservices, des Mobildienstes, der Sicherheitsaufschaltung und Alarmverfolgung, des Geld- und Werttransportes, der Sicherheitsberatung und der technischen Sicherstellung in Kombination von Technik und Mensch. In diesen drei Jahren wurde so der Grundstein für die weitere Entwicklung am internationalen Mark gelegt.

Ab 1988 machte dann auch die schwedische Securitas AB national und international durch Übernahmen von sich reden. In diesem Jahr wurde zunächst das Sicherheitsunternehmen ASSA Ruko Schweden erworben – die erste Akquisition der neuen Konzernführung. Ein Jahr später wurden Unternehmen in Norwegen, Dänemark und Portugal zugekauft. Eine beeindruckende Expansion in Europa begann.

Abb. 6.20: Mitarbeiter der finnischen STV OY.

1991 wurden in Ungarn die ersten geschäftlichen Aktivitäten mit der Gründung der Securitas Hungary abgeschlossen. Im selben Jahr erfolgte der Börsengang, der neues Kapital brachte und Securitas zu einem sehr interessanten internationalen Wettbewerber machte. Diese Entwicklung wurde im gleichen Jahr mit dem Erwerb von Arrow Inc. USA fortgesetzt. 1992 steigerte die Securitas AB ihre Aktivitäten noch und erwarb die Protectas-Gruppe, die inzwischen in der Schweiz, Frankreich, Deutschland und in Österreich tätig war. Darüber hinaus wurde in Spanien die Firma Esabe übernommen. Im Zeitraum von 1993 bis 1995 kamen die Unternehmen STV OY Finnland sowie Sicherheitsfirmen in Spanien und Portugal dazu. Dafür trennte man sich im Rahmen der beginnenden Spezialisierung 1994 von dem Schließsystem-Hersteller Assa Abloy, der aus dem Securitas-Konzern ausgegliedert wurde, sich selbstständig entwickelte und internationalen Erfolg erreichte.

Die gewaltige Expansion lässt nur einen Schluss zu: Die Strategen der Securitas-Gruppe verfolgten das Ziel, einen global aufgestellten Sicherheitskonzern am Markt zu etablieren. Aber um dieses ehrgeizige Vorhaben abzuschließen, fehlte in Europa noch ein sehr wichtiger Markt: Deutschland.

Die Securitas kommt nach Deutschland

Deutschland, im Herzen Europas gelegen, war nicht nur eines der wirtschaftlich stärksten Länder, sondern auch eines mit großer Tradition im privaten Bewachungsgewerbe. Durch die politische und wirtschaftliche Wiedervereinigung zeichnete sich ab, dass das Land in Europa und insbesondere als Drehscheibe für Osteuropa noch an Bedeutung gewinnen würde. Und die Manager der Securitas in Stockholm verstanden es ausgezeichnet, den Markt zu analysieren. Man übernahm nicht einfach den Marktführer in Deutschland, man suchte nach den passenden Strukturen bei übernahmebereiten Gesellschaften, um daraus ein neues Unternehmen zu formen. Und so kann man zwei Phasen der Entwicklung unterscheiden: 1996–2000 war die Periode der Übernahmen, mit dem Jahr 2000 begannen Konsolidierung und die Entwicklung neuer Strukturen.

Die erste Phase startete mit fulminanten Neuerwerbungen. Nach kurzer und intensiver Suche entschloss man sich Anfang 1996, mit drei der größten deutschen Sicherheitsunternehmen in engeren Kontakt zu treten: DSW Security Düsseldorf, Raab Karcher und Deutsche Sicherheits AG.

Abb. 6.21: Damaliges Logo der DSW SECURITY.

Das interessanteste Unternehmen, das für eine mögliche Übernahme bereitstand, war die DSW Security Düsseldorf. Das dort ansässige Standort- und Produktnetz entsprach den Vorstellungen des Securitas-Konzerns. Mit der Entscheidung zur Übernahme war nicht nur der Grundstein für die erfolgreiche geschäftliche Grundlage der Securitas Deutschland gelegt, sie stellte auch den Ausgangspunkt zur weiteren Expansion dar. Der heutige Vorsitzende der Geschäftsführung Deutschland, Manfred Buhl, kann sich noch genau an den Tag im späten Herbst 1995 erinnern, als sein damaliger Chef der DSW Security Düsseldorf, Reinhard W. Ottens, ihm mitteilte: „Ich fahre jetzt nach Schweden und verhandle über den Verkauf der DSW Security Gruppe." Was war geschehen?

Im Jahre 1995 hatten sich die fünf alten Gesellschafter der DSW Security Düsseldorf entschieden, ihre Anteile an der Gruppe zu verkaufen. Um den Platz unter den führenden Bewachungsunternehmen weiterhin zu sichern, wären finanzielle Investitionen erforderlich gewesen, die von den Gesellschaftern, von denen zwei Hausfrauen waren, nicht mehr allein getragen werden konnten. Denn zu diesem Zeitpunkt verfügte das Unternehmen über 23 Betriebsgesellschaften mit circa 5.000 Mitarbeitern. Der Umsatz betrug etwa 220 Millionen DM.[18] So kam es zum Verkauf der DSW Security Gruppe Düsseldorf an den schwedischen Sicherheitskonzern Securitas.

Dass sich etwas am Markt bewegte, hatten auch alle Mitarbeiter wahrgenommen, denn in den Chefetagen wurden die unterschiedlichsten Varianten einer Firmenübernahme diskutiert. Den schwedischen Konzern hatte jedoch keiner auf der Rechnung. Diese Übernahme schlug wie die sprichwörtliche Bombe ein.

18 So beschrieb es Reinhard W. Ottens in seinem Lebenslauf, Archiv der Securitas Holding, Archiv-Nr. PR-001-01508-AG-1.

Abb. 6.22: Zentrale der Raab Karcher Sicherheit.

Am 1. Januar 1996 begann für die Mitarbeiterinnen und Mitarbeiter der DSW-Gruppe von Düsseldorf bis Berlin ein neuer Abschnitt in ihrer beruflichen Tätigkeit. Manfred Buhl war zum Zeitpunkt der Übernahme durch den schwedischen Sicherheitskonzern Geschäftsführer der DSW Security Potsdam. Diese Gesellschaft, wir erinnern uns, war aus der ersten privaten Sicherheitsfirma in den neuen Bundesländern entstanden und hatte sich zu einem der größten Arbeitgeber in Potsdam entwickelt. Sie gehörte zu den erfolgreichsten Sicherheitsunternehmen der neuen Securitas-Gruppe in Deutschland und konkurrierte mit den Berliner Kollegen der BSG Berlin Security GmbH über viele Jahre hinweg um den Spitzenrang im Firmenverbund. An dieser Entwicklung hatte die Geschäftsführung in Potsdam unter der Leitung von Manfred Buhl einen nicht geringen Anteil. Durch diese und andere Erfolge empfahl sich Buhl für eine noch bedeutendere Führungsposition in der deutschen Securitas.

Doch wir erwähnten bereits, dass die Securitas-Manager aus Schweden auch Kontakt mit Raab Karcher herstellten. Daraus resultierte 1996 die Übernahme der Raab Karcher Wert- und Geldtransport, also eines wichtigen Teils der Raab Karcher Sicherheit. Alle in Deutschland bereits übernommenen Gesellschaften der Securitas AB wurden 1996 zusammengefasst und einheitlich durch Reinhard W. Ottens geführt. Er trug somit die Verantwortung für 6.500 Mitarbeiter, die einen Umsatz von circa 400 Millionen DM erwirtschafteten. Das war zur damaligen Zeit schon eine Hausnummer und ebnete den Weg für die weitere Geschäftsentwicklung. Und die ließ nicht lange auf sich warten.

1998 folgte die komplette Übernahme der Raab Karcher Sicherheit. Doch damit nicht genug: Auch die Deutsche Sicherheits AG wurde im gleichen Jahr in den Firmenverbund eingegliedert. Neben den erwähnten Zukäufen wurden in den folgenden Jahren noch weitere deutsche Sicherheitsfirmen in den Securitas-Verbund aufgenommen. Dazu zählten neben anderen auch die HBI SicherheitsDienste GmbH Offenbach und die WKD-Pinkerton Bisingen, beides Töchter der US-Firma Pinkerton. Darüber hinaus kamen auch die GWU Wienert & Morgenstern Ost GmbH, die WGS Sicherheit GmbH Münster, die Macom Videotechnik und Sonderelektronik GmbH, die Elnaton Nachrichtentechnik GmbH, die Struck & Partner Vertriebs- und Servicegesellschaft sowie die Contro Veranstaltungsdienste GmbH Hamburg dazu.

Abb. 6.23: Logo der Deutschen Sicherheits AG.

Jetzt hatten die Schweden die gewünschte starke Position auf dem wichtigen Markt Deutschland. Wie ein Paukenschlag wirkten die Transaktionen. Der Sicherheitsmarkt war neu aufgeteilt worden und ein riesiger neuer Marktführer entstand, ein Garant für die positive Entwicklung der Sicherheitsbranche in Deutschland.

Neue Wege in Deutschland

Manfred Buhl war der Architekt des Erfolges bei der deutschen Securitas in den turbulenten ersten Jahren des Unternehmens in Deutschland. Es ist leicht nachvollziehbar, dass die vielen Zukäufe von Firmen eine einheitliche Philosophie und eine übergreifende Strategie verlangten. Und diese „Struktur 2000", so wurde der Prozess der Umstrukturierung genannt, ist der Schlüssel für eine vereinheitlichte Vorgehensweise im gesamten Unternehmen geworden. Eigentlich war dies nichts anderes, als die strategischen Vorgaben des schwedischen Mutterkonzerns für Deutschland umzusetzen. Die Phase der Umstrukturierung begann im Jahr 2000, und Manfred Buhl erinnert sich noch genau daran:

An der Spitze der Securitas Deutschland Holding wurde neben dem Verantwortlichen für die Securitas Sicherheits-Services, Reinhard W. Ottens, auch ein Verantwortlicher für den Geschäftsbereich Geld- und Werttransport eingesetzt. Jürgen J. Glavic bekleidete diese Funktion bis 1998. Mit seinem Ausscheiden wurden beide Geschäftsfelder zusammengelegt und Reinhard W. Ottens wurde der alleinige Geschäftsführer von Securitas Deutschland. 1996 unterzeichnete er einen Fünfjahresvertrag in Stockholm, doch ein Jahr früher als geplant ging er schon am 2. Dezember 2000 in Pension. Sein Nachfolger wurde Wolfgang Waschulewski.

Spannend und aufregend war die Zeit vor der Pensionierung von Reinhard W. Ottens. Bevor sich dieser in den Ruhestand verabschiedete, gab es noch ein richtungweisendes Treffen im Frühjahr 2000 auf Sylt. An diesem Treffen nahmen neben Reinhard W. Ottens und Wolfgang Waschulewski auch Roswitha Seemann, Dr. Harald Schlossmacher und ich teil. Für mich kam diese Zusammenkunft nicht überraschend, denn ich hatte gerade das internationale Securitas Manager Training (SMT) absolviert und war bereits mit den neuesten Erkenntnissen und Zielen des schwedischen Mutterkonzerns vertraut, wonach alle Gesellschaften in den unterschiedlichen Ländern neu aufzustellen seien. Es stand eine generelle Umstrukturierung ins Haus und auf Sylt wurde dieser Prozess eingeleitet. Die „Struktur 2000", so wurde die Strategie von mir benannt, sollte mit einer Divisionierung im Konzern und der Schaffung einer adäquaten Bereichsstruktur auch in Deutschland umgesetzt werden. Das war die Aufgabe.

Die Umsetzung wurde in Stockholm schnell ausgeführt. Es wurden vier Geschäftsdivisionen gebildet, die auch in Deutschland aktiv tätig wurden. So wurde die Division Cash Handling (Geld- und Werttransport) gegründet, in die alle Unternehmensteile, die zu dieser Fachrichtung gehörten, hineingepackt wurden. Als zweite Division wurden die Sicherheit-Services (Sicherheitsdienste) gebildet. In sie wurden die Gesellschaften eingegliedert, die die allgemeine Sicherheitsdienstleistung anboten. Als Drittes wurde die Division Systems (Technikabteilung der Securitas) gebildet und die vierte Division bekam die Bezeichnung Direct (direktes Alarmgeschäft mit Privathaushalten und Betrieben). Ihre Aktivitäten wurden in Deutschland jedoch nach wenigen Jahren wieder eingestellt.

Die Verantwortlichkeiten in Deutschland waren wie folgt geregelt: Die Division Sicherheits-Services wurde von mir geführt, die Division Geld- und Werttransport nach einem kurzen Intermezzo von Ingo Sporniak und die technische Division von Günter Calaminus. Die Division Direct wurde während der kurzen Zeit ihres Bestehens in Deutschland von Dr. Schünemann geleitet.

Die Veränderungen, die die „Struktur 2000" mit sich brachten, wurden zu einer großen Bewährungsprobe für uns, denn sie beinhalteten ja die Absicht, die Unternehmen nach Fachstrukturen auszurichten. So wurden drei wichtige Neuerungen eingeführt. Erstens die Konzentration der Notrufzentralen, zweitens die Einführung strategischer Geschäftseinheiten, die sogenannten SGEs, und drittens die Konzentration des Mobilgeschäftes.

Die „Struktur 2000" brachte der Securitas Deutschland die erste internationale Anerkennung ein. Die neu ausgerichtete Mobilorganisation in Deutschland begann Schritt für Schritt, die Kunden analytisch zu betrachten. Hierdurch wurde die Geschäftsgrundlage so verändert, dass immer weniger die Abrechnung von Bewachungsminuten im Mittelpunkt stand, sondern immer mehr auf das Angebot von Sicherheitslösungen gesetzt wurde. Des Weiteren begann man, ganz nach der nordischen Struktur, die Mitarbeiterführung zu vereinfachen und neu zu strukturieren. Es wurden erstmals Teamleiter eingesetzt, die einen engen Arbeitskontakt zu *den Teammitgliedern unterhielten. Durch diese Maßnahme wurde jeder Mitarbeiter mit in die Erfolgsspur genommen und keiner blieb zurück. Mit großem Erfolg: Die Mobilorganisation Deutschland wurde die modernste ihrer Art im gesamten Konzern. Bis zum heutigen Tag hat sich dieser Entwicklungsweg fortgesetzt und viele Experten sprechen den zuständigen Managern ein hohes Maß an Verantwortlichkeit, Kreativität und Umsetzungsvermögen zu.*

Heute lächle ich, wenn ich an diese Tage und Wochen im Jahr 2000 denke. Alles klingt so einfach und logisch, aber es kann sich niemand vorstellen, wie kompliziert dieser Umsetzungsprozess war. Nicht jeder im Konzern wollte etwas Neues, etwas Großes und vor allem etwas Besseres übernehmen. So wurde der Prozess der Bereichsbildung zu einem weiteren Kraftakt in der Firmengeschichte. Wie in einem Generalstab musste alles akribisch geplant, durchdacht und dann umgesetzt werden. Und da ist man ja auch auf Mitstreiter angewiesen, die über die Energie und Kreativität verfügen, um den Weg für die strategisch wichtigen Veränderungen zu ebnen. Aber es hat sich schnell herausgestellt, dass die Securitas viele solche Mitarbeiter beschäftigt!

Securitas Deutschland strukturierte sich also in elf Areas mit 125 Bereichen. Diese Bereichsstruktur siedelte sich in 70 Niederlassungen und Geschäftsstellen an. Das war schon eine gigantische Leistung, die damals von der Führungsebene vollbracht wurde. Besonders die Zusammenführung des Alarmgeschäftes hat die Entwicklung in Deutschland geprägt. Viele kleinere Notrufzentralen wurden zusammengefasst und auf nur drei Standorte verteilt. Das Notrufgeschäft wurde in Potsdam, Mannheim und Frankfurt/Main konzentriert und mit modernster Technik ausgestattet. Aber auch die Bildung strategischer Geschäftseinheiten führte dazu, dass in Deutschland ein zukunftsträchtiger Schritt vorgenommen wurde. Die Neuorientierung bei der Bewachung der Atomkraftwerke und die Zusammenfassung dieses Zweigs in eine SGE unterstrichen den Willen, neue Wege im Bewachungsgeschäft zu gehen. Allein die Notwendigkeit, eine bestimmte Anzahl von Sicherheitsmitarbeitern für die Bewachung der Atomkraftwerke vorzuhalten, war eine erhebliche wirtschaftliche Anstrengung. Durch die Zusammenfassung in einer SGE konnten die Bewachungsspezialisten von einem Standort an einen anderen Standort ausgeliehen werden.

Ein besonderer Schwerpunkt des Jahrs 2000 war sicher auch die Absicht des Konzerns, sein Führungsmodell, das in einer Toolbox dargelegt wurde, den Mitarbeitern nahezubringen. So wurde das Jahr 2000 zum Jahr der „Toolbox-Tour", ein langes und anstrengendes Etappenrennen mit vielen Erfolgen und einigen Rückschlägen. Die Geschäftsführer der Niederlassungen erarbeiteten sich unter der Leitung von Manfred Buhl nach und nach die Inhalte der Toolbox. Neue Denkanstöße wurden nicht immer gleich verstanden und übernommen.

Abb. 6.24: Die Securitas Toolbox (siehe auch Kapitel 7, Seiten 137 und 139).

Nicht alle Teilnehmer der Schulungen und Seminare waren Feuer und Flamme, einige waren eher skeptisch. Erst mit viel Geduld und Überzeugungskraft konnten Manfred Buhl und seine direkten Mitstreiter die Zweifler überzeugen, dass die Toolbox das richtige Instrument im Konzern war, um ein moderneres und innovatives Unternehmen aufzubauen. Wir werden uns im nächsten Kapitel ausführlich mit ihr beschäftigen.

Darüber hinaus wurde eine deutsche Variante des Securitas Management Training (SMT) eingeführt. Der Hauptinhalt: Bekanntmachung mit eben dieser Toolbox. Ferner wurden die ersten Untersuchungen zur Idee einer Integrierten Sicherheitslösung (ISL) ausgewertet. Was ist eine ISL? Die Integrierte Sicherheitslösung bezeichnet eine Kombination aus Technik und Mitarbeiter, die gemeinsam für den Kunden eingesetzt werden. Die Securitas übernimmt hierbei die Investitionskosten für den technischen Part. Im Daimlerwerk Ludwigsfelde war eine entsprechende Studie im Teamwork durchgeführt worden, die belegte, dass die kombinierte Dienstleistung von Mensch und Technik angeboten werden kann.

Am 1. April 2001 wurde die erste ISL an der Universität Potsdam platziert. Mit der erstmaligen Unterzeichnung eines ISL-Vertrages wurde ein neuer Abschnitt der Erfolgsstory eingeleitet. Volker Kretzschmar spezialisierte sich auf den Vertrieb dieser Sicherheitslösung und konnte bis 2003 weitere Verträge abschließen. Zusammenfassend kann festgestellt werden, dass das Unternehmen mit der erfolgreichen Umsetzung der „Struktur 2000" nach den skandinavischen Vorgaben aufgestellt und für die neuen Marktbedingungen gerüstet war. Manfred Buhl weist darauf hin, dass diese neue Struktur und das neu entwickelte Produkt ISL in eine Zeit fielen, in der Sicherheit einen ganz neuen Stellenwert gewann:

Abb. 6.25: Manfred Buhl nimmt aus den Händen ihrer Exzellenz, Kronprinzessin Viktoria von Schweden, bei einem Festbankett in Hamburg, den Exportpreis 2003 der schwedischen Handelskammer, entgegen.

Durch die fürchterlichen Anschläge des 11. September 2001 war der Begriff Sicherheit zum wichtigsten Wort der Menschen in der ganzen Welt geworden. Dieses Datum war für das Bewachungsgewerbe ein Wendepunkt in der öffentlichen Wahrnehmung. Plötzlich war Sicherheit in aller Munde. Industrie, Handel, die öffentliche Hand und viele andere Kunden sahen die privaten Sicherheitsunternehmen mit anderen Augen. Neue und kreative Sicherheitsmethoden waren unbedingt erforderlich. Eine einfache Bewachung war nicht mehr zeitgemäß.

Als deshalb im Jahr 2003 bei der Securitas das Produkt Integrierte Sicherheitslösung (ISL) flächendeckend eingeführt wurde, trafen wir genau die Bedürfnisse des Marktes. Zurückblickend ist festzuhalten, dass der Entwicklungsprozess dieses Produkts parallel mit der erforderlichen fachlichen und technischen Kompetenz vorangetrieben wurde. Securitas hatte sich vom Sicherheitsmitarbeiteranbieter zum Lösungsanbieter gemausert. Mit Hilfe dieses Produktes wurde auch die wirtschaftliche Stärke des Unternehmens unterstrichen, denn welcher Sicherheitsanbieter in Deutschland bietet sich seinen Kunden nicht nur als Sicherheitsdienstleister, sondern auch als In-

vestor an? Durch diesen Schritt erreichte man mehr als neue Sicherheitslösungen, denn das Sicherheitsunternehmen ermöglichte den Kunden nun, die eigene Sicherheit zu erhöhen, ohne dass ihre mittelbaren Kosten dafür stiegen. Eine geniale Idee, finde ich.

Für diese außergewöhnliche Leistung erhielt die Securitas die Exportauszeichnung des Jahres 2003 der schwedischen Handelskammer. Ihre Exzellenz, die Kronprinzessin Victoria von Schweden, überreichte mir diese Auszeichnung. Diese Stunde war schon etwas Besonderes in meiner Berufskarriere.

Abb. 6.26: Mit etwa 100.000 Quadratmetern Baufläche war die Baustelle am Potsdamer Platz eine immense Herausforderung für die Logistiker aller Branchen.

Tatsächlich hatten die traurigen Ereignisse des 11. September 2001 so etwas wie eine Sonderkonjunktur ausgelöst. Die Kunden überschlugen sich. Es gab viele Sonderaufträge, die Mitarbeiter arbeiteten fast bis zur Erschöpfung. Einer der dabei gewesen ist, erinnert sich: „Wir wussten zum ersten Mal nicht, wo wir die ganzen Mitarbeiterinnen und Mitarbeiter hernehmen sollten."

Abb. 6.27: Tag des Terrors – Flug 175 der United Airlines trifft den Südturm des World-Trade-Center-Komplexes in New York City.

Abb. 6.28 (S. 124–125): Der 11. September 2001 war ein Wendepunkt für die Bewachungsbranche. Kollegen in den USA waren unmittelbar betroffen.

Einen außergewöhnlich umfangreichen Auftrag hatte die Securitas bereits kurz zuvor bravourös gemeistert: das Sony Center in Berlin während der Bauzeit von 1998 bis 2000 abzusichern. Damals war die Baustelle des Potsdamer Platzes die größte in Europa, entsprechend unübersichtlich war die Situation vor Ort. Das sogenannte Central Command Center (Sicherheitszentrale) bestand aus einem leeren Raum von gut 50 Quadratmetern und einem kleinen Campingtisch mit einem Stuhl. Überall lagen Gerätschaften herum. Es waren circa 90

F.D.N.

Wie Mitarbeiter von Pinkerton/Burns die Anschläge auf das New Yorker World Trade Center erlebten

Frank Bisogno, Gebietsmanager von Burns Security, wird den Morgen des 11. September 2001 nie vergessen.

Gemeinsam mit einem Kollegen, dem Operations-Manager Andrew Imburgia, befand er sich in einem Besprechungszimmer im fünften Stock eines Bürogebäudes in der William Street in Lower Manhattan. Plötzlich nahm Bisogno aus dem Augenwinkel einen Blitz wahr, der aus dem Nordturm des nahegelegenen World Trade Centers (WTC) austrat. Wenige Minuten später sahen er und Imburgia voller Entsetzen, wie der benachbarte südliche Turm des WTC von einem Flugzeug gerammt wurde, in Flammen aufging und zusammen mit seinem nördlichen Pendant in sich zusammenfiel.

Beiden Männern war sofort klar: Das war's! Das Juwel der New Yorker Skyline hat für immer aufgehört zu existieren. Und das Leben tausender unschuldiger Menschen, darunter zahlreiche Kunden und Bekannte, war auf einen Schlag ausgelöscht.

„Als der Südturm zusammenstürzte, schlug eine große Schuttwolke gegen unser Fenster", erinnert sich Bisogno. „Ich war fest davon überzeugt, dass wir im Gebäude begraben sind."

Zu diesem Zeitpunkt wusste der Burns-Manager noch nicht, dass die Schadensquelle außerhalb des Gebäudes lag. Erst als die ersten Menschen von der Straße her in das Bürohaus drängten, um Schutz zu suchen, erkannten Bisogno und Imburgia, dass sie nicht unmittelbar getroffen waren.

Sobald sich die angstbringende Staubwolke gelichtet hatte, machten sich Bisogno und Imburgia daran, alle im Gebäude befindlichen Personen zu evakuieren. Nur sie selbst blieben im Büro.

In den folgenden Stunden und Tagen führten sie eine Bestandsaufnahme des Personals und der materiellen Ressourcen von Burns Security durch. Ihr Ziel: zeitnah Hilfe zu mobilisieren für ihre Kunden.

Gleichzeitig erfuhren die Männer zu ihrer Erleichterung, dass alle Mitarbeiter von Burns, Pinkerton und Securitas den Terrorangriff unversehrt überstanden hatten. Ein Wunder, denn normalerweise sind mehr als 2.000 Sicherheitskräfte im südlichen Finanzbezirk von New York City unterwegs!

Auch Bob Marone, Regionalmanager für Training und Entwicklung im Pinkerton Eastern Operations Center, erinnert sich gut an diesen schicksalsschweren Tag. „Ich war fassungslos. Dies war die schrecklichste Zerstörung, die ich je erlebt hatte. Gerade wenn man die verheerenden Folgen aus der Nähe gesehen hat, fehlen einem die Worte."

Sein Kollege Rudolph Johnson, Gebietstrainer bei Pinkerton, befand sich zur Zeit des Anschlags in der U-Bahn auf dem Weg ins Büro. Als sich der Zug auf einem überirdischen Streckenabschnitt dem World Trade Center näherte, wurde Johnson gewahr, dass der Nordturm in Flammen stand.

„Ich wusste instinktiv, was geschehen war. Seit dem ersten Bombenanschlag auf das WTC vor einigen Jahren hatte ich geahnt, dass die Terroristen es noch einmal versuchen würden."

Aber bereits kurze Zeit nach dem Anschlag blickten die Sicherheitsmitarbeiter von Burns, Pinkerton und Securitas wieder nach vorn.

„Die Trauer war in der gesamten Belegschaft von Burns, Pinkerton und SECURITAS zu spüren", so Don Walker, Vorsitzender und CEO der US-Securitas-Gruppe. „Trotzdem haben wir schnell gelernt, gemeinsam die schwierige Situation zu meistern. Kameradschaft und Mitgefühl haben dabei sehr geholfen."

Quelle: „Ein Tag wie kein anderer" in: *Securitas Magazin* 2002, Nr. 1, Seite 22/23.

Sicherheitsmitarbeiter in jeder Schicht im Einsatz. Jeder Schichtwechsel wurde so zu einer Herausforderung: Dienstpläne überprüfen, ankommende Mitarbeiterinnen und Mitarbeiter einweisen, diejenigen, die Schichtende hatten, austragen und bei all dem auch noch eine ordentliche Dienstübergabe gewährleisten. Den Schlusspunkt setzte die große Eröffnung. Es galt, eine unübersehbare Menge von Menschen zu sichern. Unter ihnen befanden sich viele Mitarbeiter, dazu kamen alle Facetten der staatlichen Sicherheit und viel Prominenz aus Politik, Wirtschaft und öffentlichem Leben. Aber auch das wurde souverän durchgeführt. Der gesamte Auftrag konnte zur vollsten Zufriedenheit des Kunden erledigt werden.

2003 folgten weitere innovative Schritte bei der Securitas Deutschland. Der Bereich Document Solutions wurde eingeführt, die Sparte Chemie & Pharma einer Spezialisierung unterzogen. Im Jahr 2004 gab es dann einige Neuerwerbungen. Securitas übernahm die Gesellschaften Wachtel und Südalarm in Deutschland und strukturierte Securitas Systems, die dritte Division, in ein selbstständiges Unternehmen um – eine absolut notwendige Neugliederung im Konzern, denn mit diesem Schritt wurde der separate Börsengang dieser Division vorbereitet, der dann 2006 mit der Aktion Sunflower ausgeführt wurde. Wenige Jahre später wurde die Division in Niscayah umbenannt und schließlich verkauft.

2005 wurde die Geld- und Wertdivision in Deutschland verkauft. Der Umstand, dass Securitas nun in Deutschland keine Geld- und Werttransporte mehr durchführt, hat die Entwicklung in Deutschland jedoch nicht beeinträchtigt.

Wieder ein Jahr später, 2006, informierte der schwedische Mutterkonzern alle Mitarbeiterinnen und Mitarbeiter darüber, dass drei neue Gesellschaften ins Leben gerufen worden waren.[19] Eine außerordentliche Gesellschafterversammlung hatte am 25. September 2005 beschlossen, im Herbst 2006 folgende neue Gesellschaften zu bilden: die Loomis Cash Handling AB (frühere Securitas Cash Handling), die die Abwicklung des gesamtgesellschaftlichen Bargeldbeschaffungsprozesses organisieren sollte, um so neue Maßstäbe zu setzen; die neue Securitas Direct AB, die sich auf den wachsenden Markt für Home-Security-Produkte fokussierte, und die Securitas Systems AB, die sich vor allem um maßgeschneiderte Lösungen bei der Errichtung sicherheitstechnischer Anlagen für Mittelstandskunden und Großunternehmen zu kümmern hatte. Alle drei neuen Unternehmen wurden selbstständig an der Börse notiert. Wenn man so will, war dies die logische Weiterentwicklung der Divisionsbildung im Jahr 2000, vor allem aber stellte dieser Schritt in Richtung Spezialisierung die logische Konsequenz der Entwicklung am Markt und in den einzelnen Gesellschaften dar.

Abb. 6.29: Thomas Berglund, CEO der Securitas.

Thomas Berglund, CEO der Securitas in Stockholm von 1985 bis 2007, führte dies in seinem offenen Brief an die Mitarbeiterinnen und Mitarbeiter aus:

19 Mitarbeiterinfo vom 9.2.2006, Archiv der Securitas Holding, Archiv Nr.: D-001-01852-AS-15.

Wir freuen uns, diesen nächsten Schritt in der Securitas-Historie verkünden zu können, weil daraus vier unabhängige Geschäftseinheiten mit großem Potenzial und neuen Wachstumsmöglichkeiten entstehen. Seit Beginn der Divisionalisierung im Jahr 2001 war jede unserer Divisionen zunehmend in der Lage, sich auf ihr eigenes Geschäftsfeld zu konzentrieren. Jetzt folgt der nächste logische Schritt zur weiteren Spezialisierung. In den letzten Jahren ist ein erhöhter Bedarf an Know-how und Fachkompetenz entstanden. Um unsere Position als Marktführer auf dem Sicherheitsmarkt zu behaupten, müssen wir an vorderster Front stehen, wenn es diese Erfordernisse zu erfüllen gilt. Um Marktführer zu werden, muss man der Beste seiner Klasse sein. (...) Wir sind davon überzeugt, dass jede Division für sich in Form einer eigenständigen und unabhängigen Gesellschaft größere Chancen hat zu wachsen, sich auf dem Markt zu behaupten oder sogar in ihrem Segment Marktführer zu werden.[20]

So verlief die Entwicklung der Securitas AB als folgerichtiger Prozess der Spezialisierung, der sich über Jahrzehnte erstreckte, beginnend mit dem Jahr 1985, als erstmals die Entscheidung getroffen wurde, sich ausschließlich auf die Sicherheit festzulegen.

Anzumerken ist, dass in Deutschland, wie bereits beschrieben, die Securitas Direkt nicht mehr unterhalten wird. Und auch die 2006 gegründete Loomis Cash Handling AB ist hierzulande nicht tätig.

Das Sommermärchen

Doch 2006 war auch, jeder erinnert sich, das Jahr des deutschen Sommermärchens. Alles passte zusammen: Die Fußball-WM fand in Deutschland statt und war perfekt organisiert, das Wetter war prächtig, und die Partystimmung in den Städten und auf den Fanmeilen begeisterte die Fußballfans aus aller Welt. Dazu kam eine deutsche Nationalmannschaft, die nach Jahren des „Rumpelfußballs", motiviert von dem Charisma eines Jürgen Klinsmann, mit frischem Offensivspiel das Publikum mitriss und am Schluss einen beachtlichen dritten Platz belegte, während noch bei der WM 2002 die drei deutschen Tugenden „Kahn, Kampf und Kopfball" (TV-Reporter Marcel Reif[21]) dominiert hatten. Auch für die Securitas wurde dieser Sommer zum Sommermärchen. Manfred Buhl blickt zurück:

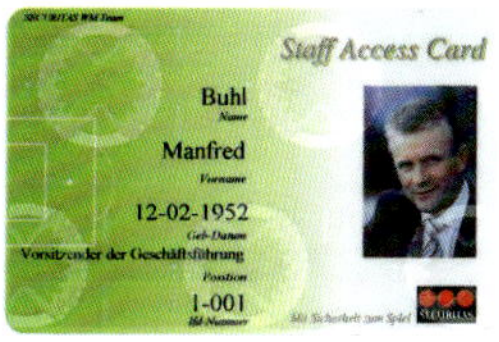

Abb. 6.30: Sicherheit wurde während des Turniers ganz groß geschrieben: Securitas WM-Team – Zutrittskarte Nr. 1.

Für uns war das Sommermärchen ein wirtschaftlicher Volltreffer, vielleicht war das Jahr 2006 eines der erfolgreichsten in der Geschichte der deutschen Securitas. Auch unser Fokus war auf die Fußball-Weltmeisterschaft gerichtet, denn wir waren einer der Hauptgaranten für die Sicherheit dieses

20 Ebenda.
21 Zitiert nach: „Die Nationalelf erinnert an Beckenbauer und Netzer", in: *Die Welt* vom 10.7.2010, http://www.welt.de/sport/wm2010/article8373770/Die-Nationalelf-erinnert-an-Beckenbauer-und-Netzer.html (Zugriff: 8.7.2015).

Weltereignisses. Mehr als 3.000 Mitarbeiterinnen und Mitarbeiter setzten wir zur Bewachung der Hotels und Trainingsstätten der Teilnehmermannschaften ein. In diesem Zusammenhang fällt mir eine kleine Episode ein, die zeigt, dass unsere Arbeit nicht nur ernst und konzentriert ist, sondern auch menschliche und entspannte Momente kennt:

Securitas war, wie gesagt, für die Sicherheit in den Mannschaftshotels und den Trainingsstätten verantwortlich. Es war in einem Hilton-Hotel. Das genaue Datum und der Ort sind mir leider entfallen. Der Mitarbeiter, Boubaker Djeradch, versah seinen Dienst im Hotel. An diesem Tag war die portugiesische Fußballnationalmannschaft dort abgestiegen. Portugal hatte gerade sein Gruppenspiel gewonnen. Zu Hunderten waren die Fans vor dem Hotel und wollten ihre Stars Christiano Ronaldo, Figo & Co. live sehen. Die Polizei hatte die Straße für Autos gesperrt, und für die Fans und die Presse war somit reichlich Platz. Natürlich wollten sich einige Fans Zutritt zum Hotel verschaffen! Sie haben vieles versucht, um uns vom Sicherheitspersonal auszutricksen, doch die Kolleginnen und Kollegen waren wachsam und ließen sich nicht unterkriegen.

Abb. 6.31: Das Securitas-Team zum Schutz der Nationalmannschaft der Ukraine.

Ein ganz junger Mann im zarten Alter von ungefähr drei Jahren wollte sich Zutritt verschaffen, indem er ganz einfach auf unseren Mitarbeiter Boubaker Djeradch zulief. Er hielt ihm seine Hand vorsichtig entgegen und blieb stehen, noch bevor er diese berührte. Mit seinen großen dunklen Augen schaute er ihn verwundert an und blickte zu seiner Mutter zurück, die ihn lachend auf Portugiesisch zu sich rief. Der kleine Junge lief zu seiner Mutter und sie redete ihm vermutlich zu, dass er wieder zu unserem Sicherheitsmann laufen solle, denn er flitzte unmittelbar danach wieder zu ihm zurück, stellte sich vor ihn und hielt ihm seine kleine Hand entgegen. So reichten sie sich die Hände, und der kleine Knirps lachte und strahlte unseren Mann mit seinen großen Augen an. In diesem Moment applaudierten viele Fans, die Presse begann zu filmen und Fotos zu machen. Einige Fans schlossen

Abb. 6.32: Die ukrainische Mannschaft bei ihrer Rückkehr vom Training ins Hotel.

sich noch an und jubelten den beiden zu wie den eigentlichen Stars aus Portugal. Unser Mitarbeiter gab dem Kleinen einen Kuss auf die Wange und übergab ihn wieder seiner glücklichen Mutter.[22]

Eine andere Episode wurde mir von den Kollegen aus Potsdam erzählt. Die ukrainische Nationalmannschaft war das einzige Team, welches sich in den neuen Bundesländern einquartierte. Die Mannschaft nahm Quartier im Seminaris-Hotel Potsdam am Templiner See. Im benachbarten Olympiastützpunkt wurde trainiert, und der Trainerstab angelte gern im See. Als Petrijünger hatten sie viel Glück, die Ausbeute war beträchtlich. Man entschloss sich, den Fisch zu trocknen, um die berühmte russische Spezialität, Wobla, zu gewinnen. Zwar gibt es hier in Deutschland keinen Wobla, denn echter Wobla kommt nur im Kaspischen Meer oder im Winter in den Senken der Wolga vor, aber in Russland, der Ukraine und anderen Ländern werden eigentlich alle Fischarten zu Trockenfisch verarbeitet. Der Trainerstab hat also seinen Fang aus dem See ausgenommen und einen Teil der Fische gewaschen und auf einem Lattenrost vor dem Notausgang des Hotels zum Trocknen ausgelegt. Eigentlich nichts Besonderes. Jeder weiß aber, dass Fisch im Sommer sehr schnell einen penetranten Geruch annimmt. So auch hier. Die Fische, die nicht getrocknet wurden, wurden gleich in der Küche verarbeitet. Der angemietete Hotelflügel füllte sich schnell mit den

22 Diese Geschichte stand auch im *Securitas MitarbeiterKurier*, Nr. 1, 2007, Region Ruhr, Archiv der Securitas Holding, Archiv-Nr. Z-001-01127-AW-o.

Düften des frisch zubereiteten Fisches. Das war eigentlich nicht schlimm, aber die Fische auf dem Lattenrost, die stanken im wahrsten Sinne des Wortes zum Himmel. Ein Kollege, der die Außenkontrolle durchführte, entdeckte rasch den Ursprung des unangenehmen Geruchs. Er dachte sich: Was soll das? Entschlossen entsorgte er die Fische und der Gestank war beseitigt. Der eifrige Kollege hatte zwar die Umwelt von dem üblen Geruch befreit, aber er hatte leider auch die „Delikatesse" der Mannschaftsleitung vernichtet. Jörg Dombrowski, unser Verantwortlicher im Hotel, wurde von den betrübten Ukrainern informiert, dass ihre besondere Speise, der Wobla, gestohlen worden sei. Wer stiehlt in Deutschland stinkende Fische? Doch die Verwirrung dauerte nicht lange, denn der Kollege hatte natürlich darüber informiert, dass er die Ursache des schlechten Geruchs beseitigt habe. So wurde die ukrainische Mannschaft von einem gewissenhaften Wachmann um einen zünftigen Abend gebracht, denn man wollte die Fische am Abend mit Bier genießen.

Diese und ähnliche Geschichten gab es in den Tagen der Weltmeisterschaft zuhauf. Es machte mich als Vorsitzender der Geschäftsführung schon stolz, zu sehen, wie entspannt und menschlich unsere Mitarbeiter in diesen Tagen reagierten. Da kann ich nur eins sagen: Vielen Dank an alle Mitarbeiterinnen und Mitarbeiter!

Hinter der entspannten Haltung der Securitas-Mitarbeiter steckte freilich knüppelharte Arbeit. Axel Leyendecker, damals Securitas Key Account Manager[23] und Verantwortlicher für die WM, erzählt folgende Geschichte:

Abb. 6.33: Key Account Manager Axel Leyendecker arbeitete während der gesamten WM in der Sicherheitszentrale im FIFA-Hauptquartier. Von dort koordinierte er sämtliche Standortberichte und leitete sie an die FIFA weiter.

Für die Sicherheitsbranche eröffnete die Vergabe des Weltturniers die Möglichkeit, dass sich das Gewerbe in positivem Licht präsentieren konnte. Auch für Securitas Deutschland war die FIFA WM 2006 ein Erlebnis der Sonderklasse.

Die Sicherheit anlässlich der FIFA-Weltmeisterschaft 2006 in Deutschland war die größte deutschlandweit mit mehr als 5.000 Mitarbeitern durchgeführte operative Leistung der Securitas. Dabei war der Auftrag zur Absicherung der Mannschaftsquartiere, der dort befindlichen Trainingsstätten, der Spielorthotels, der Spielorttrainingsplätze, der FIFA-Hotels, des Schiedsrichterhotels und des FIFA-Headquarters (HQ) in Berlin mit mehr als 3.500 Mitarbeiterinnen und Mitarbeitern das herausragende Ereignis.

Bereits in der Planung dieses für Deutschland so wichtigen Ereignisses wurde sehr schnell klar, dass die im Konzern vorhandene Kompetenz gebündelt und zielgerichtet eingesetzt werden muss. So wurde bereits 2005 ein Kompetenzteam gegründet, welches durch Ralf Brümmer, damals Mitgeschäfts-

23 Siehe auch: „Sicherheit ist sein Geschäft", in: *Berliner Morgenpost* vom 27.5.2006, Archiv der Securitas Holding, Archiv-Nr. WM-001-03235-AS-15 oder: „Omnipräsent und zurückhaltend", *CD Sicherheits-Management Schweiz*, Nr. 4, 2006, „Omnipräsent und zurückhaltend", Archiv-Nr. CD-000-02503-AS-15.

Abb. 6.34: Ralf Brümmer, Leiter des Securitas-Kompetenzteams im Gespräch mit dem Sicherheitschef des FIFA-Organisationskomitees, Helmut Spahn.

führer der Key-Account-Abteilung, geleitet wurde und in dem die relevanten Bereiche Konzepterstellung, operative Umsetzung, Personalabteilung, Logistik und IT vertreten waren.

Im Vorfeld wurden vergleichbare Großveranstaltungen analysiert und eigene Gedanken zu einer modularen Einsatzkonzeption inklusive Personalplanung entwickelt. Durch meine Abstellung zum Organisationskomitee (OK) der FIFA WM wurde frühzeitig ein enger Kontakt zu den Sicherheitsverantwortlichen des OK, der FIFA, der Mannschaftsquartiere, der Spielorte und der Mannschaften aufgebaut. Die zu erstellenden Schwachstellenanalysen mussten sowohl dem Slogan der Veranstaltung „Die Welt zu Gast bei Freunden" als auch den nachvollziehbaren Sicherheitsbedürfnissen der unterschiedlichsten Teams angepasst werden. Detailarbeit war gefragt. Jedes Hotel, jeder Trainingsplatz wurde analysiert und auch im Hinblick auf die zu erwartenden Mannschaften bewertet. In Abstimmung und mit Unterstützung der bereits Ende 2005 feststehenden operativen Verantwortlichen aus der jeweiligen Region wurde ein stufenförmiges Modell erarbeitet. Darauf basierte dann der Personalansatz, schließlich die Personalsuche für dieses Objekt. Dienstbekleidung, Funkgeräte, Laptops, Dienst-Handys – die Logistik in der Verantwortung von Oliver Braun leistete Hervorragendes; zeit- und ortsgerecht wurden Just-in-Time-Auslieferungen organisiert.

Abb. 6.35: Bei Securitas für die Logistik während der WM verantwortlich: Oliver Braun.

Am 14. Mai 2006 war es dann so weit, das erste Team betrat deutschen Boden. Die Nationalmannschaft Togos bezog Quartier in Wangen/Allgäu. Besonderes Vorkommnis: Der Trainingsplatz war an zwei Tagen wegen Schneefall nicht bespielbar, sicherlich eine neue Erfahrung für die Spieler.

Nachdem auch das HQ in Berlin ab 23. Mai 2006 arbeitsbereit war, wurde von dort der gesamte Einsatz geführt, koordiniert, dokumentiert und kommuniziert.

Die einzelnen Objekt- und ihre Regionalverantwortlichen schulten ihre Mitarbeiterinnen und Mitarbeiter gemäß den Vorgaben und stellten einen wirkungsvollen, aber sehr dezenten Schutz für die Mannschaften und Offiziellen.

Schon im Vorfeld dieser WM ging ein positiver Ruck durch das Land und durch Securitas. Die Herausforderung, am größten Event teilzuhaben und

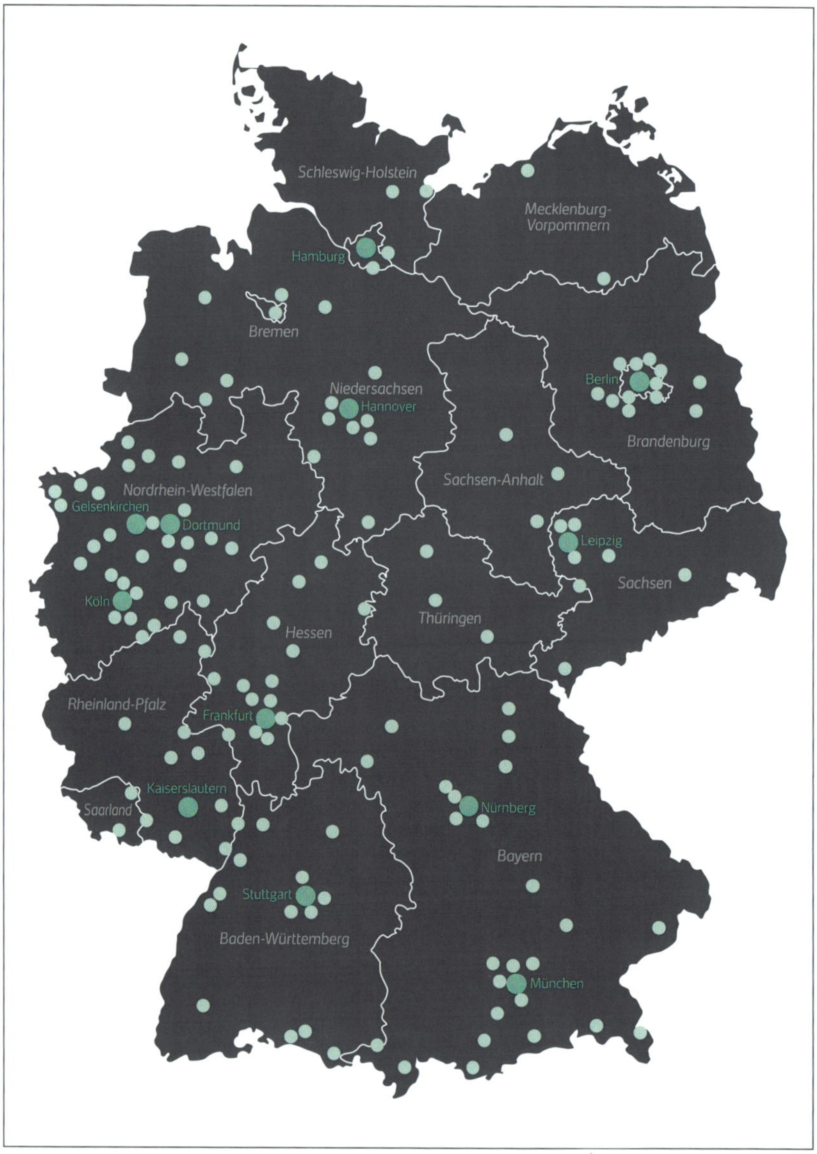

Abb. 6.36: Securitas sicherte mehr als 150 Hotels, Trainingsstätten und Fan-Feste und hatte über 5.000 Mitarbeiter im Einsatz.

Teil der WM zu sein, beflügelte von der Mitarbeiterebene bis zur Konzernleitung jeden. Flexibilität, sonst eher ein Beiwort, war bei diesem Auftrag das A und O. Wer konnte voraussagen, welche Mannschaften weiterkommen, welche Spiele ein hohes Risiko bargen oder welche sonstigen Einflüsse die Sicherheitslage positiv oder negativ beeinflussen konnten? In der Konzeption waren alle Führungskräfte darauf vorbereitet, doch die Umsetzung, innerhalb weniger Stunden erhebliche Reserven zuzuführen, stellte selbst eine große Organisation wie Securitas auf eine harte Probe. Nur dem professionellen Zusammenwirken aller Beteiligten, insbesondere dem hoch motivierten Einsatz der Mitarbeiterinnen und Mitarbeiter, ist es zu verdanken, dass dieses Sommermärchen auch für Securitas märchenhaft verlief.

Als am 14. Juli 2006 um 18.00 Uhr das HQ der FIFA WM 2006 vollständig abgebaut und die letzte Schicht vorüber war, konnte sowohl an die FIFA als auch an Securitas Schweden gemeldet werden: FIFA WM 2006 in Deutschland ohne Vorkommnisse planmäßig beendet.

Über dem Einsatz bei Aktivitäten der FIFA darf nicht vergessen werden, dass Securitas auch Public-Viewing-Absicherungen durchführte, die Sicherheitsdienstleistung für Großsponsoren wie Coca Cola bewerkstelligte und in vielen großen und kleinen Veranstaltungen in Städten und Kommunen Flagge zeigte.

Als Anerkennung für seine Arbeit erhielt Axel Leyendecker vom Organisationskomitee eine Miniausgabe des Weltpokals. Ja, es war eine arbeitsreiche Zeit, es war aber auch ein wirkliches Sommermärchen, nicht nur für die Fußballfans, sondern auch für die Mitarbeiterinnen und Mitarbeiter, die den Weltstars so nahekommen konnten wie sonst kaum jemand.

Die Jahre nach 2006

Ein weiterer Sieg in diesem denkwürdigen Jahr 2006 war die Tatsache, dass das neue Produkt ISL von den Kunden immer mehr angenommen wurde. Securitas Deutschland bemühte sich, es beständig weiterzuentwickeln und zu verbessern. Die Konjunkturentwicklung in Deutschland führte zu einer Expansion im Bewachungsgewerbe. Viele neue Geschäftsfelder und Kunden leisteten sich wieder mehr private Sicherheit. Die Auftragsbücher füllten sich.

Die Securitas Deutschland war auch in den folgenden Jahren bereit, sich immer wieder mit dem Markt intensiv auseinanderzusetzen. In vielen Aufsätzen und Schriften nahm das Unternehmen zu aktuellen politischen Fragen Stellung. Dumpinglöhne, Mindestlohn, aber auch Fehlentwicklungen in der Branche wurden genauso angesprochen und bekämpft wie gesellschaftliche Fehlleistungen der Gewerkschaften. Bedauerlich hierbei ist, dass das Unternehmen gerade im

Kampf gegen den Niedriglohnsektor oft allein dastand und die anderen Mitbewerber aus der Sicherheitsbranche nicht mit in die richtige Richtung marschieren wollten. Bereits 2006 versuchte Manfred Buhl, die Branche in einem Aufsatz aufzurütteln, und bezeichnete sie als „unsauber", weil im Gewerbe so viel Unehrlichkeit und Misstrauen herrschten. Dort liest man:

Zunächst einmal ist festzustellen, dass die Sicherheitswirtschaft in Deutschland eigentlich simpel funktioniert. Vergleicht man beispielsweise eine Auftragserteilung vor 100 Jahren mit der von heute, so kann man feststellen, dass sie auf der gleichen Basis fußt. Natürlich haben sich Währung und Formulierungen geändert. Aber die Funktionsweise ist immer noch die gleiche. Es gilt folgendes Handlungsschema: Der Kunde definiert eine Anforderung – ich betone noch einmal: der Kunde! Der Dienstleister hat diese Anforderung in einen Stundenpreis umzurechnen, multipliziert mit der Zahl der Stunden. Das ist die Basis von Angebots- und Preisermittlung auch heute noch. Sie ist aber zugleich auch die Grundlage für das Grundübel unserer Branche.

Es herrscht extremer Verdrängungswettbewerb in diesem Gewerbe. Jeder möchte wachsen, aber die Zahl möglicher Aufträge ist nun mal begrenzt, sogar rückläufig. Nicht zu vergessen der Tarifdschungel im Verband, geprägt von der föderalen Struktur und einer langen Tradition – eine Konstellation, die allen Beteiligten Möglichkeiten bietet, „kreativ" zu agieren. Wenn man sich überlegt, dass wir innerhalb Deutschlands rund 70 Tarifverträge haben, dass wir innerhalb Deutschlands 250 Lohngruppen und in unseren Unternehmen 1.000 Lohnarten bei der Lohnabrechnung zu beachten haben, kann man sich ausrechnen, wie viele Möglichkeiten für kriminelles oder zumindest „trickreiches" Handeln gegeben sind – und auch zielgerichtet genutzt werden.

Deshalb sei hier klar und unmissverständlich formuliert: Dieses Gewerbe ist unsauber! Entweder werden die Mitarbeiter betrogen. Oder es werden die Kunden betrogen. Oder beide. Ich kenne wenig Willen zur Veränderung. Im Gegenteil: Es wird duldend das Auge verschlossen, weil man ja selbst weiß, dass bestimmte Dinge nicht in Ordnung sind. (...)

In Deutschland entsteht ein Hexenbrei aus einem stagnierenden Markt, einem Überangebot an Arbeitskräften, einem nicht geregelten Gewerbe mit niedrigen Eintrittsschwellen, einem unüberschaubaren Tarifsystem und krimineller Energie einiger Unternehmen, die sich die Marktbedingungen gnadenlos zunutze machen. Damit entsteht eine Gefahr für das gesamte Gewerbe – wenn es nämlich nicht versteht, sich aufzustellen für Prozesse, die auf Europa, auch auf Deutschland zukommen.

Hier haben uns die Reinigungskräfte und Leiharbeiter etwas voraus: Sie haben angefangen, ihren Markt zu regeln, denn die Begehrlichkeiten der

Kunden, billig einzukaufen, werden nicht aufhören. Das Lohngefälle von West nach Ost und von Nord nach Süd ist - nicht nur in Deutschland - eben doch sehr ausgeprägt. Hier entsteht ein ganz wichtiger Ansatz zur Neuregelung.[24]

Allerdings sollten noch einige Jahre vergehen, bis es zu einer Neuregelung kam. Anfang 2008 wurde dann bekannt, dass die britische G4S ihre Geschäftsaktivitäten in Frankreich und Deutschland verkaufen möchte. Die schwedische Securitas AB meldete Interesse an und die deutschen Firmenanteile der G4S wurden im Mai 2008 übernommen. Mitte der neunziger Jahre hatte die Geschichte der G4S in Deutschland mit dem Erwerb der Allgemeinen Sicherheitsdienste (ASD) begonnen, die zu diesem Zeitpunkt schon 20 Jahre erfolgreich und bundesweit am Markt waren. Ende der Neunziger war die Simis AG gekauft worden, einer der führenden deutschen Anbieter von Sicherheitssystemen. Mit Übernahme der GTG Geld- und Werttransportgesellschaft im Jahr 2000 stieg das Unternehmen auch in diesen Markt ein. Diese drei Akquisitionen hatten in Deutschland für die G4S die drei Geschäftsbereiche Sicherheitsdienste, Sicherheitssysteme und Geld- und Wertdienste, einschließlich Bankenservice abgedeckt.[25] Nachdem dies alles von der Securitas AB übernommen worden war, war, zumindest für Deutschland, die Aufspaltung des Unternehmens von 1981 rückgängig gemacht.

24 *CD Sicherheitsmanagement*, Nr. 6, 2006 - Thema des Monats, Sonderdruck, Archiv der Securitas Holding, Archiv-Nr. CD-0X0-00843-S2F2.

25 Vgl. auch: Website G4S, Our History; Wikipedia-Eintrag Securicor, https://de.wikipedia.org/wiki/Securicor (Zugriff: 3.7.2015); Website Bundesvereinigung Deutscher Geld- und Werttransporte, http://www.bdgw.de/cms/index/php?opticu=com_content&task=view&id=438&itemid=48 (Zugriff: 3.7.2015); zum Kauf 2008: http://www.securitas.com/de/de/ueber-securitas/geschichte (Zugriff: 3.7.2015).

Die Toolbox – Strategie für das neue Jahrhundert

Wir haben in den letzten drei Kapiteln die Geschichte des privaten Bewachungsgewerbes nach 1945 im Westen erzählt. Dabei haben wir uns auf die Darstellung des Faktischen beschränkt. Wie aber ist es den beiden Freunden Erich und Hartmut ergangen? Wie sind sie durch die turbulente Zeit nach dem Mauerfall und die vielen Veränderungen der neunziger Jahre gekommen? In diesem Kapitel kommen sie wieder zu Wort. Seit wir sie am 3. Dezember 1989 im Café Kranzler zurückließen, hat sich auch ihr Leben stark verändert.

Damals war beiden klar, dass die Wiedervereinigung sehr schnell kommen würde. Und das bedeutete für Hartmut trotz all der Euphorie nach dem Fall der Mauer die Notwendigkeit, sich einen neuen Job zu suchen, denn seine Dienststelle in Röntgental wurde abgewickelt, und nach dem 3. Oktober 1990 war auch die Deutsche Volkspolizei mit ihrem Betriebsschutz Geschichte. Aber Hartmut war mit Herz und Seele Betriebsschützer. So fand er in der neu gegründeten Berliner Gesellschaft der DSW Security Düsseldorf, die seit 1991 BSG Berlin Security hieß, seinen Platz und nicht, wie sein Freund Erich insgeheim gehofft hatte, in dessen Unternehmen, der Deutschen Wachgesellschaft. Durch die Übernahme der DSW-Gruppe zum 1. Januar 1996 ist Hartmut zu einem Mitarbeiter der Securitas, und nun sogar zum Bereichsleiter befördert worden.

Aber auch Erich Lorenz hatte ein Wechselbad der Gefühle durchlebt. Die Ruhe in der Deutschen Wachgesellschaft war vorbei. Nach der deutschen Einheit gab es plötzlich Hunderte von Bewachungsunternehmen in Berlin. Die Konkurrenz war gnadenlos, und auch die etablierten Gesellschaften mussten sich auf die neue Zeit einstellen. So hat er, sozusagen ohne seinen Schreibtisch zu verlassen, in kürzester Zeit dreimal die Firma gewechselt: Aus der Deutschen Wachgesellschaft war, wir erinnern uns, erst die GfE, dann Raab Karcher Sicherheit und schließlich die Securitas Deutschland geworden, das alles zwischen 1992 und 1998. Nur seine Funktion im Personalwesen des Unternehmens hat sich nicht geändert.

Die Werte und die Toolbox der Securitas

Wir schreiben das Jahr 2000. Hartmut und Erich sind inzwischen als Kollegen in der Securitas Deutschland noch engere Freunde geworden. Beide haben die Gelegenheit bekommen, das firmeninterne Ausbildungsprogramm, das Securitas Management Training (SMT), zu besuchen. Dort bietet der Konzern den Führungskräften die Möglichkeit, sich mit Philosophie und Strategie des Unternehmens bekannt zu machen. Natürlich sorgten sie dafür, dass sie beide den gleichen Lehrgang in Düsseldorf besuchen. Nach einem langen Tag im Seminar sitzen sie nun abends gemütlich beim Bier im Tagungshotel und lassen das Gelernte noch einmal Revue passieren.

„Mann, Hartmut", beginnt Erich das Gespräch, „mir ist noch ganz schummrig im Kopf, so viel Neues haben wir heute gehört. Kannst du dir das alles merken?"

„Also, das Wichtigste bekomme ich noch zusammen. Das Fundament unserer Philosophie bilden die drei Werte Ehrlichkeit, Aufmerksamkeit, Hilfsbereitschaft."[1]

„Ja, und Ehrlichkeit besteht darin, dass ein gutes Unternehmen seine Aufträge im Sinne des Auftraggebers mit aller gebotenen Sachlichkeit ausführt und nicht nur auf seine eigenen Vorteile achtet", fällt Erich ein. „Ehrlichkeit bedeutet aber auch Achtung vor den Mitarbeitern, Führungskräften wie Angestellten. So viel weiß ich auch noch."

„Und Aufmerksamkeit eines Unternehmens äußert sich in der unvoreingenommenen und unbedingten Wahrnehmung der Umwelt", ergänzt Hartmut. „Dies gilt, soweit es möglich ist, für die Gedanken und Gefühle von Mitarbeitern und Kunden. Aufmerksamkeit verlangt die ständige Beobachtung der Situation und dient dazu, einen erkannten Mangel abzustellen und so die Dienstleistung insgesamt zu verbessern."

Abb. 7.1 (S. 138–139): Die Securitas Toolbox.

1 Vgl. zu den Werten: Erich Kupferschmidt, Thomas Menzel: Geschichten, S. 22–23.

Die Securitas Toolbox

Fokus auf Sicherheit

Ehrlichkeit, Aufmerksamkeit und Hilfsbereitschaft bilden die Basis unseres Geschäfts. Die Einhaltung dieser Werte erwarten wir uneingeschränkt von unseren Mitarbeitern. Der bedingungslose Fokus auf Sicherheit macht uns zu einem kompetenten Dienstleister. Wir haben uns bewusst dafür entschieden, nicht zum „Allrounder" zu werden, sondern unserem Kerngeschäft treu zu bleiben und uns darin ständig weiterzuentwickeln.

Die Marktmatrix

Guter Service ist eine Frage der Kompetenz. Wir glauben, dass das Erkennen der Anforderungen und Wünsche unserer Kunden der beste Weg ist, sie besser kennenzulernen. Als ersten Schritt haben wir daher unseren Markt in fünf Sektoren unterteilt: Banken, Großunternehmen, mittelständische Unternehmen, Einzelhändler und Privatpersonen. Eine derartige Gliederung des Marktes fördert unser Kundenverständnis und die Qualität unserer Dienstleistungen.

Die Wertekette

Wir sind bestrebt, für jeden einzelnen Kunden Wertoptimierung zu erreichen. Dabei ist das Kundenverständnis ein wichtiger Teil des Puzzles, die gemeinsame Erstellung einer Lösung bildet den anderen, ebenso wichtigen Teil. So gewährleisten wir, dass die Kunden, für die wir tätig werden, die beste Lösung für ihre speziellen Bedürfnisse erhalten.

Risk Management

Mit Hilfe der Risikobewertung wird gewährleistet, dass wir jederzeit das von uns eingegangene Risiko gegen den Nutzen jedes einzelnen Auftrags abwägen. Das Risikomodell basiert auf jahrelanger eigener Erfahrung in Verbindung mit externem juristischen Fachwissen. Von jedem Manager wird verlangt, dass er bei der Risikoeinschätzung und bei der Auftrags- und Reklamationsbearbeitung einem strengen Verfahren folgt. Durch dieses Verfahren sichern wir die Qualität unserer Leistungen.

Sechs Finger

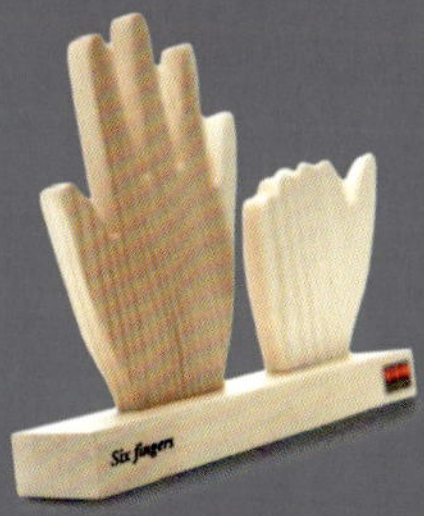

Wir achten besonders auf folgende Maßstäbe – die „Sechs Finger" – für ein gesundes Wachstum: Neukundengeschäft, Entwicklung des Dienstleistungsportfolios, Gesamtumsatzwachstum, Planungseffizienz, Kostenkontrolle und Kontrolle der Außenstände.

Flache Organisation

Securitas Deutschland ist ein lokaler Sicherheitsdienst mit flacher und einheitlicher Organisationsstruktur an über 70 Niederlassungen mit mehr als 19.000 Mitarbeitern. Dies fördert die Nähe zwischen Kunden und Mitarbeitern.

Das Gewerbe

Als führendes Unternehmen der Sicherheitsbranche nimmt Securitas in hohem Maße an der Entwicklung der Branche als Ganzes teil. Wir arbeiten mit Regierungen, den Bundesverbänden und Gewerkschaften zusammen, um die Bedingungen innerhalb der Branche zu verbessern und auf diesem Wege das Ansehen als zielstrebiger, spezialisierter Industriezweig zu steigern. Angemessene Löhne und Gehälter helfen uns, engagierte Mitarbeiter an uns zu binden.

Schritt für Schritt

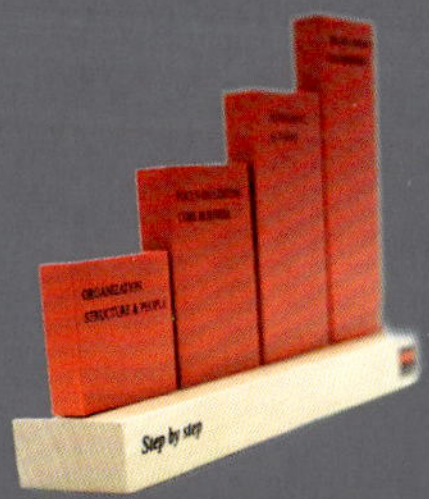

Um unsere anspruchsvollen Ziele zu erreichen, haben wir ein schrittweises Vorgehen entwickelt: Der erste Schritt besteht in der Schaffung einer geeigneten Struktur. Der zweite Schritt umfasst die Fokussierung auf das Kerngeschäft, der dritte Schritt die Weiterentwicklung unserer Dienstleistungen. Der vierte Schritt – Wachstum – dient nicht nur dem Unternehmen und der langfristigen Sicherung seiner Arbeitsplätze, sondern auch den Kunden und der Branche insgesamt.

Menschen machen den Unterschied

Menschen mit dem richtigen Wissen und der richtigen Einstellung spielen eine entscheidende Rolle bei der Entwicklung unseres Unternehmens. Wir achten auf Verständnis, Engagement und Pragmatismus. Auf Konzernebene, in den Divisionen und für die einzelnen Mitarbeiter werden in allen Bereichen regelmäßig umfangreiche Schulungsprogramme durchgeführt.

„Hilfsbereitschaft wiederum muss für das Unternehmen unabdingbarer Bestandteil der Beziehungen zu Kunden und Mitarbeitern sein. Sie ist für ein Bewachungsunternehmen eine Selbstverständlichkeit bei der Beratung und Betreuung der Kunden, die sich ja mit der Bitte um Schutz und Hilfe an das Unternehmen wenden, denn dies ist unser Kerngeschäft, in dem wir Erfahrung und Kompetenz vorweisen können. So jetzt haben wir's", meint Erich.

„Und die Toolbox, die das Führungsmodell der Securitas erklärt, orientiert sich an diesen drei Grundwerten.[2] So weit ist alles klar", stellt Hartmut fest.

Erich nickt und fährt fort: „Das ist korrekt. Denn die Vermittlung von Ethik und Werten ist integraler Bestandteil des Trainings bei Securitas. Schließlich übernehmen die Beschäftigten die Verantwortung für das Eigentum und die Habseligkeiten anderer Menschen."

„Ist eigentlich ganz einfach", kommentiert Hartmut.

Erich spinnt den Faden nun weiter: „Zu den Werten gehört auch die Art, wie wir unser Geschäft betreiben. Bei den zahlreichen Möglichkeiten, neue Werte für die Kunden zu schaffen, müssen wir zielgerichtet vorgehen, unsere Leistungen verfeinern und Schritt für Schritt ausbauen. Bei einer immer weiter verbesserten Dienst- und Serviceleistung kommt dann der wirtschaftliche Erfolg von allein, der Markt für unsere Aktivitäten wächst."

Hartmut unterbricht mit der Frage: „Da wir gerade beim Markt sind. Was sind bei uns eigentlich die Marktmatrix und die Wertekette? Ich habe davon noch nie gehört."

„Ganz einfach", antwortet Erich. „Nachdem klar ist, auf welchen Werten unser Geschäft beruht, versuchen wir, den Markt zu analysieren. Ich habe den heutigen Vortrag von Manfred Buhl so verstanden, dass wir diesen Markt anhand einer Matrix darstellen können. Die Objekte unserer Kunden sind von sehr unterschiedlicher Größe, sie reichen von großen Fabriken bis zu Einmann-Betrieben. Während wir früher dachten, wir könnten jedem Kunden die gleichen Lösungen anbieten, hat uns die Erfahrung gelehrt, dass ein großes Werk ganz andere Lösungen benötigt als ein Kleinbetrieb. So können wir fünf Segmente benennen, in die unser Markt zerfällt: Banken, Großunternehmen, mittelständische Unternehmen, Einzelhandel, Privathaushalte."

„Fein, deine Erklärung klingt plausibel." Hartmut denkt nach. „Danach müssen also unsere Angebote den jeweiligen Segmenten angepasst werden. Für alle gilt es, die beste Lösung für die speziellen Bedürfnisse der Kunden zu finden. Dabei stehen die großen Standorte im Vordergrund, für die speziell zugeschnit-

2 Die folgende Darstellung beruht auf der schriftlichen Fassung der Toolbox, Archiv der Securitas Holding, Archiv-Nr. LH-001-02823-V14F3.

tene Lösungen erforderlich sind; weiter unten rangieren die kleineren Standorte, für die es standardisierte Lösungen gibt. Einzelhändler kaufen generell die gleichen Produkte von uns, ob es sich nun um große oder kleine Betriebe handelt; das gilt zum Beispiel auch für Banken. Der Unterschied besteht allerdings darin, dass Banken höhere Sicherheitsanforderungen haben. Privathäuser sind alle klein und haben eine Vorder- und Hintertür. Und noch ein Faktor ist zu beachten: Wenn ein Sicherheitsmitarbeiter teuer ist, werden die Kunden sich überlegen, auf mobile Services zurückzugreifen oder elektronische Geräte einzusetzen."

„Genau. Und das alles ist für uns der Ansatzpunkt zur Weiterentwicklung der Sicherheitsdienstleistungen, aber immer in Zusammenarbeit mit dem Kunden. Auf Grundlage dieser Voraussetzungen können wir die Konzepte, Produkte und Serviceleistungen für Kunden aus jedem Kundensegment bis ins kleinste Detail entwerfen und verfeinern. Mit dieser Wertekette erreichen wir für jeden Kunden eine Wertoptimierung", schließt Erich diesen Punkt ab.

„Was mich vor allem fasziniert hat, ist das Abwägen der Risiken", fährt er nach kurzer Pause fort. „Der Grundgedanke: Ausgewogenheit zwischen Vertragsrisiko und Gewinn. Unser Job ist es, ungewollte Vorfälle zu verhindern."

„Das ist einleuchtend", bestätigt Hartmut. „Die Entscheidung über Kundenaufträge und die mit ihnen verbundenen Risiken muss dann aber auf einer fundierten Untersuchung basieren. Wenn ich also als Bereichsleiter einen neuen Kunden gewinne, muss ich gleichzeitig das geschäftliche Risiko abschätzen."

„Genau, der Bereichsleiter und die Geschäftsführung haben zur besseren Beurteilung der Risiken das sogenannte Risk Management in eigener betrieblicher Verantwortung. Da die Welt, in der wir arbeiten, sich ständig verändert, muss das Risikomanagement ein fortlaufender Prozess sein – Entscheidungen müssen gegebenenfalls täglich nachgeprüft und überarbeitet werden."

Eifrig setzt Hartmut die Erläuterung fort: „Die zweite Stufe der Risikoprüfung ist die Beurteilung des Kunden. Fälle mit hohem Risiko sowie Aufträge mit hohem Verlustpotenzial müssen klar identifiziert, die Bonität des Kunden muss ermittelt werden."

„Und die dritte Stufe", ergänzt Erich, „legt unsere vertraglichen Verpflichtungen fest. Ziel ist eine angemessene Aufteilung von Verantwortung und Risiken zwischen Securitas und dem Kunden."

„Richtig, und die letzte Stufe beinhaltet die sorgfältige Berechnung der Wirtschaftlichkeit eines Auftrags", schließt Hartmut die Aufzählung ab. „Wenn die Deckung eines Auftrages beurteilt wird, sollten einbezogene Investitionen, außerbilanzielle Belastungen und Zahlungsbedingungen enthalten sein. Alle fünf Punkte zusammen ergeben eine adäquate Risikoeinschätzung."

Die Müdigkeit von Erich ist verflogen. „Nachdem wir nun auch wissen, wie wir die Risiken unseres Geschäfts beurteilen müssen, müssen wir noch Maßstäbe aufstellen, um unsere Leistungen messbar zu machen."

„Und dafür brauchen wir die ‚Sechs Finger'? Wofür stehen sie? Das habe ich nicht ganz mitgekriegt", fragt Hartmut.

„Das musst du dir wie eine Checkliste vorstellen. Fünf Finger stehen für die klassische Erfolgskontrolle: Aufträge, Umsatzportfolio, Rechnungsstellung, Deckungsbeitrag, Verwaltungskosten. In dem Maße, in dem die Securitas gewachsen ist, hat sich aber auch das Zahlungsverhalten der Kunden verändert. An einigen Orten lassen sie sich drei bis vier Monate Zeit, ehe sie ihre Rechnungen zahlen. Deshalb wurde nun ein sechster Finger hinzugefügt – die Außenstände. Wir nennen ihn auch den goldenen Finger, mit dem wir das Geld hereinholen. Wenn wir diese Sechs-Finger-Regel beherzigen, können wir selbst für die kleinste Einheit bei Securitas die Ergebnisse genau feststellen."

„Ja, ich verstehe. Aber zu führen bedeutet, Menschen anzuleiten, die für diese Zahlen und deren Verbesserung verantwortlich sind. Wir messen also die Leistungen im Verantwortungsbereich unserer Beschäftigten, um zu überprüfen, ob wir unser Team richtig organisiert haben – und dies mit Hilfe der ‚Sechs Finger'. Habe ich doch gut zusammengefasst, oder?"

„Hartmut, das sind zehn Punkte für dich." Beide Männer lachen und heben ihre Gläser. Nach einem Schluck Bier kommt Hartmut gleich zum nächsten Thema.

„Was dann noch fehlt, ist die Organisation unseres Sicherheitsgeschäfts unter diesen Voraussetzungen."

„Das Zauberwort heißt flache Organisation", erklärt Erich. „Benötigen wir eine Befehlskette, in der der Befehl in der Hierarchie von oben nach unten weitergegeben wird? Der gesunde Menschenverstand sagt uns, dass vertikale Modelle für uns kein geeignetes Konzept darstellen. Wir sind eben kein Militär! Securitas ist ein horizontaler Konzern, der sich nur mit Unternehmen gleicher Geschäftstätigkeit und auf gleicher Ebene zusammengeschlossen hat. Vom Aufbau her existiert eine Muttergesellschaft, die Securitas AB Stockholm, die sich an den anderen Unternehmen beteiligt. Diese Gesellschaften werden als Töchter bezeichnet. In der Securitas Deutschland wird die spezielle Form der Muttergesellschaft in einer Holding zusammengefasst. Diese wiederum fungiert als eine Finanz- und Dachgesellschaft ohne Kundenbeziehungen.

Wir verfolgen also ein horizontales Modell. Die meisten unserer Beschäftigten befinden sich weit zerstreut in den Niederlassungen, wo sie engen Kontakt zu den Kunden haben. Sie sind daher befugt, eigene Entscheidungen zu treffen und nicht bloß auf Anweisungen zu handeln. Natürlich benötigt jede Organisation mehr als eine Ebene – aber je weniger insgesamt, desto besser. Bei der

Securitas sind es, je nach Größe des Landes, nur drei bis vier Ebenen zwischen dem Sicherheitspersonal und den Vorstandsvorsitzenden, während im alten Führungssystem in manchen Fällen Organisationsformen mit zehn oder mehr Ebenen existierten. Eine flache Organisation mit klaren Verantwortlichkeiten, die an den Bedürfnissen ausgerichtet ist und die nicht um ihrer selbst wegen existiert, ermöglicht es, die gesamten Kräfte nach außen zu orientieren."

Hartmut nickt zustimmend.

„Das nächste Thema lautet: Entwicklung des Gewerbes, man könnte auch Lobbyarbeit sagen", fährt Erich fort. „Es ist Realität, dass ein Großteil unserer Aktivitäten von äußeren Einflüssen gefördert oder beeinträchtigt wird. Regierungen erlassen Gesetze für Sicherheitsunternehmen, die Ordnungsbehörden stellen Regeln auf, die Industrie oder die Gesetzgebung legen Standards für Ausbildung und Sicherheitsfragen fest, Kundenorganisationen entwickeln ihre eigenen Ansichten und Erwartungen, Beschäftigte und Gewerkschaften haben wiederum eigene Ansprüche. Um unser Geschäft auszubauen, ist es daher von entscheidender Bedeutung, die äußeren Faktoren zu beeinflussen, also in enger Beziehung mit diesem Umfeld zu stehen. Dann können wir zum Beispiel mithelfen, Ausbildungsgänge zu schaffen, Industriestandards zu setzen und ein Arbeitsumfeld zu schaffen, in dem wir wachsen können."

„Wow, ganz schön geschwollen, Erich." Hartmut denkt kurz nach, dann fasst er seine Gedanken zusammen: „Ich glaube der wichtigste Faktor für den Aufbau guter Dienstleistungen in einem Sicherheitsbetrieb sind gute Beschäftigte, die sich mit dem Unternehmen entwickeln. In vielen Ländern werden die von uns angebotenen Leistungen jedoch immer noch als geringwertig angesehen, nicht zuletzt in Deutschland. Das werden wir ändern. Um guten Service zu bieten, braucht man auch gute und qualifizierte Beschäftigte. Will man gute Leute einstellen, muss jedoch auch der Lohn stimmen. Dieser Aspekt zeigt deutlich, dass wir als Unternehmen Einfluss auf unser Umfeld nehmen müssen, weil wir Löhne nicht allein und unabhängig von anderen Unternehmen festlegen können."

„Das nenne ich, den Nagel auf den Kopf getroffen. Sagen wir es doch klar und deutlich: Wir brauchen einen gesetzlichen Mindestlohn, um die schwarzen Schafe aus unserer Branche verschwinden zu lassen. Und darauf müssen wir unsere Aktivitäten fokussieren. Mit einem ordentlichen Mindestlohn könnte ein positiver Kreislauf entstehen: Wenn wir gute Löhne zahlen, können wir auch gut ausgebildete Mitarbeiter einstellen und einen guten Service liefern. Dadurch steigt wiederum das allgemeine Ansehen unseres Gewerbes, sodass wir es weiterentwickeln können, um noch bessere Leute anzuziehen. Indem wir dies für die Branche anstoßen, können wir letztlich auch unseren eigenen Betrieb weiterentwickeln."

„So ist es. Und was war der letzte Punkt? Ach ja, Schritt für Schritt das Gelernte umsetzen." Hartmut will wirklich den ganzen Stoff des Tages noch einmal aufarbeiten, und Erich zieht mit.

„Also der Trick dabei ist, Schritt für Schritt vorzugehen. Auch wenn es in der Realität nicht immer so leicht ist wie in der Vorstellung, müssen wir versuchen, den besprochenen Prozess immer vor Augen zu haben und unsere Hauptaufmerksamkeit von einem Schritt zum nächsten zu lenken. Ganz wichtig dabei: das Verstehen aller Details deines Geschäftsbereiches. Haben wir das erreicht, wird die Rentabilität steigen, was immer geschieht, wenn wir es schaffen, Menschen dazu zu bringen, dass sie verstehen, was sie tun, weil sie es dann nämlich immer besser tun."

„So allmählich begreife ich, was ich als Bereichsleiter tun muss, um besser zu werden", sagt Hartmut nachdenklich. „Das richtige Wissen und die richtige Einstellung sind die Kernpunkte. Denn wenn ich die Details kenne, der Service gut ist, stehe ich auf einer Stufe mit dem Kunden und kann als Gleichgestellter mit ihm über das Geschäft diskutieren. Mit besserem Wissen erhöht sich der Wert der gelieferten Dienstleistung. Ich führe jetzt mein Geschäft mit Selbstvertrauen und umfassenden Kenntnissen, was mir dabei hilft, in weitere Marktsegmente einzudringen und die Produkte und Dienstleistungen auf den Weg zu bringen, die ich für die Zukunft entwickeln möchte."

„Wenn du das so umsetzt, wie du es gerade gesagt hast, wirst du ein erfolgreicher Bereichsleiter", sagt Erich und schlägt Hartmut aufmunternd auf die Schultern. Dann fährt er fort: „An diesem Punkt wirst du auch feststellen, dass du durch deine Fähigkeit, Produkte und Dienstleistungen zu verfeinern und zu spezialisieren, die ‚Lizenz zur Akquisition' erworben hast. Hartmut, das ist der Lebenskreislauf von Unternehmen: Strukturen einrichten, verstehen, was man tut, verfeinern, entwickeln, und wachsen, um dann wieder von vorne zu beginnen. So entsteht Wertschöpfung und kontinuierliches Wachstum.

„Glaubst du, ich kann das?", fragt Hartmut, noch immer etwas unsicher.

„Na klar! Jeder von uns ist etwas Besonderes. Du, ich und all die anderen sind einmalige Typen und Charaktere. Wir müssen das nur aus uns herauskitzeln. Gehe mit gutem Beispiel voran; aber nicht indem du ein Handbuch schreibst, sondern indem du deinen Beschäftigten die Unternehmenswerte vorlebst und mit ihnen zusammen ein Klima des Verständnisses schaffst. Zeige dies deinen Beschäftigten in der täglichen Arbeit, und sie werden es lernen."

„Das war jetzt aber das Wort zum Sonntag!", kommentiert Hartmut lachend.

Erich muss auch grinsen. „Das kann schon sein. Aber andererseits bist du eben der lebende Beweis für die Richtigkeit unserer Strategie."

Nach diesem Schlusswort lassen beide Männer die Rekapitulation des Stoffes erst mal sacken und trinken still ihr Bier.

Der Bundesverband Deutscher Wach- und Sicherheitsunternehmen e. V. (BDWS)

Nach einer Weile setzt Hartmut das Gespräch fort: „Ich habe mir gerade alles noch einmal durch den Kopf gehen lassen und dabei ist mir etwas eingefallen. Es gibt doch einen Berufsverband unserer Branche. Wie hat der sich eigentlich entwickelt? Der könnte doch helfen, die ‚äußeren Faktoren zu beeinflussen', wie du es vorhin genannt hast."

„Noch ein Vortrag?", fragt Erich.

„Ja, aber bitte kurz."

„Also gut. Du hast recht, das hat er auch getan. Nach dem Zweiten Weltkrieg wurde die private Sicherheitsbranche ja neu belebt, und dementsprechend gründete sich am 27. September 1948 der Zentralverband des Deutschen Bewachungsgewerbes e. V. Vielleicht erinnerst du dich, dass wir über die Anfänge dieses Bundesverbandes nach dem Zweiten Weltkrieg schon einmal gesprochen haben."

„Jetzt, wo du es sagst." Hartmut erinnert sich wieder. „Und der allererste Berufsverband wurde bereits 1904 gegründet und nannte sich damals ‚Kölner Verband'. War's nicht so?"

„Genau. Nach der Wiedergründung 1948 lag also die Hauptaufgabe darin, einheitliche Dienstanweisungen für den Wachmann des Bewachungsgewerbes zu erstellen, was 1950 erfolgte. Der größte Erfolg war jedoch die Konkretisierung des § 34a GWO (Gewerbeordnung) im Jahr 1963 durch den Beschluss der Bundesregierung. 36 Jahre nach der Aufnahme unserer Branche in diesen Paragrafen wurde dessen Novellierung beschlossen und dem Bewachungsgewerbe mit der neuen Bewachungsverordnung eine bessere gesetzliche Ausrichtung an die Hand gegeben.[3] Sie enthielt Einzelheiten im Hinblick auf die abzuschließende Haftpflichtversicherung sowie die Pflicht, den Wachdienst durch Dienstanweisungen zu regeln, ferner Regeln für den Umgang mit Schusswaffen.

Zehn Jahre später, zum 25. Jubiläum des Zentralverbandes, wurde dieser auf der Jahresversammlung 1973 in Wiesbaden in Bundesverband Deutscher Wach- und Sicherheitsunternehmen e. V. (BDWS) umbenannt.

Wichtiger war jedoch Mitte der achtziger Jahre die beginnende Diskussion über die Einführung der Sachkundeprüfung. In dieser Zeit wurde auch eine neue Stufe der Qualifikation, nämlich die ‚Geprüfte Werkschutzfachkraft' eingeführt.

3 Vgl. Meik Lange: 100 Jahre BDWS, S.12, vgl. Anm. 2, S. 61; vgl. zur Aufnahme des Wach- und Sicherheitsgewerbes in den § 38 der Gewerbeordnung im Jahr 1927: Erich Kupferschmidt, Thomas Menzel: Geschichten, S 196.

Abb. 7.2: Logo des europäischen Dachverbands der Sicherheitsunternehmen (CoESS).

Und kurz vor dem Fall der Mauer gründete der BDWS mit anderen ausländischen Sicherheitsverbänden in Rom die Confederation of European Security Services (CoESS). Du siehst also, Hartmut, dass der Verband als unser Interessenvertreter durchaus positiv in die Gesellschaft gewirkt hat, indem er versuchte, für unseren Beruf feste Regeln und Ausbildungsstandards durchzusetzen."

„Und danach?", fragt Hartmut.

„Die Zeit nach der Wiedervereinigung war auch in dieser Hinsicht turbulent. Ost und West prallten aufeinander. Die etablierten Gesellschaften kämpften gegen die Neueinsteiger. Dabei ging der Markt kaputt. Die neuen Ostfirmen und die Ostniederlassungen der Etablierten regelten ihren Markteinstieg über den Angebotspreis. Also billig. Während der Verband nur mit der ÖTV arbeitete, versuchten viele, mit Splittergewerkschaften Tarifgespräche zu führen. Positiv auf das Gewerbe wirkte sich aus, dass durch die Wiedervereinigung viele Sicherheitsspezialisten auf den Markt drängten. So war die Offensive des Verbandes folgerichtig, sich für eine erneute Modifikation des schon erwähnten Paragrafen 34a GWO einzusetzen, um noch höhere Ausbildungsstandards zu erreichen. Dabei spielte auch die fortschreitende Technisierung unseres Berufs eine wichtige Rolle. Ich hoffe sehr, dass dies gelingt."

Hartmut nickt zustimmend, als Erich seine Ausführungen beendet hat. Wieder tritt eine kleine Pause ein.

Abb. 7.3: Dienstanweisungen für Geld- und Werttransporteure (1979), für den Wachmann des Bewachungsgewerbes (1980) und für seine Mitarbeiter und Mitarbeiterinnen im Wach- und Sicherheitsgewerbe (2001).

Abb. 7.4: Auszug aus der Dienstanweisung für den Wachmann des Bewachungsgewerbes von 1980.

I. Der Wachmann

1. Allgemeines

Der Wachmann hat im Auftrag seines Wach- und Sicherheitsunternehmens die Aufgabe, deren Auftraggeber im Rahmen der jeweiligen Bewachungsverträge gegen Schaden zu schützen. Seine Tätigkeit dient sowohl der vorbeugenden Schadensverhütung als auch der Mithilfe bei der Beseitigung eingetretener Schäden und Gefahren.

Sein Beruf erfordert Wachsamkeit, Aufmerksamkeit, Einsatzbereitschaft und tatkräftiges Handeln.

Der Wachmann verfügt nicht über die Befugnisse eines Polizeibeamten, eines Hilfspolizisten oder eines sonstigen Bediensteten einer Behörde. Er besitzt aber die gleichen Rechte wie der Auftraggeber als Eigentümer einer Sache oder etwa als Inhaber des Hausrechts und darf unrechtmäßige Angriffe — unter Umständen sogar mit Gewalt — abwehren.

2. Voraussetzungen für die Wachtätigkeit

a) Allgemeine Lebensführung

In die Reihen der Berufswachmänner gehören nur gut beleumundete und unbescholtene Personen, die auch gesundheitlich für diesen Dienst geeignet sind.

Voraussetzung für den Wachberuf ist die Vollendung des 18. Lebensjahres.

Der Wachmann muß vertrauenswürdig und zuverlässig sein. Seine private Lebensführung muß dieser Ver-

Securitas Deutschland – zwei Freunde erinnern sich

Das Jahrzehnt des Umbruchs

Plötzlich sagt Hartmut in die entstandene Stille hinein: „Weißt du Erich, es hat mir vorhin sehr gefallen, als du gesagt hast, ich sei der lebende Beweis für die Richtigkeit der Strategie. Denn das ist schon irgendwie wahr. Es sind jetzt elf Jahre, seit wir uns kennengelernt haben. Als du mich damals auf die Mauerkrone gezogen hast, hatte ich richtig Angst vor der neuen Zeit. Zu viel Unbekanntes stürzte auf mich ein. Ich glaube, das ging damals vielen so wie mir. Und heute ist vieles so logisch und einfach, in der Betrachtung des Jobs, in der Gemeinsamkeit im Unternehmen. Mensch, wir diskutieren hier über Managementstrategien, und damals wusste ich nicht, was werden sollte. Da habe ich nicht im Traum daran gedacht, einmal so weit zu kommen. Ich will nicht sentimental werden, aber ich bin auch etwas stolz darauf, wie ich mich entwickeln konnte. Vom Sicherheitsmitarbeiter zum Kontrollinspektor, und jetzt nach zehn Jahren im Unternehmen werde ich zum Bereichsleiter berufen."

„Da kannst du auch stolz sein. Damals auf der Mauer hätte ich auch nie gedacht, dass wir einmal Kollegen im selben Unternehmen sein würden", sinniert Erich. „Hartmut, erinnerst du dich noch an den 9. November?"

„Klar! Die Nacht werde ich nie vergessen, der Personaler aus der Deutschen Wachgesellschaft und der Offizier der Volkspolizei. Und ich weiß auch noch, wie du mir bei unserem Treffen ein paar Wochen später im Kranzler ausführlich von deiner Wachgesellschaft erzählt hast, um mich für sie zu begeistern."

„Das hast du also gemerkt", schmunzelt Erich, „und bist trotzdem zur Konkurrenz gegangen."

„Ja. Und ich habe es nie bereut. Aber du hattest recht damals, wenn auch nur eingeschränkt ..."

„Womit?"

„Dass Sicherheitsmitarbeiter in der privaten Sicherheitsbranche fast das Gleiche ist wie der Betriebsschutz der Volkspolizei. Nur musste man sich erst einmal an die Marktwirtschaft mit den niedrigen Löhnen in der Anfangszeit und an die andere Gesetzeslage gewöhnen. Die Struktur der Unternehmen ist auch ganz anders. Da zählt nur der Gewinn. Bevor ich damals meinen Dienst antreten durfte, musste ich, wie jetzt auch, die Schulbank drücken, denn jeder neu eingestellte Sicherheitsmitarbeiter musste einen Einführungslehrgang besuchen. Dort wurde ihm das Rüstzeug entsprechend der gesetzlichen Bestimmungen vermittelt. Habe ich dir eigentlich irgendwann mal erzählt, dass in diesem Einführungsseminar neben mir ein General der NVA und ein Diplomat, nämlich der letzte Botschafter der DDR in Frankreich, saßen?"

„Nee, das ist mir neu", sagt Erich erstaunt.

„War aber so. Und sie waren nicht die einzigen Akademiker. 50, wenn nicht gar 60 Prozent aller Kollegen von mir damals hatten studiert. Stell dir vor, du schiebst eine Schicht mit dem letzten Chefredakteur der *Armeerundschau*, das war eines der bedeutenden Magazine in der DDR. Da wird die Zeit nicht lang. Allein das Ende der DDR war ein Thema, mit dem man ganze Stunden füllen konnte."

„Wer hat die denn alle eingestellt?", fragt Erich.

„Na, Ingrid Peters natürlich, die damalige Personalleiterin. Die strahlte eine Ruhe und Souveränität aus, das war schon begeisternd. Ich hatte wegen meiner Polizeilaufbahn bei meinen anderen Bewerbungen immer doofe Sprüche gehört, aber bei ihr traf ich sofort auf Verständnis. Und das Gespräch mit dem Einsatzleiter Frank Salewsky bestätigte mir dann, dass bei der DSW Security Berlin meine Vergangenheit bei der Volkspolizei keine Rolle spielte. Salewsky wollte viel über den Betriebsschutz wissen, was wir für Aufgaben hatten, wo wir überall tätig waren usw. Er war eben ein Fachmann. Ich hatte sofort das Gefühl, dass bei diesem Unternehmen fachliche Qualifikation im Vordergrund stand, was ja durch den Einführungskurs auch bestätigt wurde. Das gab für mich den Ausschlag. Darüber hinaus strahlte Herr Salewsky auch viel menschliche Wärme aus. Er muss mit dem Gespräch sehr zufrieden gewesen sein, denn er stellte mich mit sofortiger Wirkung ein, und ich sollte bereits einen Tag später als Sicherheitsmitarbeiter aufziehen. Da schlug ich sofort ein. Die Einsatzleitung organisierte dann alles Weitere. Ich erhielt den Arbeitsvertrag, wurde eingekleidet, und einer aus der Einsatzleitung, Bernd Woythe, gab mir den Dienstplan. Er erläuterte mir das Objekt und teilte mir mit, dass am Objekt eine Einweisungsschicht erfolgt. So, nun war ich Sicherheitsmitarbeiter der DSW Security Berlin. Bis jetzt habe ich diesen Schritt nicht bereut. Es macht mir noch immer Spaß, zum Dienst zu gehen."

Erich scheint etwas verlegen zu sein, schließlich fragt er doch. „Wir haben ja nie über Geld gesprochen. Aber weil du die niedrigen Löhne schon erwähnt hast. Wie viel hast du denn bekommen?"

Hartmut lacht. „Na, ich würde sagen, das Existenzminimum. Ich erhielt den Stundenlohn Ost von 6,00 DM, und wenn ich im Westen eingesetzt wurde, bekam ich 9,00 DM brutto."

„Mann, offen gesagt, war das eine Sauerei. Bei uns lag der Stundenlohn etwas darüber, weil wir einen anderen Tariflohn hatten, und bei einigen Objekten ging die Entlohnung im Westen rauf bis auf 18,00 DM für Sicherheitsmitarbeiter ohne besondere Ausbildung." Erich ist noch im Nachhinein entrüstet.

„Glücklich war ich damit auch nicht", bekräftigt Hartmut. „Aber ich habe mir gedacht, da musst du jetzt durch. So habe ich halt einige Wochen auf dieser Basis meine Arbeit versehen. Lieber so einfach anfangen und auf seine Chance warten, als zu Hause sitzen und sich vom Sozialamt aushalten lassen."

„Da hast du natürlich recht", meint Erich. „Was war denn nun dein erstes Objekt?"

„Das war bei der Energieversorgung Ost, Objekt-Nr. 254 in der Teerstraße. Man organisierte mir einen winzigen Tisch und einen Stuhl. Beides wurde auf einen Treppenabsatz gestellt und mein ‚Dienstraum' war fertig. Einfach und praktisch. Das war mein Willkommen in der Marktwirtschaft. Mit unserem Betriebsschutz konnte man das nicht vergleichen."

„Euer ganzes Unternehmen entstand ja gewissermaßen über Nacht und fing mit nichts an", wirft Erich ein.

„Es war schon erstaunlich, wie schnell wir uns als Neueinsteiger am Markt etabliert haben. Ein Jahr nach der Gründung waren wir schon mehr als 100 Mitarbeiterinnen und Mitarbeiter. Wir in Berlin und Potsdam waren immer die erfolgreichsten Töchter der DSW. Allein die Potsdamer DSW war Anfang der neunziger Jahre einer der größten Arbeitgeber in der Region."

„Stimmt. Ehrlich gesagt, haben wir euch etwas unterschätzt. Wir dachten, die haben keinen Schimmer, die werden immer auf der Stelle treten, und sie kennen den Markt nicht. Und dann haben wir prompt Objekte an euch verloren, teilweise gute Objekte, die wir schon Jahrzehnte betreuten. Es war auch eine Lernphase bei uns Wessis."

„Es war für alle eine Lernphase. Als die Wende kam, wurde alles neu organisiert. Nicht nur die Menschen mussten sich umorientieren, auch in der Wirtschaft war dieser Prozess, der Beginn des Zusammenwachsens, ein bestimmender Faktor."

Erich zögert ein wenig, doch dann traut er sich. „Bei uns in der Firma hat man ja die Entwicklung der neuen Ostfirmen damals sehr skeptisch betrachtet. Viele sollten ja die Stasileute und andere SED-Bonzen aufgenommen haben. Wie ist denn das bei euch gewesen?", fragt er.

Hartmut lacht lauthals auf. „Erich, schau doch bloß einmal in die Akten deiner Mitarbeiterinnen und Mitarbeiter, die aus Ostberlin oder dem Umland kommen und damals angefangen haben. Da waren bestimmt viele aus der Staatssicherheit darunter. Und erinnere dich doch mal an die Situation in der BRD nach dem Zweiten Weltkrieg. Wie viele NS-Funktionäre und Parteigänger haben damals weitergemacht, als sei nichts gewesen."

„Da ist was dran", muss Erich zugeben. „Vielleicht sollten wir die Aufarbeitung der Vergangenheit den Historikern überlassen. Jetzt überwiegen ja doch die Gemeinsamkeiten."

„Bei dem Wort Gemeinsamkeit muss ich an Clemens Petruschke denken. Für Menschen wie ihn gab es von Anfang an nur Gemeinsamkeiten. Die Verbindung der einzelnen konkurrierenden Bewachungsfirmen war in Gewerkschaftskreisen nie ein Thema. Dort wurde für die Branche gestritten und gekämpft." Hartmut nimmt einen Schluck Bier. „Wie viele Stunden haben wir mit ihm gestritten. Es war nicht immer einfach mit ihm. Er wollte immer das Beste für die Arbeitnehmer rausholen, und dafür musste er die Prügel von der Geschäftsführung einstecken. Er war ein Streiter, ein echter Arbeitervertreter, er war mit einem Wort ein Charakter."

*Abb. 8.1: Clemens Petruschke, Betriebsrat und später Mitglied im Aufsichtsrat von Securitas (2000 bis 2010).
* 5. Februar 1965 in Berlin ,
† 17. September 2010 in Berlin.*

„Ihr hattet doch noch mehr starke Persönlichkeiten, zum Beispiel eure Chefin."

„Oh ja. Marita Carl war eine sehr starke Persönlichkeit. Sie hat das Unternehmen gegründet. Vorher war sie im außenpolitischen Dienst der DDR und dort stellvertretende Abteilungsleiterin in der Presseabteilung des Ministeriums für Auswärtige Angelegenheiten. Als studierte Journalistin und Perfektionistin im Formulieren ließ sie der Männerwelt in unserer Branche keine Chance. Und wenn jemand eine Gehaltserhöhung haben wollte oder einen anderen Vorschlag unterbreitete, prüfte sie das. Sollte er ihr nicht passen, dann kam ein klares Nein, und die Sache war gegessen. Gute inhaltliche Vorschläge aber wurden sofort umgesetzt. Wenn sie einmal ihr Wort gegeben hatte, galt das. Sie war nicht nur die Seele im Unternehmen, sie hat auch den Mitbewerbern ganz schön eingeheizt. Du hast ja selbst erzählt, dass ihr Aufträge an uns verloren habt. Da steckte sie dahinter. Der olle Voigt, der Geschäftsführer von Raab Karcher in Berlin, hat sie zur ‚Roten Marita' gemacht. In Wirklichkeit war sie clever und ausgefuchst."

„Also, insgesamt gesehen hattest du doch Glück bei dem Start in die neue Zeit", resümiert Erich. „Du bist dann ja auch bald aufgestiegen."

„Ja, 1995 bin ich Kontrollinspektor geworden. Bei euch hießen die Sicherheitsinspekteure, war's nicht so?"

„Ja, bei uns nannten wir sie Sicherheitsinspekteure. Ich glaube, die Funktion ist die gleiche. Sie sind das Verbindungsglied zwischen der Zentrale und den Mitarbeitern vor Ort, das sprichwörtliche Mädchen für alles."

„Die Arbeit war schon interessant, man erlebte viel und lernte viele neue Kollegen kennen."

„Es ist eben keine Schreibtischarbeit", meint Erich. „Manchmal beneide ich die Kollegen, die einen solchen Job ausüben. Ich beschäftige mich nur mit den Akten und führe Gespräche über Neueinstellungen oder mit Kolleginnen und Kollegen, die zum Personalgespräch eingeladen wurden."

„Ist das nicht auch interessant?"

„Eigentlich schon. Aber es gibt auch nicht so schöne Situationen, etwa nach Körperverletzungen, Unfällen im Dienst oder unbegründeten Anzeigen gegen unsere Kollegen. Am schlimmsten wird es, wenn eine Kollegin oder ein Kollege Sonderurlaub beantragen, weil in der Familie ein Todesfall aufgetreten ist. Das geht einem schon an die Nieren, wenn es den Ehepartner oder gar ein Kind betrifft. Und es gibt auch Situationen, in denen man ganz schön wütend werden kann, wenn von Kunden Reklamationen kommen, aber wenn weder die Geschädigten noch unsere Leute mitziehen, um das Thema aus der Welt zu schaffen."

„Das hört sich nicht gut an. Kommt es zu juristischen Auseinandersetzungen?"

„Nicht immer, aber wenn arbeitsrechtliche oder gerichtliche Maßnahmen eingeleitet werden, stehen wir vor Gericht oftmals als Doofe da. Zum Beispiel bei Unfällen sehen wir nicht immer gut aus, da uns vorgeworfen wird, dass wir der Fürsorgeverpflichtung nicht nachgekommen sind. Unfallverhütung ist eine gesetzliche Pflicht, und wenn dann eine Unterschrift fehlt, ist das ein Fehlverhalten, was vor Gericht zählt. Doch häufig will sich keiner der verantwortlichen Führungskräfte dazu bekennen, aber sie sind dafür verantwortlich, dass die vorgeschriebenen Belehrungen stattfinden."

„Gab es da viele Fälle?", will Hartmut wissen.

„Gott sei Dank nicht. Wir hatten mehr als 1.000 Mitarbeiterinnen und Mitarbeiter, und es waren nur Einzelfälle."

„Bei uns wurde die Belehrung durch die Kontrollinspekteure (KI) überwacht. Sie sorgten dafür, dass die Kolleginnen und Kollegen die Papiere lasen und unterschrieben."

„Ja, das war bei uns ähnlich. Aber wenn jemand krank oder längere Zeit abwesend war, dann rutschte er bei der Routinekontrolle durch. Kam dann ein Wegeunfall oder so was dazwischen, fehlte eben die Unterschrift."

„Stimmt, da kann man nichts machen."

Es entsteht eine Pause, in der beide Männer ihren Gedanken nachhängen.

Dann hebt Erich wieder an: „Hartmut, erinnerst du dich noch an die Zeit der Übernahmen?"

„Ja, eine aufregende Zeit!"

„Es ist ja noch nicht so lange her. Aber im Rückblick kann man schon sagen, dass die Globalisierung 1996 endgültig auch bei uns ankam. Raab Karcher Sicherheit war zwar der Marktführer, aber vom Management her waren wir es eben nicht. Wir wurden nur von den Umsatzzahlen aus betrachtet. Was wirklich war, blieb hinter verschlossenen Türen. Uns fehlte einfach die Tradition. Alle glaubten doch noch Anfang 1996, wir schlucken die DSW-Security Düsseldorf, aber Pustekuchen. Als die dann von der Securitas übernommen wurde und als wir begriffen, die kaufen alles, was sich auf dem Markt anbietet, war uns klar, wir sind die nächsten. Als bekannt wurde, dass unser Geld-Wertgeschäft verkauft ist, blieben nicht viele Alternativen. Es hat dann ja auch nur noch zwei Jahre gedauert."

„Ist ja komisch. Auch bei uns wurde spekuliert, wie es weitergeht. Der drohende Verkauf an euch wurde viel diskutiert. Davor hatten wir richtigen Bammel."

Geschichten, die das Leben schrieb

Erich muss lachen. „Als wir dann 1998 an euch verkauft wurden, hatte ich ein Erlebnis der ganz besonderen Art."

„Erzähl!"

„Also, eines Tages hatte ich den Auftrag, einen Sicherheitsinspektor (SI) zu instruieren, unseren obersten Boss, Andreas Graf von Arnim, vom Flughafen in Tegel abzuholen. Dazu wurde extra ein großer BMW bereitgestellt. Dieser Fahrzeugtyp gehörte sonst nicht zu unserem Fuhrpark, aber wir mussten doch repräsentieren. Ich entschloss mich, den SI Rüdiger Bennewitz für diese Aufgabe abzustellen. Es ergingen also genaue Anweisungen an ihn, das heißt, es wurde eine konkrete Dienstanweisung für diese einmalige Fahrt erstellt. Eine etwas aufwendige Prozedur, meinst du nicht auch?"

„Na, jetzt wird es wirklich spannend."

„Die Dienstanweisung war nur das eine. Die Instruktion ging aber noch weiter. Bennewitz sollte sich ein Schild anfertigen, worauf der Name von Arnim stand. Er durfte keine Fragen stellen über das Warum und Wieso dieser Fahrt, er sollte den Gast nur zum Zielpunkt fahren. Und da von Arnim sehr offen und mitteilungsfreudig war, gab es eine Liste von Themen, die nicht erwähnt werden durften. So weit, so gut. Rüdiger Bennewitz übernahm also den Wagen, fuhr sich ein und begab sich dann zur angegebenen Zeit nach Tegel. Nach seiner Rückkehr berichtete er über diese Fahrt."

„Jetzt bin ich aber neugierig!"

„Ich muss gestehen, dass ich schon viel in unserer Branche erlebt habe. Aber so etwas auch noch nicht. Also, der SI hatte sich kein Schild gemalt, er erkannte von Armin auch so, und dieser wusste genau, wer ihn abholt. Name und Besonderheiten waren ihm bewusst. Als sie losgefahren sind, hat er nur die Anweisung gegeben, er solle Richtung Schöneweide fahren. Als man in der Nähe von Schöneweide war, erhielt er die Anweisung, er solle nach Zeuthen zur Villa Hertzog fahren. Du glaubst es nicht, es stellte sich heraus, dass das Ziel die ehemalige Villa von Stasichef Mielke war. Dort residierte jetzt die Firma Dussmann. Als unser Kollege dort eintraf, wurde es geradezu gespenstisch. Überall standen Sicherheitsleute mit Ferngläsern herum und beobachteten die Umgebung akribisch. Nach dem Essen gingen die Herren Dussmann und von Armin am See spazieren, und auch dabei wurden sie von einer Anzahl von Sicherheitsleuten bewacht. Dazu musst du wissen, dass Dussmann ein Mischkonzern war und zu seinem Reich auch eine der größten Sicherheitsfirmen in Berlin gehörte. Es wurde kolportiert, dass er auch Raab Karcher kaufen wolle, in Wahrheit sollte er nur den Preis herauftreiben. Wie auch immer, es sah so aus, als ob hier ein Staatsbesuch stattfände."

„Mann, was für eine Show. Da wollte einer dem anderen was vormachen. Aber wie ging es weiter?"

„Ich musste auch schlucken, als Bennewitz mir das erzählte. Jedenfalls brachte er von Arnim auf der Rückfahrt mit in die Wielandstraße. Auf dieser Fahrt kam es zu einem Dialog. Andreas Graf von Arnim versuchte, unseren Mann

Abb. 8.2: Berliner Mitarbeiter aus den Anfangsjahren (v. l. n. r.): Rüdiger Bennewitz, Horst Schüler, Bodo Trillhaase.

auszufragen. Es wurde nach der Stimmung im Unternehmen gefragt, wie die Arbeitsbedingungen so seien, welche Beschwerden es gäbe usw. Rüdiger Bennewitz beantwortete die Fragen ehrlich und ohne ein Blatt vor den Mund zu nehmen. Und dann traute er sich, seinerseits eine Frage zu stellen, nämlich ob das Gerücht stimme, dass Raab Karcher Sicherheit verkauft werden soll. Von Armin verneinte diese Frage. Er bat Bennewitz, er solle allen Kolleginnen und Kollegen ausrichten, dass die Firma auf gar keinen Fall verkauft werde. Und was soll ich sagen: Zwei Monate später wurde Raab Karcher Sicherheit an die Securitas AB Stockholm veräußert."

„Ja, so geht es oft. Aber immerhin hatte das zur Folge, dass wir nun in einer Firma tätig sind", sagt Hartmut.

Und nach einem Schluck Bier fährt er fort: „Wenn es um Erlebnisse aus dem Alltag geht, kann ich auch einiges beisteuern. Kennst du Geschichten von Ralf Büchner?"

„Geschichten?"

„Ja. Ich glaube, er könnte einen ganzen Roman füllen. Er ist sozusagen das Urgestein bei unseren Kontrollinspektoren gewesen, denn er arbeitete schon seit den ersten Tagen in der DSW Security Berlin. Ralf Büchner, Bernd Düsterhöft, Jens Espenhain und Hans-Martin Vattrodt aus der Truppe der Kontrollinspektoren, die musst du mal erzählen hören!"

„Klingt ja aufregend."

„Ralf Büchner müsstest du eigentlich auch noch kennen. Er ist schon ein Typ. Hast du Probleme, fehlen dir fachliche Informationen, Ralf kann immer helfen.

Im Dienst kann er auch ein Erbsenzähler sein, aber das macht ihn nur noch sympathischer. Also, es war Anfang der Neunziger. Für die Ostberliner war vieles neu, vor allem kannten sie sich in Westberlin nicht aus. So empfing Ralf eines Nachts einen Funkspruch an einen Revierfahrer aus der Einsatzleitung, den der diensthabende Horst Schüler absetzte:

‚Karla 1 an Karla 28, kommen. Wo befinden Sie sich jetzt?'

‚Hier Karla 28 an Karla 1. Ich bin gleich dort.'

‚Ich fragte sie, wo sie sind!'

‚Na, irgendwo in der Nähe der Kameruner Straße.'

‚Karla 1 an Karla 28. Das sagten Sie bereits vor 45 Minuten. Ich schickte sie zur Kameruner Straße im Wedding und nicht nach Kamerun!'"

Erich lacht. „Ja, damals gab es mit der Ortskenntnis oft Probleme."

„Ein anderes Mal", fährt Hartmut fort, „hörte Ralf Büchner einen verzweifelten Ruf seines Kollegen:

‚Karla 28 an Karla 1. Frage: Muss ich alle Kontrollstellen anlaufen?'

‚Karla 1 an Karla 28. Natürlich!'

‚Karla 28 an Karla 1. Auch wenn dort, an der Ecke Seegraben [in Berlin Friedrichshagen, Anm. von E. K]), eine Rotte Wildschweine steht?'

‚Karla 1 an Karla 28. In diesem Fall nicht!'"

Erich lacht wieder: „Na, den Kontrollpunkt haben ja dann die Wildschweine bewacht."

„Pass auf, es kommt noch besser: Es war so um 1991. Die Filiale des Mediamarktes Medimax in Marzahn, Märkische Allee, wurde durch unsere Kollegen rund um die Uhr betreut. Eines Nachts hat sich ein Kollege ausgeschlossen und der Schlüssel steckte von innen. Da war guter Rat teuer. Also musste der KI Ralf Büchner ran und dem ausgeschlossenen Kollegen aus der Patsche helfen. Er fuhr zum Markt und begutachtete das Problem. Schnell hatte er eine Idee. Ralf fuhr zurück in die Zentrale und besorgte sich das notwendige Werkzeug und Schweißdraht. Wieder beim Medimax angekommen, wurde sofort damit begonnen, die Tür zu öffnen. Mit Hammer und großem Schraubenzieher wurde sie etwas aufgedrückt, und mit dem zurechtgebogenen Schweißdraht begann das schwierigste Manöver, nämlich den Schlüssel aus dem Schloss zu ziehen. Als das geschafft war, wollte man den Schlüssel mittels des Drahtes nach draußen befördern. Aber daraus wurde nichts, denn beide Kollegen hatten nicht bemerkt, dass sie schon längst von der Polizei beobachtet wurden. Und gerade dann erfolgte der Zugriff.

‚Hände hoch und ganz langsam hinlegen!' Und dann die freudige Bemerkung der Beamten: ‚Endlich haben wir euch.'

Ralf Büchner hätte im Boden versinken mögen. Etwas verlegen begann er zu berichten, dass er und sein Kollege eigentlich die Sicherheitsleute für den Laden seien, sich aber ausgeschossen hätten, der Schlüssel von innen stecke und dass sie gerade dabei gewesen waren, den Schlüssel aus dem Schloss zu ziehen. Die Polizisten schütteten sich aus vor Lachen, denn das hatten sie noch nie erlebt, dass sich die Sicherheit selbst ausschließt. Auch bei uns in der Zentrale wird die Story heute noch unter großem Gelächter erzählt."

Abb. 8.3: Noch immer für Securitas als Kontrollinspektor im Einsatz: Ralf Büchner.

„Das ist ja auch zum Kringeln", sagt Erich lachend. „Haste noch mehr solcher Geschichten?"

„So viel du hören willst. Aus dem Objekt Studio Berlin ereilte Ralf der Notruf, dass der Generalschlüssel sich verklemmt habe. Das ist eigentlich nichts Ungewöhnliches, aber Ralf Büchner sauste sofort los, um zu helfen. Beim Objekt angekommen, sah er, was geschehen war – und war fassungslos. Der Kollege hatte ein Gartentor schließen wollen, welches 48 Zentimeter hoch war. Der Zylinder befand sich nur wenig oberhalb des Erdbodens. Also kniete sich unser Kollege nieder, um an das Schloss zu gelangen. Da dieses jedoch begreiflicherweise schon sehr lange nicht mehr geschlossen worden war, hatte sich der Schlüssel verklemmt. Mit viel Mühe konnte man das Tor ausbauen, den Zylinder ziehen und somit den wertvollen Generalschlüssel retten. Jeder andere Kollege wäre einfach über dieses Zäunchen gestiegen. Doch unser Mann gab zu seiner Entlastung an, in der Dienstvorschrift stehe geschrieben, dass *alle* Türen und Tore zu schließen seien."

„Das war ein ganz Penibler!", meint Erich.

„Der Kollege Bernd Düsterhöft hat wenige Wochen nach mir bei der DSW Security Berlin angeheuert. Er war auch einer derjenigen, die als Wachmann und KI eingesetzt wurden. Unter den Kollegen hatte er den Spitznamen ‚Menschenfänger', und den hatte er sich redlich verdient. Er war bei der Firma Tiefbau Berlin im Einsatz. Das Objekt Blankenburger Pflasterweg war eines der ersten der Gesellschaft. Es war ein riesiges Freigelände, auf dem einige Baracken standen. Dort lagerten die unterschiedlichsten Materialien für den Tiefbau. Verschiedene Erden, Kies mit allen möglichen Körnungen, Betonteile für die Abwasserkanäle, eben alles für diese Art von Baustellen. Am hinteren Rand war früher mal ein kleiner Weiher. Die Firma hatte begonnen, diesen mit Bauschutt und Erdaushub zuzuschütten. Tagsüber brachten die Kipper das Material und verbrachten es dort. Planiert oder gewalzt wurde das nicht jeden Tag. Störte ja niemanden, es war ja Betriebsgelände. Was natürlich nicht berücksichtigt wurde, war die Tatsache, dass die Einfriedung Lücken aufwies. Ergo kürzten die Bewohner der angrenzenden Siedlung ihren Weg immer wieder quer über das Betriebsgelände ab. Bei Rundgängen wurden dann natürlich auch immer welche erwischt, und der ‚Menschenfänger' schlug wieder zu. Alleine hat er den Zugriff nicht vorgenommen. Es wurde schnell ein Kollege per Funk gerufen. Wenn es den beiden Sicherheitsmitarbeitern gelungen war, einer unerwünschten Person habhaft zu werden, stellte sich meistens heraus, dass es Bewohner der Siedlung waren oder einfach nur Neugierige.

Dem Auftraggeber wurden die ständigen Anrufe allmählich lästig, und er veränderte die Dienstanweisung so, dass die Kontrollgänge in diesem Bereich nicht mehr stattfinden sollten. Das wurde denn auch so gemacht. Konsequenz: Es wurden Unmengen von alten Reifen auf dem Gelände abgeladen. Das wäre noch nicht das Schlimmste gewesen, aber eines Tages standen die Reifenmassen in Flammen, und die Feuerwehr hatte mehrere Tage zu tun, um das Feuer zu löschen. Dabei hätte ein einfacher Zaun genügt, und die Sache mit dem Feuer wäre nicht vorgekommen."

„Womöglich hätte man mit einem guten Zaum euren ganzen Einsatz sparen können", sagt Erich grinsend.

Abb. 8.4: Berliner Mitarbeiter aus den Anfangsjahren (v. l. n. r.): Frank Salewsky, Bernd Düsterhöft, Hans-Martin Vattrodt, Björn Michels und Jens Espenhain.

„Neue Geschichte: Es war so um 1993/94, Bernd Düsterhöft war wieder als KI unterwegs. Im Objekt eines Isoliermittelherstellers wurde der Pfortendienst eingestellt, stattdessen wurde das Objekt von den KIs nachts angefahren und bestreift. Eines Nachts stellte er fest, auf dem Gelände sind mehrere Personen. Verstärkung konnte er nicht bekommen, da die anderen Kollegen bereits bei anderen Ereignissen eingebunden waren. So wurde die Polizei gerufen. Schnell trafen die Beamten am Fabrikgelände ein, und die Personen konnten alle festgenommen werden. Bernd war schon etwas verwundert, warum die Leutchen nicht türmten, als die Polizei auf sie zukam. Bei der anschließenden Befragung stellte sich heraus, dass diese angeblichen Einbrecher polnische Billiglohnarbeiter waren. Leider hatte der Kunde unserer Einsatzzentrale diese Tatsache nicht gemeldet. Bei uns hieß es direkt: Der ‚Menschenfänger' hat wieder zugeschlagen."

Jetzt trank Hartmut erst einmal sein Bier aus. „Erich, es ist noch nicht allzu spät. Sollen wir uns zur Erholung von dem langen Tag noch ein Bier gönnen? Ich habe auch noch ein paar Geschichten auf Lager."

„Gute Idee, das machen wir. Ich muss jetzt sowieso erst einmal abschalten, damit ich den ganzen Stoff des Seminars verdauen kann. Ein paar Anekdoten sind ein wunderbares Mittel dafür."

Nachdem die beiden ihr nächstes Bier erhalten haben, setzt Hartmut seine Erzählung fort.

„Jedes Jahr zu Silvester erhielt unser Unternehmen von einem Feuerwerkshersteller, der ein treuer Kunde war, eine gewisse Anzahl von Raketen, Böller und den ganzen anderen Kram. Jens Espenhain hatte die ehrenvolle Aufgabe, die Sachen in Märkisch Buchholz abzuholen. Du weißt ja, dass wir nur Golf fuhren, und da passte bekanntlich früher nicht allzu viel rein. Also, Jens Espenhain sauste los, und als er in der Fabrik ankam, traute er seinen Augen nicht, denn es war diesmal viel mehr an Feuerwerkskörpern, die in Tüten, Paketen, Bündeln und Kistchen auf die Abholung warteten. Oh mein Gott!, dachte er sich. Wie soll ich das alles ins Auto bekommen? Jens begann, akribisch den Wagen zu beladen. Teil für Teil verschwand im Innenraum des Fahrzeuges. Schließlich war es geschafft! Er hatte alles untergebracht, aber der Wagen war buchstäblich bis unters Dach beladen. Jetzt schnell auf den Heimweg. Aber es kam, was kommen musste. Er wurde durch eine Polizeistreife gestoppt. Die Beamten waren sprachlos. Der Transport von Feuerwerkskörpern unterliegt strengen Vorschriften, und ausgerechnet ein Sicherheitsfachmann wird mit so einer Ladung ertappt. Unser Kollege redete mit Engelszungen. Es half nichts, mit dieser Ladung ließen sie ihn nicht weiter. Was tun? Aber Jens hatte ja sein Funkgerät dabei. Schnell die Einsatzleitung informiert und um Hilfe gebeten. Und diese nahte sehr schnell. Marita Carl, die Chefin persönlich, machte sich auf den Weg, um den Kollegen mit seiner Ladung auszulösen. So war das private Feuerwerk für die Mitarbeiterinnen und Mitarbeiter in der Zentrale gesichert, und alle haben bestimmt geschmunzelt, als sie die Raketen zischen ließen. Doch wer die saftige Strafe bezahlte, wird nie miterzählt."

„Marita Carl war wohl in jeder Hinsicht eine außergewöhnliche Persönlichkeit", vermutet Erich schmunzelnd.

„Ein besonderes Erlebnis hatte auch unser Kollege Hans-Martin Vattrodt in Berlin-Pankow. Er war als KI unterwegs, und die Kollegen hatten eine ehemalige Schweinemastanlage anzufahren, um den Verschlusszustand dort zu kontrollieren. Die Gebäude der Anlage wurden nach der Wende als Lagerstätten für Fernsehelektronik genutzt. Das wussten wahrscheinlich auch viele zwielichtige Gestalten, denn dort wurde ständig eingebrochen. Der vor Ort wohnende Hausmeister hatte auch so seine Eigenheiten. Nicht selten erlaubte er sich Späße mit unseren KIs.

Du musst dir vorstellen: ein Objekt, fern jeder unmittelbaren Bebauung. Keine Laterne, alles ist stockdunkel. Die Kontrollinspekteure hatten die Aufgabe, dreimal in der Nacht einen Kontrollgang durchzuführen. Also auch Hans-Martin. Man kommt dort mit dem Auto an, löscht das Licht - und man steht in absoluter Finsternis, wie im Märchenwald. Dann weist einem der eigene Taschenlampenkegel den Weg. Aber der liebe Hausmeister sprang uns manchmal von der Seite an, und das mit einem lauten furchterregenden Geschrei. Du glaubst gar nicht, wie das in die Glieder fahren konnte. Die Kollegen wussten zwar bald um die üblen Späße des Hausmeisters, aber sie erschraken sich dennoch immer wieder.

Hans-Martin dagegen hatte eine ganz andere Begegnung. Als er eines Nachts dort ankam, bemerkte er drei Jugendliche, die eine Tür aufbrechen wollten. Zügig fuhr er auf sie zu, sprang aus dem Fahrzeug und donnerte sie an, was sie hier zu suchen hätten. Die drei Bengels waren so eingeschüchtert, dass sie das Weglaufen vergaßen. Also nutzte Hans-Martin die Gunst der Stunde. In lautem Befehlston forderte er die drei auf, sich in den Dienstwagen zu setzen. Man glaubt es kaum, sie kuschten und nahmen Platz. Als sie im Wagen saßen, verriegelte er das Fahrzeug und rief die Polizei. Als die Beamten eintrafen, staunten sie nicht schlecht, drei verwahrte Jugendliche mit einem unbewaffneten Sicherheitsmitarbeiter anzutreffen. Das war natürlich eine Glanztat, ist aber nicht zur Nachahmung empfohlen, denn nicht jeder hat die Courage, um so forsch mit Einbrechern umgehen zu können."

Erich amüsiert sich köstlich. „Tolle Story. Hut ab vor so viel Mut! Aber so was kann natürlich auch böse ausgehen, das weißt du ja."

Hartmut ist jetzt richtig in seinem Element. „Ich weiß noch", beginnt er gleich mit der nächsten Geschichte, „wie uns bei verschiedenen Treffen mit den Potsdamer Kollegen lustige Episoden aus deren Alltag zugetragen wurden. Uwe Erbes erzählte uns zum Beispiel eine Begebenheit aus der Zeit gleich nach der Wende. Es war Weihnachten 1991, am Heiligen Abend. Einer der größten Kunden der Potsdamer in Brandenburg war das ACZ (Agrochemische Zentrum) in Dabendorf. Dort besetzten sie die Pforten im Verwaltungsgebäude, im Bereich der Kartoffellagerung und im Haus, wo die Kartoffelchips hergestellt werden. Somit waren mehrere Kollegen rund um die Uhr dort im Einsatz.

Ein Urgestein der ehemaligen Betriebswache des Unternehmens war Klaus Wolf. Er wurde durch die DSW Potsdam gern übernommen, denn er hatte unschätzbare Ortskenntnisse. Klaus Wolf war ein Junggeselle vom Scheitel bis zur Sohle, aber er konnte ausgezeichnet den Kochlöffel schwingen, und er war im Betrieb bekannt für auffallend schlechte Zähne und nicht immer akkurate Dienstbekleidung. Aber er war dort schon viele Jahre im Einsatz. So auch an diesem Tag. Der damalige Geschäftsführer der DSW Potsdam, Manfred Buhl, und der Vertriebler Volker Kretzschmar besuchten bis in die Nachmittagsstunden des 24. Dezember viele Objekte in ihrem Verantwortungsbereich. Es war üblich, dass die diensthabenden Kolleginnen und Kollegen eine kleine Aufmerksamkeit an diesen Feiertagen bekamen. So wurde auch das ACZ angesteuert. Buhl und Kretzschmar betraten also die Pforte in der Verwaltung – und staunten. Die Fensterscheiben waren angelaufen, in der Ecke dampfte es verdächtig, und es roch eindeutig: Grünkohl! Auf zwei kleinen elektrischen Kochplatten standen zwei Kochtöpfe. In einem kochte der Grünkohl, und im anderen waren die Klöße aufgesetzt. Der Festtagsbraten war schon gar und servierfertig. Dem Geschäftsführer fehlten die Worte. Doch der Kollege Wolf war die Ruhe selbst. ‚Fein', sagte er, ‚kommen Sie, setzen Sie sich, das Essen ist gleich fertig'.

Auf die entgeisterte Frage, was denn hier los sei, bekamen die beiden Besucher nur zur Antwort: ‚Es ist doch Weihnachten, und da gibt es immer Grünkohl, Klöße und Braten. So lange Klaus Wolf dort in der Pforte sitzt, hat er das jedes Jahr so gemacht und heute auch.'

Manfred Buhl und Volker Kretzschmar lehnten dankend die Einladung zum Festessen ab. Aber mal ehrlich, wenn ein Kollege sich seinen Festtagsbraten zubereitet, ausschaut wie ein Hinterwäldler, mit schmuddeligen Hosen, dazu noch auffallend schlechte Zähne hat, da kann man nur Reißaus nehmen. Manfred Buhl schüttelte den Kopf, blieb aber entspannt und riet dem Kollegen,

Abb. 8.5: Foto vom Jubiläumstreffen 2014 – Mitarbeiterinnen und Mitarbeiter der ersten Stunde in Potsdam (v. l. n. r.): Manfred Buhl, René Helbig, Christa Schmidt, Jörg Dombrowski, Arnulf Süsse, Rudolf Hummel, Rolf Zander, Michael Gersdorf, Bernd Neitzke, Rainer Kammann und Uwe Erbes.

einmal einen Zahnarzt zu konsultieren. Mit guten Wünschen zum Fest verabschiedeten sich beide und setzten ihre Kontrollfahrt fort."

„Alte Traditionen!", kommentiert Erich kopfschüttelnd.

„Noch kurioser ist die folgende Begebenheit. Kannst du dir vorstellen, wie ein Gabelstapler den Raum wechselt, ohne ein Tor zu benutzen? Hör zu: Es war im Objekt Docfilm-Studio Babelsberg. Dort trafen sich gern die Revierfahrer zur Pause. Es ist nämlich schön, wenn man die Pause nicht am Straßenrand verbringen muss, sondern sich mit anderen Kollegen in einem Objekt trifft. Die Pforte war durch uns besetzt, und die Kollegen konnten sich dort auch einen Kaffee aufbrühen, es war also ideal für die Pause. Ein Revierfahrer setzte sich auf den Gabelstapler, welcher neben der Pforte abgestellt war. Ohne weiter auf das Gefährt zu achten, verspeiste er genüsslich seine Pausenbrote. Doch plötzlich setzte sich der Gabelstapler in Bewegung. Da gab es kein Halten mehr, denn der Kollege wusste nicht, wie er das Gerät bedienen musste. Schon machte es wumm, und er stand im Studio. Einfach durch die Wand gefahren. Das Gesicht hättest du sehen sollen. Dem Kunden hat das aber gar nicht gefallen. Der unglückliche Kollege musste aus Versehen irgendeinen Hebel betätigt haben, doch niemand konnte sagen, warum das Gerät noch unter Strom stand und tatsächlich losfuhr."

„War doch bestimmt ein klarer Fall für die Versicherung", bemerkt Erich lachend.

„Ja, aber für den Kollegen ist es richtig peinlich gewesen, denn man fährt nicht alle Tage durch die Wand des Gebäudes, das man bewachen soll."

Jetzt müssen beide Freunde lachen, denn sie stellen sich bildlich vor, was da genau passiert war. Nachdem sich die beiden wieder beruhigt hatten, nimmt Erich das Wort.

„Jetzt will ich aber auch noch ein paar Geschichten zum Besten geben. Eines Tages wurde an unseren Betriebsrat die damals ja allgemein bekannte Frage der unterschiedlichen Entlohnung in Ost und West herangetragen. Es gab eine Reviertour, die hauptsächlich in Neukölln, also im Westen, lag. Die Geschäftsführung bei uns wollte das nicht wahr haben. Die Regel lautete, wenn 51 Prozent der Tour im Westteil Berlins liegen, haben die Kollegen Anspruch auf die höhere Entlohnung. Um zu beweisen, dass dies auch für die Reviertour durch Neukölln galt, musste der Betriebsrat mit dem Revierfahrer Bodo Trillhaase mitfahren. Und was stellte er fest? Alle Objekte außer einem einzigen Juweliergeschäft lagen in Neukölln. Somit hatten die Kollegen aus dem Osten tatsächlich Anspruch auf Westlohn.

Ähnlich kurios war, dass manche Objekte von der Wielandstraße bedient wurden, aber die Kollegen von der Greifswalder Straße stündlich an diesen vorbeifuhren. Sie stellten manchmal sogar fest, dass die Alarmanlage ausgelöst hatte, da aber die Revierfahrer aus einem ganz anderen Stadtbezirk in Westberlin kamen, konnten sie die vorgeschriebene Alarmzeit nicht einhalten. Aber helfen durften die Ostkollegen trotzdem nicht."

„Das war manchmal fast absurd mit den verschiedenen Tarifen", bestätigt Hartmut.

„Pass auf. Jetzt überschreiten wir die Grenze zum Absurden: Bodo Trillhaase hatte einen ganz speziellen Einsatz in einem Baumarkt an der Landsberger Allee. Direkt neben dem Baumarkt war noch ein Blumenladen. Beide, der Baumarkt und der Blumenladen, hatten Alpenveilchen im Angebot vor die Tür gestellt. Und unser Kollege musste aufpassen, dass die Blumenfreunde stets auch im richtigen Laden bezahlten. Ulkig, was?"

„Total verrückt!"

„Hartmut, neben diesen eher kuriosen Begebenheiten gab es aber auch sehr gefährliche Aktionen. Was ich dir jetzt erzähle, klingt nach einem Actionfilm von Hollywood. Unweit von Berlin liegt das kleine Städtchen Altlandsberg. In einem Ortsteil mit dem Namen Seebergdorf befindet sich das zentrale Logistikzentrum der Metro. Täglich wurden hier mehr als 100 Lkw-Ladungen mit den unterschiedlichsten Waren gelöscht. Hier lagerte alles, was diese große Warenkette so benötigt. Unauffällig beobachteten mehrere dubiose Gestalten das Objekt. Sie wechselten sich ständig ab und führten über alles genau Protokoll. Die Beobachtung war sehr einfach zu organisieren. Die Landstraße L 33 und auch die Hönower Straße liegen etwas erhöht. Somit hat man einen guten Ausblick auf das Objekt und dessen Pforte. Allerdings konnten die Insassen der Pforte die Umgebung kaum oder nur sehr schlecht einsehen. Registriert wurde auch, dass das Lager von einem Sicherheitsdienst bewacht wurde und dass tagsüber, von 4.00 Uhr morgens bis gegen 22.00 Uhr, mehrere Sicherheitsmitarbeiter vor Ort waren.

So sahen die späteren Täter auch, dass diese Sicherheitsleute für den reibungslosen Ablauf der Entladung und Beladung Verantwortung trugen. Sie stellten fest, dass nicht nur die Fahrzeuge kontrolliert wurden, sondern dass das Sicherheitsteam auch alle Warenpapiere bearbeitete. Nachdem diese in das Rechnerprogramm eingepflegt waren, wurden die Lastzüge zu den entsprechenden Entladeboxen delegiert. So waren die Sicherheitsmitarbeiter ständig in Bewegung. Einer von ihnen organisierte die Einfahrt direkt an der Schranke, und er nahm auch die Waren- und Fahrzeugpapiere zur weiteren Bearbeitung entgegen. Seine Kollegen in der Pforte bearbeiteten diese und gaben das Okay für die Einfahrt. Die Gauner bemerkten richtig, dass sich dieser Ablauf nie änderte. Jeden Tag und jede Stunde das Gleiche. Darauf wurde der Plan für den Raubzug aufgebaut.

Was die Gauner nicht wussten, war, dass ihre Observation nicht unerkannt geblieben war. Die Sicherheitsmitarbeiter hatten bemerkt, als sie nach Schichtwechsel das Objekt verließen, dass es durch südländisch wirkende Männer beobachtet wurde. Sie schenkten dieser Feststellung zunächst keine Bedeutung, da einige Trucker Familienangehörige oder Freunde im Lkw als Begleitung hatten. So unterschätzte man diese Beobachtung. In der Nacht, in der der Coup starten sollte, nahmen die Täter wahr, dass der Wachmann nervös war. Häufig schaute er aus dem Fenster, telefonierte und verhielt sich sehr auffällig. So musste der Plan umgestellt werden. Man konnte nicht einfach vom Truckerparkplatz zur Pforte gehen, man musste sich anschleichen. Geduckt, teilweise kriechend, bewegten sich die acht Männer in Richtung Pforte des Zentrallagers. Vier schlichen sich von der L 33 an und die anderen vier von der Hönower Straße. Sie umzingelten das kleine Gebäude. Leise hörten sie das Dudeln eines Radios. Der Nachrichtensprecher sagte gerade: ‚Es ist genau 2.00 Uhr.' In diesem Augenblick schlug einer der Angreifer die Pfortenscheibe mit einem Vorschlaghammer ein. Die Männer stürzten in den kleinen Raum. Schnell wurde das Licht gedimmt, Nebenraum und Sozialbereich gecheckt und der Wachmann zu Boden gedrückt. Bevor er gefesselt wurde, hielt man ihm noch eine Waffe an den Kopf und drohte, dass sein letztes Stündlein geschlagen habe, sollte er sich nicht fügen. Er brauchte aber gar keine Auskunft zu erteilen, die Ganoven hatten genaueste Kenntnisse über die Computerprogramme. Schnell wurde das System hochgefahren, und sie wussten rasch, wo die Zigarettenlieferung des Tages eingelagert war. Jetzt zog man dem Wachmann sein Hemd über den Kopf, zurrte es fest, damit er nicht schreien konnte, fesselte ihm die Hände mit seiner Krawatte und band ihm die Beine zusammen. So verpackt, wurde er mit zur Verladerampe genommen und dort abgelegt. Die Ganoven knackten einen leeren Sattelzug und fuhren an die Entladebox, wo sich die Zigaretten befanden. Ruck, zuck war alles verladen. Mit Speed durchbrachen sie dann die Schranke und verschwanden in der Dunkelheit. So der Tatverlauf."

„Mein Gott, das klingt ja wirklich wie ein Gangsterfilm. Wie ging das denn weiter?"

„Wie ich bereits sagte, der Wachmann war nervös und telefonierte. Und tatsächlich hatte er seine Zentrale in der Greifswalder Straße informiert, dass er verdächtige Gestalten gesehen habe. Daraufhin wurde der KI Bodo Trillhaase in Marsch gesetzt. Er kam auch kurz nach dem Eintreffen der Polizei dort an, und diese hatte den Kollegen aus seiner misslichen Lage bereits befreit. Die Einsatzkräfte der Polizei konnten unendlich viele Spuren sichern und dokumentieren. Der Kollege, dem das passierte, war traumatisiert und wurde krank. Er erholte sich nicht mehr richtig und verstarb relativ schnell an den Spätfolgen der Tat. Traurig, die Täter sind nie geschnappt worden. Sie haben ein anderes Leben zerstört, und das geht einem schon nahe. Wochen später wurde übrigens ein Teil des Diebesgutes von Spaziergängern in einem Waldstück gefunden."

Jetzt macht Erich eine kleine Pause. Die Erinnerung hat ihn aufgewühlt, und er muss sich erst wieder sammeln, bevor er weitererzählt.

„Björn Michels ist auch eine lebende Legende in unserem Haus. Ein Rheinländer, wie er im Buche steht. Ihn aus der Ruhe zu bringen, das habe ich noch nie erlebt. Ich weiß gar nicht, wann er bei uns angefangen hatte, jedenfalls war er eine gefühlte Ewigkeit bei uns. Als er noch ein neuer Kollege war, musste er als Kontrolleur einen Kohlenplatz am Staatwinkler Damm in Westberlin bestreifen. Durch tagelange Regenfälle war freilich nicht nur der Platz aufgeweicht, auch die Zufahrtswege bestanden aus Schlamm. Also brachte er den Streifenwagen nicht in Gefahr und unterließ die Einfahrt ins Objekt. Jetzt kannst du dir ja vorstellen, wie seine Einsatzleitung reagierte. Man machte ihm klar, dass er seine Kontrollfahrten und Kontrollgänge so abzuarbeiten habe, wie es vorgeschrieben ist. Vergebens wies er darauf hin, dass das Gelände nicht befahrbar war.

Nach dem Anschiss sagte er sich: Okay, dann eben auf die harte Tour. In der darauffolgenden Nacht befuhr er diesen Kohlenplatz genau so, wie es in der Dienstanweisung vorgeschrieben war. Vorsichtig und langsam bog er in das Objekt ein. Im ersten Gang wollte er die tiefen Pfützen und Schlammlöcher umfahren. Aber wie? Das war das Problem. Auf dem Platz gab es nur Modder, Wasser und tiefe Löcher. Es kam, wie er es vorhergesehen hatte, der Streifenwagen blieb stecken. Man konnte gar nicht die Tür öffnen, denn sonst wäre der Wagen total abgesoffen. Nun hatte die Einsatzleitung den Schwarzen Peter. Sie musste die Bergung organisieren. Seit diesem Tag wurden Vorschriften nicht mehr ganz so stur ausgelegt."

„Oh ja, Vorschriften, das ist ein Kapitel für sich", stimmt Hartmut zu.

„Ein ganz anderes Kapitel ist die Überschätzung der eigenen Fähigkeiten. Ein guter, aber auch mit vielen schauspielerischen Fähigkeiten ausgestatteter Mitarbeiter bewegte uns in der Zentrale ganz gewaltig. Der Mitarbeiter investierte privat sehr viel in sein Aussehen als harter Sicherheitsmann. Unter anderem besorgte er sich eine Gaspistole, die er auch immer verdeckt bei sich trug. Eines schönen Tages kam es zum Showdown. Gaspistole gegen scharfe Waffe."

„Ist nicht möglich!", entfährt es Hartmut.

„Doch wirklich, so war es. Unser Kollege stellte sich mit gezogener Gaspistole einem bewaffneten Räuber entgegen. Dieser war so geschockt, dass er glaubte, in einen echten Revolver zu blicken. Der Angreifer gab auf und ergab sich. Das coole Auftreten, die Entschlossenheit in der Bewegung unseres Mannes hatten den Räuber beeindruckt. Die Sache hätte aber auch nach hinten losgehen können. Der Junge hat verdammt viel Glück gehabt."

„Na, das kannst du laut sagen!", bestätigt Hartmut. „Ich habe auch noch einige Episoden aus Potsdam zu erzählen. Bernd Neitzke berichtete mir, dass wir auch die Polizeidienststelle in Potsdam-Eiche bewachen. Ein Kollege von der Mannschaft, der Name ist mir leider entfallen, kannte das Objekt in- und auswendig. In diesem Objekt wurde Dienst mit der Waffe getan. Laut Vorschrift mussten die Kollegen ständig ihre Schießkünste nachweisen. Einer der besten Schützen war der besagte Kollege. Eines Nachts bekam Bernd Neitzke den Funkspruch, dass sich dieser Kollege verlaufen habe. Die Männer vor Ort wollten das nicht glauben. Also begann man ihn zu suchen. Schnell wurde er gefunden, und da gestand er, dass er nachtblind sei."

„Nee, das ist nicht möglich. Keiner hat das vorher geahnt?" Erich als Personaler konnte sich ein Lächeln nicht verkneifen.

„Ein besonders lieber Kollege war für mich der Rudolf Hummel. Ich kannte ihn schon aus den Tagen der Volkspolizei. Er war in Potsdam in der Bezirksbehörde der Volkspolizei tätig und Kriminalist. Also ein gut ausgebildeter Sicherheitsfachmann. So einer wurde bei uns immer gerufen, wenn es brenzlig wurde. Es war 1993, und Hamburg rief um Hilfe. Man benötigte zwei bewaffnete Mitarbeiter, die mit sichtbarer Waffe in der Bilderausstellung einer Vorauktion von Christie's für Sicherheit sorgen sollten. Ein solcher Auftrag war für uns in Potsdam Neuland. Unsere Mitarbeiter Arnulf Süsse und Rudolf Hummel buchten in Hamburg ein Hotelzimmer. Um die Kosten so gering wie möglich zu halten, natürlich in einem Zweibettzimmer. Zwei Männer im Ehebett. Klingt lustig, war es auch. Doch sie benötigten einen verschlossenen Safe für ihre Waffen. Nach der Ankunft im Hotel wurde das Zimmer bezogen, und Arnulf Süsse stellte eine Flasche Schnaps und zwei Gläser auf den Tisch, mit der Bemerkung: ‚Ich heiße Arnulf, auf gutes Gelingen!' So lernten sich die beiden Kollegen besser kennen, und sie leerten dieses einzige Glas in Hamburg, das Glas auf eine gute Zusammenarbeit. Am nächsten Morgen, nach dem Frühstück und in frisch gebügelter Dienstbekleidung, wollten sie die Dienstwaffen aus dem Zimmersafe nehmen. Aber da gab es noch den Zahlencode. Wie hieß der gleich? Klar, kein Problem. Der Code wurde eingegeben - aber Pustekuchen. Das Schloss reagierte nicht. Großes Rätselraten, viele Versuche, die alle fehlschlugen. Schließlich holten sie etwas verlegen und kleinlaut den Rezeptionsangestellten. Der sah sich die Sache an und schickte ihnen ein Zimmermädchen. Dieses klopfte nur einmal fest gegen den Safe, und das Problem war ohne Zahlencode erstmal gelöst.

So lernten zwei ostdeutsche Sicherheitsleute, was Hamburger Billighotels sind. Da hätten sie die Waffen auch auf dem Nachttisch liegen lassen können. Doch es ging noch weiter. Auf der Auktion viele vornehme Hamburger Herrschaften, die zwischen den viele Millionen teuren Bildern herumspazierten. Man wollte nicht unhöflich sein und bot auch unseren Leuten Champagner an. Das sei so üblich. Doch unsere Kollegen lehnten dankend ab. Der absolute Höhepunkt war die Vorstellung unserer Sicherheitsfirma durch die Auftraggeberin vor vollem Hause. Als die Gäste bemerkten, dass zwei gut ausgebildete Wachmänner aus dem Osten für die Sicherheit zuständig waren, klappten den vornehmen Herrschaften die Kinnladen herunter. Mit Sicherheitsleuten aus dem Osten hatte niemand gerechnet.

1997 erhielt Rudolf Hummel einen seiner kuriosesten Jobs. Es ging darum, den Kunden Adtranz-Schienenfahrzeuge in Hennigsdorf zu gewinnen. Vor Ort war nämlich noch ein eigenständiges Unternehmen tätig, das aus dem Werk heraus geschaffen worden war. Gleichzeitig kämpften die Fahrzeugbauer mit Werkspionage. Man hatte bemerkt, dass in der Forschungsabteilung bei der Konzipierung für die Lok der Zukunft Daten aus dem Rechner verschwinden. Ein möglicher Schaden in Milliardenhöhe! Unser Vertriebler Jörg Dombrowski lud Rudolf Hummel in sein Auto, und ab ging es in Richtung Hennigsdorf. Unterwegs erzählte er ihm Einzelheiten des Jobs. Um unerkannt ins Werk zu gelangen, sollten die beiden sich als Reporter vom Fernsehen ORB ausgeben. Bei der Geschäftsführung angekommen, stellte Jörg Dombrowski den Herrn Hummel als Spezialist zur Bekämpfung solcher Straftaten vor. Die Geschäftsführung bat ihn dann, vorzutragen, wie unsere beiden Leute vorgehen wollten. Hummel schwitzte Blut und Wasser, stellte aber gekonnt seinen Plan vor, der auf seinem kriminalistischen Wissen beruhte, und er wurde abgenickt. Mit Michael Kuniß und der schnell gekauften Technik wurden beide in stiller Nacht ins Bürogebäude geschmuggelt. Keiner durfte etwas wissen. Sie hatten durch den Kunden alle Vollmachten, in dessen Namen das Hausrecht im vollen Umfang auszuüben. Was sie nicht einschätzen konnten, war, ob der Täter gefährlich, also bewaffnet, oder unbewaffnet war. Irgendwann zwischen Mitternacht und 4.00 Uhr begannen die Herzen der Kollegen schneller zu schlagen. Sie hörten Schritte. Alle Müdigkeit war erloschen. Schnell und gewandt erfolgte der Zugriff. Das Klicken der Handschellen war wie Musik in ihren Ohren. Rasch wurde der Überwältigte an die Heizungsrohre gekettet. Aber die Aktion hatte sich gelohnt. Unser Unternehmen bekam in Folge den gesamten Bewachungsvertrag und hat ihn bis heute."

„Auch nicht schlecht", meint Erich lachend.

Und Hartmut fügt hinzu: „Unser Beruf ist manchmal schon verrückt, oder?"

„Oh ja, langweilig wird es nie."

Das Bewachungsgewerbe im 21. Jahrhundert

Unter dem Brandenburger Tor

Es ist der 3. Oktober 2015. Das große Bürgerfest zu 25 Jahren Deutscher Einheit findet zwar in Frankfurt/Main statt, doch auch in Berlin dauert die Party mehrere Tage lang. Berliner und Besucher der Hauptstadt feiern vor der Kulisse des wohl bekanntesten Wahrzeichens für die deutsche Wiedervereinigung. Wie üblich gibt es Musik auf mehreren Bühnen. Von Marschmusik über Schlager, Musical-Melodien, Jazz und Rock bis zu Hip-Hop ist alles vertreten. Zwischen den Bühnen bleibt viel Platz zum Flanieren, ein 56 Meter großes Riesenrad und weitere Attraktionen, vor allem für Kinder, warten auf die Besucher. Gaukler und andere Kleindarsteller, die sich über das Festgelände bewegen, runden das Programm ab. Es ist eine riesige Partymeile, ein kostenloses Volksfest für die Bürger. Und auf einer besonders großen Bühne, die direkt vor dem Reichstag aufgebaut ist, hat der Bundestagspräsident zu einer Feierstunde eingeladen.

Auch Erich und Hartmut haben sich unter die Feiernden gemischt. 25 Jahre Deutsche Einheit, das kann nur unter dem Brandenburger Tor gefeiert werden, darüber herrscht Einigkeit zwischen ihnen. Sie kennen sich jetzt fast 26 Jahre – ein halbes Leben lang. Alt sind sie geworden, und die Jahre bis zur Rente sind an einer Hand abzuzählen.

„Hartmut, nun stehen wir wieder einmal hier am Brandenburger Tor. Ob du es glaubst oder nicht, wenn wir uns hier treffen, steigen wieder die Bilder von jenem 9. November 1989 in mir hoch, als wir uns das erste Mal auf der Mauerkrone begegneten. Ich weiß nicht, wie es dir geht, aber für mich sind unsere Freundschaft und die Deutsche Einheit eng miteinander verknüpft."

„Erich, das geht mir ganz genauso, und ich würde noch hinzufügen, dass auch unser Beruf zu diesem Band unserer Verbindung gehört."

„Da hast du natürlich recht. Aber versuche doch mal, die letzten 26 Jahre im Schnelldurchlauf passieren zu lassen. Meinst du nicht, dass wir mit der Wende und dem wirtschaftlichen Umbruch in unserer Branche im Jahrzehnt danach besonders wilde Zeiten durchlebt haben?"

„Ach Erich, ich weiß nicht. Jede Zeit hat ihre Herausforderungen und bringt Veränderungen mit sich. Manchmal sind sie eben tiefgreifender als in anderen Perioden, aber ohne permanente Weiterentwicklung gäbe es keine Zukunft. Zu diesem ewigen Fortschreiten der Zeit gehört auch der Tod. Denk nur mal daran, wer uns in den vergangenen Jahren verlassen hat. Erinnerst du dich noch an Clemens Petruschke? Der ist jetzt schon fünf Jahre tot."

Abb. 9.1: Betriebsrätin Christine Hertel spricht zum Gedenken an Clemens Petruschke auf der ver.di-Demo am 23. September 2010.

„Natürlich. Ich kannte ihn sehr lange und hatte ihn bereits in der Deutschen Wachgesellschaft kennengelernt. Weißt du übrigens, dass seine Jacke aus dieser Zeit in unserem Museum zu finden ist. Sie hat sogar in dem Film *Der Baader Meinhof Komplex* als Requisite gedient."

„Echt? Nee, das wusste ich nicht. So hat er eine Oskar-Nominierung mit in den Himmel genommen. Finde ich gut. Charaktere wie er sind selten geworden. Ich weiß noch, dass kurz nach seinem Tod eine Demo von ver.di war. Alle haben ihm in stillem Gedenken die Ehre erwiesen."

„Und was ist mit der ersten Chefin der DSW Security Berlin, eurer legendären Marita Carl?"

„Ja, auch Marita Carl ist viel zu früh verstorben und hatte nicht mehr viel von ihrer Pension."

„Siehst du, Hartmut, wir werden alt. Immer mehr Kollegen aus unserer Zeit verabschieden sich."

„Komm, Erich, wir sollten jetzt nicht sentimental werden. Lass uns lieber nach vorn schauen. Ich interessiere mich noch immer für die Neuerungen in unserem Beruf. Was meinst du, wie sich unsere Branche weiterentwickeln wird? Es gibt bereits heute viele neue Errungenschaften, gerade in den Bereichen Ausbildung und Technik, die sicher eine gewichtige Rolle in der Zukunft spielen werden."

Abb. 9.2 (S. 170–171): Die Feiern zum Tag der Deutschen Einheit am 3. Oktober 2015 in Berlin.

SCHEN VOLKE

„Das ist mir bewusst, Hartmut. Und das ist auch gut so, es muss ja weitergehen. Ich für meinen Teil glaube besonders an die bereits begonnene Spezialisierung, die unaufhaltsam fortschreiten wird."

„Stimmt. Spezialisierung ist ein wichtiges Stichwort. Ein gutes Beispiel dafür ist unsere Securitas Aviation, die Fluggastkontrollen, Personen- und Warenkontrollen sowie die Kontrolle von Reisedokumenten durchführt, dazu gehören auch noch Cargo Security, Welcome Service und andere flughafenspezifische Dienstleistungen. So deckt Securitas Aviation an deutschen Flughäfen die gesamte Bandbreite an Sicherheits- und Serviceleistungen im Luftverkehr ab. Solchen spezialisierten Dienstleistungen gehört sicher die Zukunft. Spricht es nicht für sich, dass unser Berufsverband seit dem 26. Mai 2011 Bundesverband der Sicherheitswirtschaft (BDSW) heißt? Bewachung ist in dem allgemeineren Namen nur noch ein Teilbereich, aber zur Sicherheitswirtschaft gehört in Zukunft sehr viel mehr."[1]

Abb. 9.3: Signet des Bundesverband der Sicherheitswirtschaft mit Sitz in Wiesbaden.

„Da hast du sicher ins Schwarze getroffen."

„Voraussetzung für eine sichere Zukunft unserer Branche ist aber ebenso eine gute Ausbildung, auch da ist schon viel geschehen. Bereits seit 2002 gibt es den Ausbildungsberuf ‚Fachkraft für Schutz und Sicherheit', auch die Fortbildungsprüfung zum ‚Meister für Schutz und Sicherheit' wurde eingeführt, sogar ein Studiengang ‚Sicherheitsmanagement' ist ins Leben gerufen worden."

„Du hast recht, das ist eine sehr wichtige Entwicklung, denn das alles dient der Professionalisierung unseres Berufs, die ja das Fundament für die fortschreitende Spezialisierung und Technisierung darstellt."

„Erich, vergiss nicht den Branchenmindestlohn für Sicherheitsdienstleistungen, den es seit dem 1. Juni 2011 gibt, sowie den in diesem Jahr eingeführten gesetzlichen Mindestlohn. Gegenwärtig wird darüber diskutiert, ob und wie die private Sicherheit zukünftig in die Sicherheitsstruktur der Republik eingebunden werden soll. Wenn private Sicherheitsdienstleister künftig mit staatlichen Organen enger zusammenarbeiten sollen, eventuell sogar deren Aufgaben teilweise übernehmen sollen, sind transparente und seriöse Beschäftigungsverhältnisse unabdingbar. Der Branchenmindestlohn war für die Zukunft unserer Branche ein weiterer Meilenstein."

„Und er war längst überfällig. Erinnerst du dich, wie oft wir darüber gesprochen haben?"

„Ich weiß, das war lange Zeit ein großes Thema bei uns. Aber lass uns nun wieder zurück zur Technik kommen. Ich glaube nämlich, besonders dieser Bereich wird der Gesellschaft in den nächsten Jahren, auch wenn wir bereits in Rente sind, seinen Stempel aufdrücken.

1 Vgl. für das Folgende: *DSD. Der Sicherheitsdienst*, Sonderheft *Vom BDWS zum BDSW*; Meik Lange: 100 Jahre BDWS; vgl. S. 61, Anm. 1 und 2.

„Schon möglich."

„Nimm nur einmal die Fernvideoüberwachung mit direkter Täteransprache, die man in der Fachsprache Remote Video Solutions (RVS) nennt. Ich möchte dir ein paar Zahlen nennen, die der COO (Chief Operating Officer) Jens Müller auf dem Sicherheitstag der Securitas 2014 präsentierte. Sie belegen, wie wichtig Remote Video Solutions sind."

Abb. 9.4: Jens Müller, COO der Securitas, im Gespräch mit dem Moderator Rudi Cerne beim Securitas-Sicherheitstag 2014.

„Dann leg mal los!"

„Also, die erfassten Fälle von Wohnungseinbruchsdiebstahl haben sich stetig nach oben entwickelt. Waren es schon 2013 im Bundesdurchschnitt 3,7 Prozent mehr als im Jahr davor, erzielten 2014 einige Bundesländer zweistellige Zuwachsraten. So stiegen die Fallzahlen (Wohnungseinbrüche pro 100.000 Einwohner) in Baden-Württemberg und im Saarland um etwa 19 Prozent, in Bayern gar um 28 Prozent. Und du weißt ja, dass Einbrüche in Unternehmensbereiche, ihre Produktions- und Lagerstätten je nach Beute zu hohen Folgekosten bis hin zu Betriebsausfällen führen können. Klassische Einbruchmeldeanlagen können zwar abschreckend wirken und bewirken zusammen mit mechanischen Sicherungsmaßnahmen, dass rund 40 Prozent aller Einbrüche im Versuchsstadium stecken bleiben. Aber bis zur Intervention vergeht sehr oft zu viel Zeit, um Täter festzunehmen und die Beute sicherzustellen. Die Aufklärungsquote beträgt bei Einbrüchen in Fabrikations- und Lagerräume daher weniger als 20 und beim Wohnungseinbruch circa 15 Prozent.[2] Die Innenministerkonferenz hat aus diesem Grund bereits am 6. Dezember 2013 eine Reihe von Maßnahmen beschlossen, um den Wohnungseinbruch gezielter bekämpfen zu können."

2 Vgl. für das Folgende auch: *Homeland Security*, Nr.1, 2014, S. 15-16.

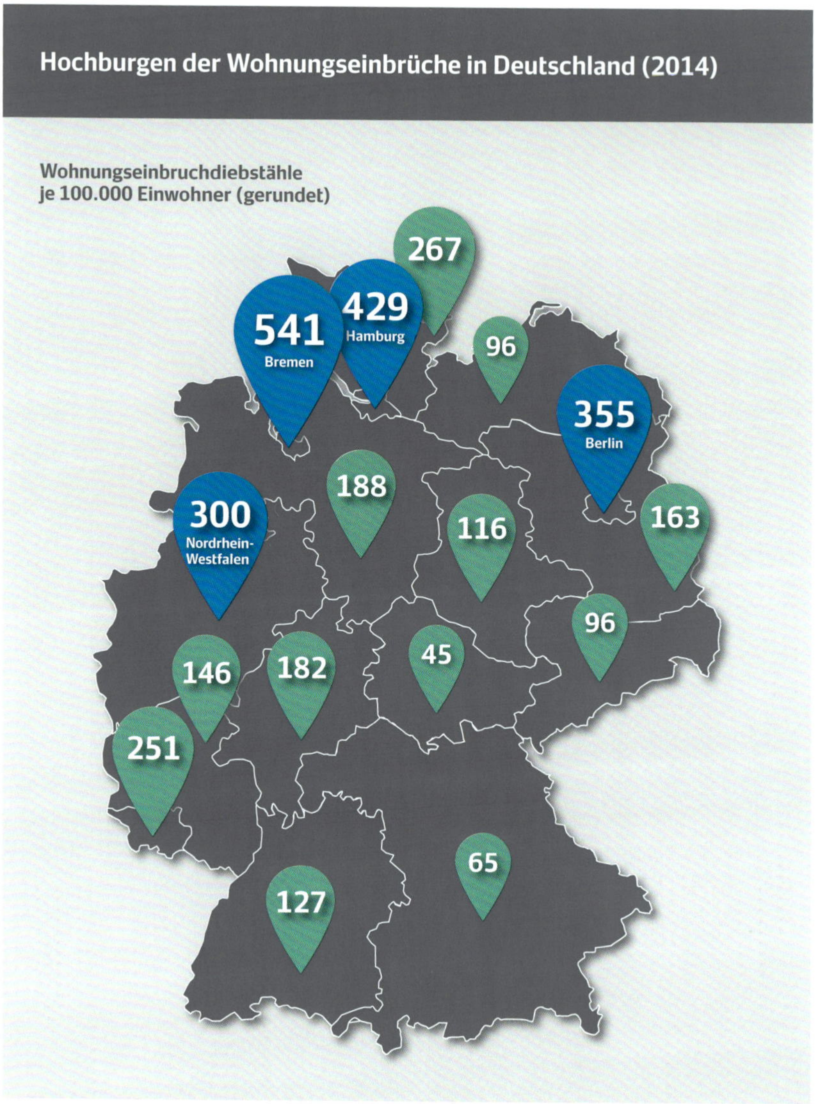

Abb. 9.5: Die polizeiliche Kriminalstatistik von 2014 verzeichnet einen hohen Anstieg bei Einbrüchen.

„Ist ja interessant."

Abb. 9.6: Prävention wörtlich genommen: Eingreifen, bevor etwas passiert.

„Ja. Und die besagten RVS stellen ein besonders effizientes Detektions- und Alarmierungssystem zum Perimeterschutz mit hohem Abschreckungseffekt und deutlicher Senkung des Zeitfensters zwischen Alarmierung und Intervention dar. Sobald im ummauerten oder umzäunten Schutzbereich (Perimeter) eines Objekts die verdächtigen Bewegungen registriert werden, führt dies automatisch zu einem Alarm in der Notruf- und Serviceleitstelle, sodass von dort aus unverzüglich reagiert werden kann, während die verdächtige Handlung oder eine sonstige Gefahrenlage weiter beobachtet werden. Die Vorteile einer solchen Lösung liegen auf der Hand und lassen sich wie folgt zusammenfassen:

Der erste Punkt ist klar: Verdächtige Bewegungen werden möglichst schon vor dem eigentlichen Einbruch und damit vor Entstehung des Sachschadens durch das Eindringen von der Videokamera wahrgenommen. Modernste Kameras verbessern je nach örtlichen Gegebenheiten, Lichtverhältnissen und sonstigen Umweltbedingungen deutlich die Detektions-, Klassifizierungs- und Identifizierungswahrscheinlichkeit. Dabei kommen mehr Thermalkameras zum Einsatz, weil sie ohne externe Zusatzbeleuchtung auskommen, tagsüber wie nachts ein gleichwertiges Bild erzeugen, auch gegenüber Regen und Schnee relativ unempfindlich sind und wegen der bloßen Detektion (statt Identifikation) von Personen auch bei Datenschützern und Betriebsräten hohe Akzeptanz finden.

Ferner erlaubt es das System, den Bereich vor dem Perimeterschutz, der nicht selten öffentlich zugänglich ist, als Voralarmzone zu definieren. Die durch die eingesetzte Videoanalytik automatisierte Bewertung in diesem Überwachungsbereich führt zu einem ‚Voralarm', mit dem die Vorprüfung des Geschehens durch den Operator in der Notrufleitstelle beginnen kann. Die eigentliche Alarmauslösung und Aufzeichnung der Bildsequenz erfolgt erst mit dem Eindringen in den Perimeterschutzbereich. Eine Aufzeichnung von Bildern aus einem vorgelagerten öffentlichen Bereich würde nämlich gegen das Datenschutzrecht verstoßen.

Abb. 9.7: Datenschutzkonforme Sicherung von Gebäuden und Liegenschaften ist schwierig, aber nicht unmöglich.

Drittens sind die IP-Kameras miteinander vernetzt, sodass ein automatisches ‚Tracking' möglich ist: Verlässt eine Person, die beobachtet werden soll, den Erfassungsbereich einer Kamera und bewegt sich in den Erfassungsbereich der nächsten, so kann sie kontinuierlich weiterverfolgt werden, möglichst bis zum Eintreffen von Interventionskräften eines Sicherheitsdienstleisters oder der Polizei."

„Ich muss zugeben, dass diese Technik viele Vorteile hat."

„Pass auf, Erich, jetzt kommt's. Wenn der potenzielle Täter nicht schon durch die Sichtbarkeit der Kamera abgeschreckt wird, geschieht dies durch die Ansprache des Tatverdächtigen über Lautsprecher. Die Stimme aus der Notrufleitstelle, die das Geschehen, das Outfit und erkanntes Einbruchswerkzeug in Echtzeit kommentiert, also erkennbar nicht vom Band kommt, verjagt den überraschten Einbrecher in etwa 90 Prozent aller Fälle sofort."

„Das ist ja unglaublich!"

„Und mit Hilfe der Analysesoftware können auch Manipulationsversuche an den Kameras und vordefinierte Gegenstände entdeckt werden, etwa eine in einer Tasche getarnte ‚unkonventionelle Brand- und Sprengvorrichtung'. Die automatische Bildanalyse erfolgt in der Kamera, beim Betrieb mehrerer Analysen pro Kamerabild im Server. Mit der permanenten Weiterentwicklung von Kamerachips werden aber zukünftig auch Mehrfachanalysen in der Kamera

Abb. 9.8 (S. 176): Hohe Effizienz bei der Verhinderung von Straftaten wird durch besonders geschultes Personal in den Leitstellen gewährleistet.

selbst technisch möglich sein. Die audiovisuelle Kontrolle des Alarms verhindert bei Fehl- oder Falschalarmen Folgekosten durch unnötige Interventionsfahrten eines Sicherheitsdienstleisters oder der Polizei.

Ganz wichtig: Die sofortige Reaktionsmöglichkeit der Einsatzzentrale nach der Früherkennung des Tatverdächtigen verkürzt die Zeit zwischen dem Eindringversuch und dem Eintreffen von Interventionskräften derart, dass sich die Wahrscheinlichkeit der Kontrolle und eventuellen Festnahme des Täters wesentlich erhöht, und die Alarmdokumentation durch Speicherung der Bildsequenzen sichert ein wertvolles Beweismittel."

„Wow, was für ein Vortrag!"

„Ich habe gerade erst darüber gelesen. Aber, Erich, ist das nicht toll? Einfacher kann Verbrechensbekämpfung nicht sein." Hartmut ist begeistert.

„Und das Beste ist, unser Unternehmen Securitas bietet diese intelligente RVS als integrierte Sicherheitslösung komplett aus einer Hand an", fährt Hartmut fort. „Das Angebot bringt dem Kunden viele Vorteile, denn Securitas managed das System von der Planung und Installation über den Betrieb, die Wartung und zyklische Modernisierung bis hin zum Monitoring und zur Interventionsleistung. Personal und Technik werden optimal nach den Kriterien größtmöglicher Effizienz und Wirtschaftlichkeit miteinander verknüpft. Das System wird skalierbar eingerichtet, ist damit bei wachsendem Bedarf erweiterbar und kann sich an veränderte Rahmenbedingungen anpassen."

„Aber wer wird denn die immer komplexere Technik noch bedienen können? Also, ich weiß nicht, ob ich das könnte. Und so wie ich werden immer mehr Beschäftigte mit den komplizierten Geräten überfordert sein." Erich schüttelt sorgenvoll den Kopf.

Zukunftsmusik

„Erich, dann lass uns doch einmal in die Zukunft schauen, lass uns ein bisschen fantasieren, wie sich unsere Branche in den nächsten 25 Jahren entwickeln könnte."

„Gute Idee. Hartmut, ich sehe wie gesagt immer mehr Technik und vergleiche damit die Entwicklung in der Personalstruktur, die dem nicht entspricht. Vor 25 Jahren war der Markt voll von gut ausgebildeten Fachleuten, und zwar in allen Branchen. Und heute?"

„Erich, ich sehe das zwar auch mit Sorge, aber nicht so schwarz wie du. Die jungen Menschen werden auf ihre eigene Art und Weise unsere Arbeit fortführen."

„Die Annahme ist aber sehr optimistisch!"

„Nein, einfach nur logisch. Sie denken in ganz anderen Strukturen, in ganz anderen Betrachtungsweisen. Schau Erich, vor 25 Jahren kannten wir weder Handy noch Internet."

„Gut, das stimmt, aber was hat das mit der jungen Generation zu tun, die unsere Jobs einmal übernehmen soll."

„Lass mich das so erklären. Die Kinder von 1989 sind jetzt etwa 25 Jahre alt. Es sind ausgebildete Facharbeiter oder gerade mit dem Studium fertig gewordene Menschen. Weißt du, immer mehr junge Menschen erfahren eine sehr gute Ausbildung oder studieren. Mein Sohn Alexander ist das beste Beispiel für diese Entwicklung. Heute ist er Anfang dreißig und hat seine ersten Schritte im Berufsleben absolviert. Er studierte Sicherheitsmanagement an der Polizeihochschule in Hamburg. Sein Ziel ist es, dort seinen Doktor zu machen, und dann später in der freien Wirtschaft als Sicherheitschef eines großen Konzerns einzusteigen. Er ist ein Sicherheitsspezialist und gleichzeitig ein Betriebswirt. Er hat das systematisch gelernt, was wir uns autodidaktisch angeeignet haben. Ich bin mir sicher, dass er in einer Sicherheitsfirma seinen Weg machen wird. Ich habe zwar damals Sicherheit bei der Volkspolizei studiert, war Offizier, aber von Betriebswirtschaft hatte ich keine Ahnung. Die Jungen bringen aber das nötige Rüstzeug mit für unseren Beruf."

„Das stimmt zwar, aber die einfachen Sicherheitsmitarbeiter haben diese Qualitäten nicht. Und da sehe ich schwarz."

„Erich, wir haben doch im Unternehmen eine eigene Akademie und ausgezeichnete Trainer. Und die sollen es nicht schaffen, das Personal zu schulen?"

„Das meine ich nicht. Ich sehe einfach, dass ganz allgemein viel zu wenig Nachwuchs in unserer Branche da ist."

„Erich, ich glaube, du bist auf dem falschen Dampfer. Wie viele Menschen befassen sich denn noch mit der allgemeinen Sicherheit, und damit meine ich einfache Aufgaben im Sicherheitsjob? Die meisten sind doch schon heute spezialisiert. Wir allein beschäftigen um die 19.000 Menschen, davon sind bestimmt heute schon ungefähr 40 Prozent in einer spezialisierten Truppe im Einsatz."

Hartmut lässt diese Zahlen wirken und fährt dann fort. „Wenn man einen Blick in die Zukunft wagen will, um zu erkennen, wie sich unsere Branche entwickeln wird, muss man natürlich auch die bösen Buben beleuchten. Die Frage ist doch, wie verändert sich dieses Gefahrenpotenzial? Ich glaube, auch dort wird eine revolutionäre Entwicklung eintreten. Was heute noch mit Gewalt passiert, wird es in der Zukunft nicht mehr geben. Das Täterprofil wird sich wandeln. Angriffe auf Eigentum werden immer mehr ins Netz verlagert. Unerkannt und verschleiert. Grund dafür ist der technische Fortschritt im Internet und der massive Ausbau der technischen Sicherheitslösungen an Gebäuden und Einrichtungen. Was auch noch wichtig ist, bitte lach nicht, ist Folgendes: Wird es in 25 Jahren überhaupt noch Geldscheine geben, oder geht dann alles nur noch über technische Bezahlmethoden?

Die Dienste, die Apps anbieten, werden immer sichere Produkte auf den Markt bringen. Ich glaube, die Hersteller der unterschiedlichen technischen Kommunikationssysteme werden hier selbst neue Wege einführen oder gar in die alten elektronischen Übertragungsmöglichkeiten zurückfinden. Hierbei sehe ich Amplituden- oder Frequenzmodulation im Vorteil. Beide Übertragungsarten lassen sich einfacher zerhacken als die heute bekannten Apps. Das Zerhacken kann in verschiedenen Arten durchgeführt werden. Es kann sich im Sekunden- oder Minutentakt in unterschiedliche Formen verwandeln. Wichtig ist, dass die Sende- und Empfangsstellen die gleichen Geräte besitzen, und das geht nur mit dem gleichen Produkt. Seit der späten Mitte des letzten Jahrhunderts wurden solche Zerhackersysteme im Sprechfunkverkehr genutzt. Erst die Handys haben diese sicheren Übertragungsmethoden verschwinden lassen."

„Mensch, Hartmut, es scheint mir, du hast dich schon ziemlich tief in die Zukunft hineinversetzt. Alle Achtung!", meint Erich staunend.

„Ich versuche nur, nachzudenken und die heutigen Erkenntnisse auf die Zukunft zu übertragen. Also, die Handygeschichte oder auch die Datenübertragung von Rechner zu Rechner werden vielleicht so aussehen: Du besitzt ein Gerät von einer bestimmten Marke oder einem bestimmten Hersteller. Dieses Gerät ist mit einem Quarzzerhackersystem ausgestattet. Deine Freunde, Familie und andere dir wichtige Personen verfügen über das gleiche Handysystem. Eure Telefonnummern sind gegenseitig gespeichert. Wenn du von den anderen angerufen wirst, erkennt dein Handy, dass es ‚ein Freund' ist. So beginnt automatisch die Sicherung des Telefonates, euer Gespräch wird zerhackt. Anrufer von Geräten anderer Hersteller können dich natürlich auch erreichen, aber weil sie nicht auf deiner Sicherheitsliste vermerkt sind, tritt das Zerhacken nicht sofort ein. Wenn du während des Gesprächs einen Punkt erreichst, an dem es vertraulich wird, musst du den Teilnehmer des Gespräches auffordern, dir seine Quarzkennung zu übermitteln, damit der Zerhacker zu arbeiten beginnen kann. So stelle ich mir Telefonie und andere Datenübertragungen vor. Mal schauen, was in den kommenden Jahren so alles auf den Markt kommt."

„Also, ich weiß nicht recht." Erich steht den Visionen von Hartmut etwas skeptisch gegenüber.

„Langweilt dich das Thema?"

„Nein."

„Okay, dann machen wir jetzt einen Versuch. Schließe deine Augen, komm mach schon! Nun werde ich versuchen, dich in eine Welt zu schicken, die sich im Jahr 2040 befindet. Also in 25 Jahren. Bist du so weit?"

„Na gut", antwortet Erich lächelnd. Eigentlich glaubt er nicht an solche Gedankenspielereien, aber Hartmut zuliebe lässt er sich auf dieses Spiel ein.

„Also, wir teilen unsere Arbeit in unterschiedliche Tätigkeiten auf und schauen, wie sie in 25 Jahren von unseren Nachkommen ausgeführt wird. Beginnen wir mit dem mobilen Dienst. Was wird dort zurzeit am meisten beim Kunden gemacht? Richtig, man führt mobile Streifen durch. Der zweite wichtige Arbeitsgegenstand des mobilen Dienstes ist die Verschluss- und Aufschlussrunde. Diese Dienstleistungen werden in wenigen Jahren vom Markt verschwinden. Alle Objekte, die durch eine Sicherheitsfirma betreut werden, werden durch komplexe technische Lösungen gesichert. Ähnlich wird es auch im Servicegeschäft laufen. Heute sind unsere Fahrzeuge noch kaum mit elektronischen Hilfsmitteln ausgestattet, doch das wird sich sehr stark ändern. Die Autofahrer werden nicht mehr selbst das Fahrzeug manövrieren. Die Automatik wird das übernehmen, und vielleicht fliegen sie sogar."

„Jetzt mach aber mal halblang!"

„Erich, das ist bisher nur eine Vision, aber es wird schon diskutiert.[3] Der Guard wird sich also schon während der Fahrt mit seinem Einsatzort beschäftigen. Die Windschutzscheibe ist gleichzeitig Display, Monitor und Bedienfeld. Er startet das Auto, programmiert mittels Sprachsteuerung den Bordcomputer, und los geht die Fahrt. Der Rechner teilt ihm die Ankunftszeit am Schutzobjekt mit und welche Sondergenehmigungen zur Anwendung gebracht werden können, denn die Sicherheitsfahrzeuge, die automatisch geführt werden, können eine Sonderspur auf der Straße oder im Luftraum benutzen, um schnell zum Einsatzort zu gelangen. Auf der Windschutzscheibe erscheinen die Daten des Objekts. Dazu gehören: Standort mit allen Besonderheiten, sicherheitsrelevante Schwachstellen und Gefahren für die Umwelt, vertragliche Bedingungen, die Dienstanweisung, der Grund des Alarms, eventuell eingetretene Notfälle, die eine Nachalarmierung anderer Einsatzkräfte erforderlich machen, zum Beispiel Feuerwehr, Rettungsdienste und Polizei. Entsprechend der Dringlichkeit werden die einzelnen Schaufelder farblich unterlegt. Hohe Gefahr wird immer rot sein, und die allgemeinen, zur Gefahrenabwehr nicht so wichtigen Informationen werden grün sein. Sollten sich während der Anfahrt am Einsatzort Veränderungen der Sicherheitslage ergeben, kann der Guard sofort reagieren, denn es findet ein kontinuierlicher Datenaustausch zwischen Einsatzort und Alarmfahrzeug statt. Die Einsatzzentrale beziehungsweise die Notrufleitstelle überwacht den Einsatz, beurteilt die Lage und führt das Gefahrenprotokoll.

3 Zum Beispiel in Magazinen wie *Rulebreaker*, Nr. 3, 2014, S. 62.

Beide, der Guard und seine Leitstelle, können mit dem Kunden direkt Kontakt aufnehmen, um eventuelle weitere Maßnahmen zu koordinieren.

Aber wie sieht die technische Absicherung am Einsatzort aus? Die Objekte sind mit hochsensibler Videotechnik und eingebauter Gefahrenorientierungskontrolle ausgerüstet. Ergänzt wird das Videosystem mit Sensoren wie Wärmesensoren, Giftsensoren usw. sowie einer Brandmeldezentrale. Diese Systeme können auf Grund ihrer Programmierung in Sekundenschnelle feststellen, ob eine allgemeine Gefahr zu erwarten ist oder ob ein konkreter Angriffsversuch auf das Schutzobjekt vorliegt. Und dabei werden noch die unterschiedlichsten Gefahrenarten wie Einbruch, Sachbeschädigung, Feuer, Wasser, Schnee, Blitz, Wind oder Nebel registriert. Natürlich wird auch aufgezeichnet, ob die Gefahr durch Menschen, Tiere oder Gegenstände ausgelöst wird. Alle Daten werden durch den zentralen Computer in der Leitstelle verarbeitet und auf die vorliegende Lagebedingungen angepasst. Somit wird schnell, effektiv und mit allen zur Verfügung stehenden Mitteln auf die Gefahrensituation reagiert. Sobald der Guard den Einsatzort erreicht hat, wechselt er sein Kommunikationsmedium. Er nutzt nun seine Datenbrille. Diese ist parallel mit dem Einsatzfahrzeug und der Leitstelle verbunden. Der Guard bleibt mit allen notwendigen Informationsmitteln in ständiger Verbindung. So könnte eine Sicherheitsdienstleistung der Zukunft aussehen."

„Das ist ja Science-Fiction. Aber ich konnte mir die Situation im Einsatzfahrzeug so richtig bildlich vorstellen. Hartmut, geht die Fantasie mit dem mobilen Einsatz noch weiter?"

„Na klar! Das waren doch erst die allgemeinen Bedingungen für die Erkennung der Gefahr mit der entsprechenden Maßnahme zur Bekämpfung. Wichtiger ist noch die Einteilung der unterschiedlichen Kunden. Die Kunden werden nicht nach der Größe ihrer Liegenschaft, sondern nach Gefahrenpotenzialen eingestuft. Gibt es Gefahren für die Umwelt allgemein, für uns Menschen, die Politik? Wie hoch ist ein möglicher Schaden? Bei der Einordnung spielen die unterschiedlichsten Faktoren eine Rolle. Fast alle Gefährdungen können von politischer Brisanz sein. Was politisch ist, ist auch meistens für uns Menschen und für die Umwelt gefährlich.

Zum Beispiel ist die Sicherheit für kerntechnische Anlagen von politischer und umwelttechnischer Bedeutung und somit auch für uns Menschen ein besonderer Gefahrenpool. In solchen sensiblen Sicherheitsbereichen reichen die üblichen technischen Sicherheitssysteme nicht aus. Dieses Objekt wird nie ein Kunde des mobilen Dienstes sein.

Ein anderes Beispiel wäre ein hoher wirtschaftlicher Schaden, wenn zum Beispiel eine Bank ausgeraubt wird, falls noch Geld im herkömmlichen Sinne existiert. Wenn es keine Geldscheine mehr geben sollte, werden Täter versuchen, über Geiselnahmen Summen zu erpressen. Da steht natürlich die Frage im Raum, wie und wohin dann das erpresste Geld fließen soll. Die Sicherheitskräfte werden bestimmt jeden Kontoinhaber schnell identifizieren können. Also wird die Gaunerwelt es viel schwerer haben als heute.

Ein anderes Beispiel: Bei einem Banküberfall während der Geschäftszeit wird immer die Polizei sofort zum Einsatz kommen. Immer wenn die Bank geschlossen ist, wird die Sicherheitsverantwortung hauptsächlich bei der privaten Sicherheitswirtschaft liegen. Daraus ergibt sich, die Banken benötigen einen erhöhten technischen Sicherheitsstandard. Hier sind neben der allgemeinen Videoüberwachung auch Computerprogramme vonnöten, die Angriffe aktiv abwehren können. So muss gewährleistet sein, dass bei einer Annäherung eines größeren Gegenstandes, das können zum Beispiel Fahrzeuge sein, der Eingangsbereich zusätzlich in Bruchteilen einer Sekunde mit einer Durchfahrtssperre abgesichert wird. Sollte dieser überwunden werden, sind technische Gase und Nebel einzusetzen, damit die Angreifer keine Chance haben, Vorteile aus dem Überfall zu ziehen. Bei solch einem Angriff ist der Guard in der Lage, alle notwendigen Maßnahmen mit Einsatzkräften der Polizei zu koordinieren. Das Videosystem ist so programmiert, dass generell alle Personen über ein Personenerkennungsprogramm identifiziert werden können. Der Täter kann sich bei diesen Systemen nicht mehr hinter einer Maske oder anderen Schutzmechanismen verstecken. Denn die Programme sehen schlicht durch sie hindurch, indem der Kopf vermessen wird, und daraus errechnet das System, wie der Angreifer ausschaut. Ein solches Sicherheitssystem ist so sensibel, dass es auch erkennen kann, wenn die Körpersprache des Angreifers auf eine Gefährdung hindeutet. Gerade während der Öffnungszeiten spielt dieses Programm eine wichtige Rolle. Somit können schon im Vorfeld eines Angriffes Gegenmaßnahmen eingeleitet werden. Du musst dir vorstellen, die Polizei verfügt heute schon über Möglichkeiten, eine Gesetzesverletzung im Voraus zu erkennen. Dabei werden alle Fakten einer Gesetzesüberschreitung, einer Stadt, eines Kreises oder gar Bundeslandes in ein Computersystem eingespeist, und der Rechner sagt, wo und wann ein Angriff oder eine Straftat in den kommenden 24 Stunden eintreten wird."

„Das soll funktionieren?"

„Ich betone, Erich, dass wird heute noch erprobt. Natürlich werden in Zukunft auch diese Voraussagen mit den privaten Sicherheitsfirmen abgeglichen. Auch das große Themenfeld der Aufzugsbefreiung durch mobile Einsatzkräfte wird sich stark verändern. Bei einem Notruf wird die Leitstelle den Guard erst in Marsch setzen, wenn sie selbst die Befreiung nicht ausführen kann. Denn alle Aufzüge werden in Zukunft von den unterschiedlichsten Leitstellen ferngesteuert und somit auch abgesichert sein. Der Operator kann dann versuchen, einen Notfall sofort zu beheben. Er fährt den Aufzug in eine Notposition und öffnet die Türen. Die Befreiung ist geglückt. Erst, wenn das nicht funktionieren sollte, erhält der Guard die Information als Alarm auf seinen Bordcomputer und kann selbstständig seine Intervention einleiten. So, das sind nur einige Betrachtungen zum mobilen Dienst in der Zukunft."

„Mann, ich bin platt. Wo holst du dir denn solche Gedanken her? Hartmut, du könntest ja Hellseher werden", scherzt Erich. „Aber mal ehrlich, ich fühle mich bei deinen Erzählungen wie in einem Science-Fiction-Film. Du hast das toll beschrieben, so farbig und realistisch."

„Vielleicht verstehst du jetzt, warum ich das Problem der Mitarbeitergewinnung nicht so dramatisch sehe. Wer hat denn dann noch eine Chance, in solch einem hochgerüsteten und technisch perfekten System zu arbeiten? Das sind die gut ausgebildeten Menschen, die in vielen früher einfachen Positionen dann schon Ingenieure sein müssen, um die Technik zu beherrschen. Aber eins muss ich noch anreißen: Die Industrie wird in naher Zukunft neue und wirklich unüberwindbare Techniken auf den Markt bringen. Wie wir heute wissen, ist die Iriserkennung oder die Fingerabdruckerkennung nicht sicher. Das Gleiche trifft auf die Spracherkennung zu. Wenn wir uns an die James-Bond-Filme erinnern, da staunten wir alle über diese Techniken und Methoden. Sie sind heute schon Realität, aber die Nachteile wurden gleich mitgeliefert. Das wird in der Zukunft nicht mehr so leicht passieren."

„Und was ist mit dem Monitoring?" Erich hat nachgedacht. „Alarmauflauf, Alarmbearbeitung und Beseitigung der Gefahr sind doch heute schon sehr technisiert."

„Ja, schon, aber auf dem Stand von Wissen und Technik zu Beginn des 21. Jahrhunderts. In 25 Jahren haben wir aber bereits die Mitte dieses Jahrhunderts erreicht. Du musst doch zugeben, dass sich gerade die Computertechnik und die Kommunikationsmethoden in sehr kurzer Zeit sehr stark verbessert haben. Dieser Gedanke muss mitberücksichtigt werden."

„Hartmut, du wirst mir unheimlich." Die Stimme von Erich drückt echte Besorgnis aus.

„Ich versuche einfach nur, etwas mehr Innovation in meine Gedanken zu bringen. Man muss mutig sein, man muss überzeugt sein von dem, was heute existiert, dann kann man sich auch ausmalen, was die Zukunft bringen könnte. Wer am alten Denken klebt, wird mit jeder Innovation seine Mühe haben. Denk doch mal an unsere Firma. Wer denkt denn fortschrittlich? Wer verbreitet die neuesten Erkenntnisse, und wer bewegt sich immer im herkömmlichen Rahmen?"

„Ja, einige Führungskräfte denken immer noch in den alten Schablonen. Aber so, wie du das siehst, werden die, die Angst haben, Macht zu verlieren, wenn sich etwas verändert, tatsächlich die Verlierer sein – nur aus anderen Gründen."

„Prima erkannt."

„Dann werfe deinen Ideengeber wieder an, und zeige mir, wie es mit der Truppe vom Monitoring in der Zukunft weitergeht."

„Erst einmal muss man überlegen, ob die Struktur stimmt. Ist dieser Geschäftsteil richtig aufgestellt? Was heute ist, wird morgen nicht mehr so gehen. Die Informationsflut wird sich verhundertfachen. Da greifen die heutigen Arbeitsbedingungen nicht wirklich. Die Bildschirmmenge wird, wenn man sie so anordnet wie heute, nicht mehr zu beherrschen sein. Es wird daher keine Einzelbildschirme mehr geben. Die Operatoren sitzen oder stehen vor einfachen durchsichtigen Scheiben. Dort laufen die Ereignisse auf. Genau wie bei den mobilen Guards werden die wichtigsten Informationen und Sachverhalte rot hinterlegt sein. Entsprechend den Dringlichkeiten werden dann die Farben in Richtung Grün wechseln. Der Operator wird durch Kopfhörer und Tastenfeld mit dem Rechner verbunden sein. Der Rechner wird per Sprachkommunikation gesteuert. Mit Hilfe des Tastfeldes ergeben sich die Möglichkeiten, die eingehenden Informationen weiterzuleiten und in das Tagesprotokoll einzutragen. Mitschnitte der gesamten Arbeitszeit sind notwendig, denn es werden nicht Hunderte von Operatoren gleichzeitig anwesend sein. Darum sind die Aufnahmen wichtig, um jedem Kunden zeitnah klare Auskünfte geben zu können, auch wenn der Sachverhalt bereits Stunden oder Tage zurückliegt. Der Chefoperator ist nicht der Kontrolleur des Teams, er ist das Verbindungsglied zu dem polizeilichen Informationspool und den Rettungskräften. In Grenzsituationen ist er der Entscheider. Dadurch ist die Hierarchie flach, und das entspricht ja schon heute unserer Geschäftsphilosophie.

Aber wie viele Operatorarbeitsplätze benötigt werden, lässt sich heute kaum beantworten. Wenn ich sage, die Informationsflut wird sich verhundertfachen, wird nicht unbedingt das Hundertfache von Mitarbeiterinnen und Mitarbeitern in den Notrufzentralen notwendig sein. Entscheidend ist doch, welcher Arbeitsprozess automatisiert werden kann. Deswegen werden viele Alarme sofort zu den Guards gehen, und nur, wenn diese nicht reagieren, kommt die Rückkopplung mit der Leitstelle in Berührung. Auch das Schreiben des Tagesprotokolls wird nicht mehr per Tastatur erfolgen, es wird eine automatische Blockschreibweise angewendet werden, in der die einzelnen Textfelder mit Standardwerten und Textbausteinen gefüllt werden."

„Wenn ich das richtig verstehe, besteht zwischen dem Monitoring, dem Alarmgeschäft und dem Einsatz der mobilen Kräfte ein enger Zusammenhang?", vermutet Erich vorsichtig.

„Ja, in der Zukunft wird das ‚One Securitas' noch viel mehr Bedeutung haben als heute. Einzelgänge wird es nicht mehr geben. In bestimmten Gefährdungssituationen, etwa bei Open-Air-Großveranstaltungen, Demonstrationen vor Kundenobjekten usw., werden bestimmt auch Überwachungsdrohnen zum Einsatz kommen. Diese Einsätze können von mobilen Einsatzzentralen koordiniert werden. Die mobilen Einsatzwagen der Zentrale sind ausgerüstet wie

Abb. 9.9: Mit Drohnen kann das Ausmaß eines Brandes schnell und ohne Gefährdung für Leib und Leben dokumentiert werden.

die Arbeitsplätze in der Notrufeinsatzzentrale. Diese Fahrzeuge sind mit zwei oder mehreren Operateuren besetzt, und diese stehen in enger Verbindung mit den Einsatzmodulen der Polizei und anderer Einsatzkräfte, der eigenen Zentrale, mit dem zentralen Rechner und den eingesetzten Mitarbeiterinnen und Mitarbeitern. Drohneneinsatz kann bei komfortablen Wohnanlagen auch notwendig sein. Mit Hilfe dieser technischen Komponente können Flächen und unübersichtliche Gebiete überwacht werden."

Abb. 9.10: Eine von Securitas mitentwickelte Drohne bei ihrer Premiere auf der Interschutz 2015 in Hannover.

„Das ist also der Grund, warum wir heute Drohnen und entsprechende Programme testen?"

„Stell dir vor, die Werkfeuerwehr in Bitterfeld hat die Möglichkeit, Drohnen einzusetzen. Natürlich immer vorausgesetzt, dass die Wetterbedingungen einen Einsatz zulassen. Das würde bedeuten, bei einem Alarm fliegt die Drohne sofort zur Gefahrenstelle. Die Einsatzkräfte erhalten bereits vor Eintreffen am Einsatzort die ersten wichtigen Informationen zur Sachlage. Die Drohne ermittelt alle notwendigen Daten wie Brandherd, Temperatur, Rauchentwicklung, die Bildung von Giftgasen und deren Zusammensetzung, Personen in Gefahr usw. Diese Informationen werden genauso in den Einsatzfahrzeugen sichtbar sein wie bei den vorhin geschilderten Rechnersystemen der Guards. Schon jetzt kann die Leitstelle entscheiden, ob nachalarmiert werden muss oder nicht. Reichen somit die Vorortkräfte aus, oder müssen die Feuerwehren der Umgebung zur Hilfe kommen? Auf diese Weise gewinnt man sehr viel Zeit, und der Schaden ist viel geringer.

Das Segment unserer Feuerwehr hat natürlich auch die Möglichkeiten, seinen Fuhrpark der neuen Technologie anzupassen. Heute sind es sehr kompakte Fahrzeuge. Es sind kleine Kraftwerke, Pumpstationen und Rettungszentren zugleich. Vielleicht werden in Zukunft stattdessen Modulfahrzeugeinheiten existieren. Ich meine, das einzusetzende Fahrzeug sucht auf Grundlage der Drohneninformation oder anderer Informationsquellen die unbedingt mitzuführenden Notfallmodule zusammen."

„Wie bitte?"

„Jetzt schaust du etwas verwirrt, aber es ist ganz einfach. Die Zugmaschine nimmt dann nur die Hänger, Container oder Aufleger mit, die wirklich zusätzlich benötigt werden. So könnte die Feuerwehr in die Lage versetzt werden, Wassertanks von über 30.000 Litern mitzuführen. In einem geschlossenen Chemiepark oder in einem Ort mit Hydrantversorgung ist es natürlich nicht unbedingt erforderlich, einen solchen Wassertank zum Einsatz zu bringen, aber außerhalb geschlossener Ortschaften kann die Wasserzufuhr entscheidend sein. Auch andere Module sind denkbar, zum Beispiel Personenrettungs-, Höhenrettungs-, Kontaminierungs-, Hochwasserschutz-, Gefahrenstoff- und Brennstoffmodule."

„Hartmut, du hast ja anscheinend für alle unsere Arbeitsbereiche Zukunftslösungen parat. Wie schaut denn deine Prognose für die Servicegesellschaften aus?"

„Alles, was ich hier äußere, sind Fantasien. Ob sie Realität werden oder nicht, das wird die Zeit entscheiden. Auch die Servicegesellschaften werden meiner Meinung nach ganz anders agieren müssen als heute. Objekte, bei denen nur eine Pforte besetzt ist, wird es bestimmt nicht mehr geben. Der Empfangsdienst wird sich weiter durchsetzen. Der bekommt eventuell nur von den ‚Hologramm-Damen' Konkurrenz. Diese rechnergestützten ‚Pförtnerinnen' werden aber sicher nicht überall ankommen. Denn die zwischenmenschlichen Beziehungen sind oft sehr wichtig. Eine Maschine leiert ihren Text herunter, ob der Fragende nun freundlich, beleidigend oder nur unhöflich ist. Die Empfangsmitarbeiterin kann konkret auf die Menschen zugehen. Sie kann ihnen helfen, sie entlasten, und sie erkennt auch, wenn Hilfe unbedingt erforderlich ist. Ich glaube, das wird sich in Zukunft wenig ändern.

Allgemeine Bewachungsaufgaben von Gebäuden, Einrichtungen und Personen werden technisiert und ins Portfolio der mobilen Dienste wechseln. Ich kann mir nicht vorstellen, dass in Zukunft noch jemand eine Baustelle bewacht oder gar Streifen in Fabrikanlagen notwendig sind. Spezielle Kunden, also segmentierte, werden andere Anforderungen haben. Diese Spezifikationen werden technisch unterstützt, aber der Mensch wird dort noch funktional anwesend sein. Dabei denke ich vor allem an die Flug- und Hafensicherheit. Die Fluggast- oder Passagierkontrolle wird auch automatisiert sein, aber die Sicherheitsmitarbeiter müssen eingreifen, wenn der Automat entsprechende Signale abgibt. Diese individuelle Arbeitsweise kann natürlich offen oder verdeckt erfolgen. Menschen, die eine Gefahr darstellen, werden nicht einfach publikumswirksam umgehauen, sie werden durch das Kontrollgerät markiert und bei passender Gelegenheit festgesetzt. So wird das Einchecken keine Warteschlangen mehr produzieren, die Fluggäste und Passagiere bewegen sich im Sicherheitsbereich offen und bemerken letztendlich gar nicht mehr, dass sie überprüft werden."

„Darf ich jetzt mal meine Gedanken zu meinem Lieblingsbereich darlegen? Ich besuche gern Museen und andere Kunsttempel. Dort ist ja heute schon sehr viel Sicherheitstechnik im Einsatz. Ich denke da an Berührungsalarme, Annäherungsalarme, Gefahrvernebelungsanlagen, automatische Verriegelungen und Fallgitter, elektronische Zählung der Menschen, die eintreten oder das Museum verlassen, Besucherstrommessungen, komplexe Videoüberwachung usw. Ich glaube, auch dort wird noch mehr Technik eingesetzt werden. Die Beschäftigten, die die Aufsichtspersonen ersetzen werden, nennen sich dann technische Aufsicht. Voraussetzung hierfür ist natürlich eine gut funktionierende Sicherheitszentrale, die die eingehenden Signale bearbeitet und somit auch die entsprechenden Maßnahmen einer Gegenwehr einleiten kann."

„Siehst du Erich, wenn du dir etwas Mühe gibst und dir überlegst, wie sich wohl die Gegenwart weiterentwickeln könnte, kommst du auch zu Betrachtungen über die Zukunft. Unser CEO, Manfred Buhl, hat es auf den Punkt gebracht. Als Sicherheitsunternehmen, sagt er, das bei seinen Kundenlösungen immer stärker auf die Kombination von Technik und Mensch setzt, stehen wir in einem steten und dynamischen Veränderungsprozess. Solche Veränderungen fallen nicht jedem leicht. Aber es sei wichtig, dass wir sensibilisiert und amüsiert, inspiriert und motiviert werden, diesen Veränderungen zu begegnen."

„Hartmut, da hat er natürlich recht. Ich bin gespannt, was sich von unseren Fantasien durchsetzen wird und wie es in 25 Jahren wirklich ausschaut. Wir beide wären dann schon recht betagt, aber das will ich noch miterleben."

„Unbedingt!"

Im Haus der Sicherheit

Im Spätherbst 2015 sind unsere beiden Freunde Hartmut und Erich in der Potsdamer Straße 88 verabredet. Seit Mai 2014 befindet sich dort das Hauptquartier der deutschen Securitas, das häufig als „Haus der Sicherheit" bezeichnet wird. Hartmut, der sich schon immer für die Geschichte des Sicherheitswesens interessiert hatte, hatte seinem alten Freund Erich versprochen, ihn endlich einmal durch das Museum der Securitas zu führen und den Rundgang mit sachkundigen Erläuterungen zu begleiten.

Ungeduldig wartet er auf der Straße vor dem Eingang. Endlich kommt Erich angetrabt.

„Mann, Erich, ich warte hier schon eine ganze Weile auf dich. Haste wieder gebummelt oder welcher Stau hat dich heute aufgehalten", grummelt Hartmut zur Begrüßung.

„Ach du mit deiner übertriebenen Pünktlichkeit", kommt es aus Erichs Mund zurück. „Einmal Vopo, immer Vopo!"

„Besser als ein Schreibtischhengst!"

Abb. 10.1: Das Haus der Sicherheit.

Lachend und schulterklopfend betreten die beiden die Lobby des Hauses im Parterre. Schon der Empfangsbereich strahlt solide Eleganz aus. Grau, schwarz und weiß sind die Farben des Raumes. Durch große Schaufenster zu den beiden Straßenfronten hin wirkt er sehr hell und spiegelt die Leistungskraft des Hausherren wider. Gegenüber der Eingangstür befindet sich der Empfangstresen, rechts von ihm eine große Sitzecke – der Wartebereich für Besucher des Hauses. Abgerundet wird die Lobby durch säulenähnliche Stelen, die Blütenblättern nachempfunden wurden. Auf diesen Stelen sind spielerisch rote Kugeln angeordnet, die die drei roten Punkte der Securitas repräsentieren. Der geräumige Raum erlaubt es, den Eingangsbereich auch als Kunsthalle zu nutzen. So sind hier nachempfundene Minimauerteile von Mitarbeiterinnen und Mitarbeitern der Securitas künstlerisch gestaltet und ausgestellt worden – Teil des Projekts „Kunst gegen Mauern". Auch für kleinere Events bietet sich die Räumlichkeit an.

Im Haus der Sicherheit sind alle Gesellschaften der Securitas in Berlin vereint: Im Erdgeschoss befinden sich die beschriebene Lobby und ein Teil des Parkhauses, die erste Etage ist fremdvermietet, die eigentlichen Firmenräume beginnen mit dem zweiten Obergeschoss. Dort finden wir das Securitas-Museum, die Kleiderkammer der Region Berlin-Brandenburg, die Securitas Data Solutions und die Arbeitsräume der Administration. Im Geschoss darüber arbeiten die Techniker von Technical Solutions und die Kolleginnen und Kollegen von Alert. Die Sicherheitsdienste Berlin werden vom vierten und Teilen des fünften Obergeschosses beherbergt, im fünften Geschoss sind darüber hinaus noch Key Account und Lohnabrechnung untergebracht. Im sechsten Stock befinden sich die

Abb. 10.2, 10.3: In der Lobby.

*Abb. 10.4, 10.5:
Das Museum der Securitas.*

Arbeitsräume der Holding und von Fire Control sowie das Konferenzcenter, in dem nationale und internationale Veranstaltungen der Securitas AB Stockholm und der deutschen Gruppe stattfinden. Den höchsten Punkt im Haus stellt die siebte Etage dar. Hier werden das neue Museum und ein Showroom der technischen Sicherheitslösungen entstehen.

Nachdem sich die beiden Freunde ihre Zutrittskarten für das Haus aufgeladen haben, verlassen sie den Empfangsbereich und begeben sich ins Museum.

„Jetzt bin ich aber gespannt“, sagt Erich, „ein Sicherheitsunternehmen und ein Museum, das gibt’s auch nicht oft.“

„In unserem Museum ist nicht nur die Geschichte der Securitas dokumentiert“, berichtet Hartmut stolz. „Vielmehr führt die unterhaltsame Ausstellung den Besucher durch 2000 Jahre Geschichte des Bewachungsgewerbes. Die Exponate beginnen mit der Namenspatronin unseres Unternehmens, der römischen Göttin Securitas, die auf ausgestellten Münzen dargestellt ist, zeigen Zeugnisse mittelalterlicher Bewachungstechnik, spiegeln die Entwicklungen der Neuzeit wider und informieren schließlich auch über berühmte Detektive wie Eugène François Vidocq, Sherlock Holmes oder Allan Pinkerton. Natürlich wird auch die Entstehung der privaten Sicherheitsunternehmen und deren Entwicklung bis in die Gegenwart wiedergegeben. Und schließlich haben wir auch Exponate, die die Geschichte der staatlichen Sicherheit in der DDR, der Deutschen Volkspolizei, veranschaulichen.“

Erich betrachtet fasziniert die Vitrinen. „Toll, was hier alles zusammengetragen wurde", sagt er anerkennend. „Wie war es nur möglich, die ganzen Ausstellungsstücke hierher zu bekommen?"

„Unsere Ausstellung verdanken wir dem Engagement von sehr vielen unserer Kolleginnen und Kollegen. Die Exponate, die hier zu sehen sind, wurden zu 30 Prozent von den Mitarbeiterinnen und Mitarbeitern für diese Schau zur Verfügung gestellt. Die Kollegen aus Berlin, Mannheim, München, Dresden oder Düsseldorf, vor allem aber die Betriebsräte, unterstützten das Sammeln der Gegenstände. Die Kanusportlerin Katrin Wagner-Augustin aus Potsdam hat ihre drei Goldmedaillen aus Sydney, Athen und Peking dem Museum als Leihgabe übergeben."

Abb. 10.6: Manfred Buhl mit Fanny Fischer (links) und Katrin Wagner-Augustin (rechts) am 8. Juni 2010.

Nachdem Erich, begleitet von den erklärenden Kommentaren Hartmuts, die Ausstellung ausgiebig betrachtet hat, wird ihm so richtig bewusst, dass er selbst Teil dieses großen Ganzen ist. „Mensch, Hartmut, wenn man sich anhand dieser Exponate die Geschichte unserer Branche vergegenwärtigt und sieht, wie die Securitas zu dem geworden ist, was sie heute darstellt, kann man schon ein wenig stolz sein."

„So ist es auch gedacht", bestätigt Hartmut. „Das Museum soll die Angestellten enger an das Unternehmen binden, es soll zur täglichen Arbeit motivieren, aber auch Kunden und Besuchern dokumentieren, in welch langer Tradition sich unsere Branche und unser Unternehmen bewegt. Wer das hier gesehen hat, spürt, dass Securitas mehr ist als irgendein Anbieter von Dienstleistungen – nämlich ein hoch technisiertes Unternehmen mit Weltruf."

„Ja, dieser Eindruck wird wirklich vermittelt." Erich ist beeindruckt, sein Blick schweift gedankenverloren zwischen den Vitrinen umher. Doch plötzlich scheint er etwas Bestimmtes zu suchen. „Eigentlich dürften hier nicht nur vergangene Zeiten dokumentiert werden, es müssten doch auch Erinnerungen aus der jüngsten Firmengeschichte zu sehen sein. Gibt es dafür auch eine Abteilung? Ah, und noch etwas: Seit wann besteht diese Sammlung eigentlich?"

Das Bilderbuch der Securitas Deutschland

„Na, wart's doch mal ab! Ich habe noch etwas ganz Besonderes für dich." Hartmut zieht einen gebundenen Band hervor. „Neben den Gästebüchern liegt für mich das schönste Ausstellungsstück, das *Bilderbuch der Securitas Deutschland*. In diesem Buch sind Fotos von besonders wichtigen Veranstaltungen unserer deutschen Securitas-Gruppe enthalten. Erich, du wirst darin Bilder finden, die auch unseren eigenen Weg bei der Securitas festhalten."

„Zeig!"

Ungeduldig nimmt Erich dem Freund das Buch aus der Hand und beginnt zu blättern. Schon bald hat er etwas gefunden, was ihn besonders zu interessieren scheint. Begeistert hält er Hartmut die aufgeschlagenen Seiten hin. „War nicht schon beim Fest zum 100. Jahrestag der Berliner Wach- und Schließgesellschaft die erste improvisierte Schau zu sehen?"

„So ist es. Ich kann mich noch gut an diesen bescheidenen Anfang erinnern", antwortet Hartmut. „Zu diesem Jubiläum wurden beim Betriebsfest im August 2002 die ersten Exponate an den Gartenzaun in der Rheinsteinstraße genagelt. Das Motto war", jetzt überlegt Hartmut etwas, „ja, das war doch was mit zusammenwachsen oder so. Ah, natürlich, das Motto war ‚100 Jahre Wach- und Schließgesellschaft Berlin – Securitas wächst zusammen'. Und danach war bei zwei Betriebsfesten in der Jungfernheide in Berlin eine neue und erweiterte Ausstellung zu sehen."

20 Jahre private Sicherheit in Ostdeutschland

Erich blättert weiter und vertieft sich immer mehr in dem Bilderbuch. „Weißte noch, was das war?"

„Aber natürlich weiß ich das noch. Das war doch der 20. Jahrestag der privaten Sicherheit in Ostdeutschland, der am 8. Juni 2010 gefeiert wurde. Viele Mitarbeiterinnen und Mitarbeiter der ersten Stunde waren anwesend, Gäste aus dem öffentlichen Leben geladen, aber auch Kunden und sogar Vertreter aus Stockholm waren gekommen. Wir alle erlebten einen denkwürdigen Tag voller Erinnerungen an die schwierigen Jahre nach der Wende. Das werde ich so schnell nicht vergessen."

Abb. 10.7: *Sascha Hingst zeigt dem Auditorium das erste „mobile" Telefon der DSW Berlin. Reinhard W. Ottens neben ihm kann sich ein Schmunzeln nicht verkneifen.*

„Ja, stimmt. Mir wird er auch ewig in Erinnerung bleiben."

„Kannste dich noch erinnern, wie plötzlich die *Aktuelle Kamera* auf der Leinwand und auf den Bildschirmen im Raum aufleuchtete? Und dann verlas Klaus Feldmann, der ehemalige Chefsprecher der Sendung, Nachrichten von 1990. Keiner im Saal hatte bemerkt, dass in einer Ecke ein improvisiertes Studio mit Klaus Feldmann aufgebaut worden war. Das war schon ein Kracher, und ich als Ossi bekam richtig eine Gänsehaut." Hartmut ist noch immer ganz ergriffen.

„Wenn ich mich richtig entsinne, lief auch eine Originalsequenz der *Aktuellen Kamera*[1], die die Gründung des ersten ostdeutschen privaten Sicherheitsunternehmens zeigt. Komisch war allerdings, das hauptsächlich das Buffet im Bild zu sehen war."

Lachend ergänzt Hartmut: „Das Filmchen war schon etwas naiv. Allein der Anfang: ein Tor mit offenen Schranken und ein altes, grau gestrichenes Eingangstor, welches mit einer Kette gesichert war. Beide Bilder passten übrigens gar nicht zum Beitrag, denn man konnte das kleine Industriegelände ohne Kontrolle betreten. Es sah so aus, als ob das alles improvisiert war."

„Eine solche Berichterstattung war ja auch totales Neuland in Ostdeutschland. Und dann erst die Moderation: ‚Offene Tore zur Marktwirtschaft. Gefragt sein

1 DRA Deutsches Rundfunkarchiv Babelsberg, *Aktuelle Kamera* vom 19. April 1990.

wird in Zukunft nicht nur Sicherheit im sozialen Bereich, sondern generell neue Methoden. Doch nun halten Hightech und Know-how Einzug.' Das war so ziemlich das Gegenteil der gezeigten Bilder."

„Na ja, aller Anfang ist schwer, aber zurück zu unserer Feier", beendet Hartmut dieses Thema.

Abb. 10.8 (v. l. n. r.): Podiumsdiskussion mit Günter Baaske, Hans-Jürgen Hohnen, Prof. Dr. Dr. hc. mult. Rolf Stober, Klaus Feldmann, Prof. Gerd Neubeck und Manfred Buhl.

Abb. 10.9: Jörg Schönbohm im Gespräch mit Manfred Buhl.

Abb. 10.10: Prof. Gerd Neubeck und Manfred Buhl bei der Podiumsdiskussion.

„Die Veranstaltung war in mehrere Abschnitte gegliedert, wenn ich das richtig behalten habe." Erich versucht, sich an den Ablauf zu erinnern. „Zuerst wurden Erinnerungen ausgetauscht und Zeitzeugen berichteten von den Anfangsjahren der privaten Sicherheit. Auf dem Podium hatten sich die Herren Retsch, Berger, Ottens, Kunze und Dr. Jürgen Eschert vom Kanusportclub Potsdam zum Talk versammelt. Sascha Hingst vom Fernsehen rbb moderierte die Runde. Weißt du noch, wie der Reporter das erste ‚mobile' Telefon, welches Reinhard W. Ottens der neu gegründeten Berliner Truppe zur Verfügung gestellt hatte, in die Runde zeigte. Mann, war das ein Lacher!"

Hartmut muss bei der Erinnerung daran auch noch einmal lachen. „War es nicht dieses Fest, an dem erstmals der Securitas-Award verliehen wurde?", fragt er dann.

„Ja. Schau, hier haben wir ja das Gruppenbild der Preisträger. Aber sag mal, gab es nicht auch eine Festrede?"

„Aber sicher. Sie hielt Jörg Schönbohm, Generalleutnant a. D. und ehemaliger Innenminister von Berlin und Brandenburg.

Abb. 10.11: Gruppenbild der Preisträger, von links: Jens Berger, Mitgründer des Zivilen Wachschutz Retsch & Berger GmbH (ZW), Reinhard W. Ottens, Geschäftsführer der DSW Security Düsseldorf und Gründer eines Joint Venture mit der DSW Berlin Security, Jürgen Retsch, Mitgründer des ZW, Roland Kranepuhl, dienstältester Mitarbeiter in Ostdeutschland, Gernolf Schulz und Gerd Kunze von der Universität Potsdam, dem ältesten Kunden.

Und zusätzlich wurde eine Podiumsdiskussion durchgeführt, die aktuelle Fragen der privaten Sicherheit zum Inhalt hatte. An dieser Diskussionsrunde beteiligte sich sogar ein Minister des Landes Brandenburg, nämlich Günter Baaske, damals Minister für Arbeit, Soziales, Frauen und Familie. Ferner nahmen teil: Hans-Jürgen Hohnen, Staatssekretär a. D., Prof. Dr. Dr. hc. mult. Rolf Stober, Leiter des Forschungsinstituts für Compliance, Sicherheitswirtschaft und Unternehmenssicherheit (FORSI), sowie Moderator Klaus Feldmann. Zu dieser Runde gehörten ferner auch Prof. Gerd Neubeck, Leiter Konzernsicherheit der DB, und Manfred Buhl. Der zweite Moderator Sascha Hingst ist leider nicht mit auf dem Bild."

„Alle Achtung. Du hast aber ein gutes Gedächtnis", staunt Erich.

„Gar nicht, ich habe ja noch einen Spickzettel mit den Namen der Teilnehmer", sagt Hartmut grinsend und zieht einen kleinen Notizblock aus der Jackentasche. „Aber unabhängig davon war diese Veranstaltung auch ein Höhepunkt für alle, die die private Sicherheit in den neuen Bundesländern mit aufgebaut haben und die nach den Ereignissen von 1989 in diesem Beruf eine neue Herausforderung fanden."

Sicherheitstage der Securitas

„Denkwürdig waren auch die drei Sicherheitstage, die die Securitas nach 2007 durchgeführt hat. Schau mal, Hartmut, hier sind Fotos davon.“

„Ja, das waren auch herausragende Veranstaltungen“, stimmt Hartmut zu. „Es ging bei den Diskussionsrunden und Arbeitsgruppen immer um fachspezifische Themen, wie Museums- und Universitätssicherheit, Sicherheit in der Automobilbranche, Flughafensicherheit, Chemie und Pharmathemen, Hotel und Gaststättensicherheit und vieles mehr. Beim ersten Sicherheitstag in Düsseldorf am 15. Mai 2007 diskutierten meines Wissens Manfred Buhl, Dr. Berthold Stoppelkamp, Leiter des Hauptstadtbüros des BDSW, Wolfgang Bosbach, MdB, Jörg Ziercke, Leiter BKA, Alf Göransson, CEO Securitas AB Stockholm, und Reinhard Rupprecht, Ministerialdirektor a. D. – alles ausgewiesene Sicherheitsexperten.“

Abb. 10.12: Jörg Ziercke spricht über die Terrorgefahr in Deutschland.

„Mich haben immer besonders die Ausführungen von Jörg Ziercke, des Leiters des BKA, gefesselt“, ergänzt Erich. „Ich glaube aber, es war schon der zweite Sicherheitstag am 15. Mai 2009, als er sehr spannend über die Terrorbedrohung im Land referiert hat.“

„Das ist richtig“, bestätigt Hartmut.

„Und der dritte Sicherheitstag fand schon hier statt, in unserem Haus der Sicherheit. Ich glaube, es war am 15. Mai 2014 und gleichzeitig die Eröffnungsveranstaltung für dieses Haus.“

Abb. 10.13: Illustre Runde beim dritten Sicherheitstag 2014.

„Das war schon toll, Gastgeber im eigenen Haus zu sein. Haste auf deinem Notizblock noch alle Referenten?", fragt Erich.

„Mal sehen." Hartmut liest in seinen Unterlagen. Dann sagt er langsam: „Also, wenn ich mich nicht täusche, sieht man von rechts Staffan Carlsson, den Botschafter Schwedens, dann Alf Göransson, CEO Securitas AB Stockholm, Jörg Ziercke, Leiter des BKA, und neben ihm, wer war das noch? Ach ja, das müsste Klaus Kandt, der Polizeipräsident von Berlin sein, neben ihm Dr. Günter Krings, Parlamentarischer Staatssekretär beim Bundesminister des Innern und ganz außen als Gastgeber Manfred Buhl.

„Ja, da war viel Prominenz aus Politik und Konzern bei uns im Haus. Gibt es eigentlich auch Fotos von den vielen Führungskräftetreffen?", fragt Erich.

Führungskräftetreffen

„Beim Stichwort Führungskräftetreffen fällt mir spontan das von 2001 in Potsdam ein, wo Manfred Buhl uns die Tool Box zum wiederholten Mal ins Gewissen geredet hat. Erst nach seiner Vorführung des Tools ‚Step by Step' haben viele Teilnehmer das Führungsmodell erst wirklich verstanden."

„Ja, richtig. Aber kannst du dich auch noch an Potsdam 2010 erinnern?"

Abb. 10.14: Die Controller in gelben Allwetterjacken halten das Steuer fest in der Hand.

„Erich, schau her", sagt Hartmut eifrig, der Erich das Buch aus der Hand genommen und die entsprechenden Seiten aufgeschlagen hat. „Das war in Potsdam 2010. InSIGHT OUT (das Wissen nach außen tragen) war das Thema, verbunden mit der Botschaft ‚One Securitas'. Mit roten Seilen versuchten wir, einen einheitlichen langen Tampen (Seil) zu knoten. Und hier, die, die sich gruppiert haben wie hausinterne Fischerchöre, das sind unsere Controller in ihren gelben Allwetterjacken. So wie sie das Steuer halten, symbolisieren sie den Wert von Teamarbeit und Zusammenhalt. So habe ich es zumindest verstanden."

Abb. 10.15: Area Manager Kanut Seddig.

„Das siehst du absolut richtig. Der Tag der Area Nord war ja geprägt von Seefahrtsmotiven, die Einheit und Zusammenhalt symbolisieren sollten. Die Botschaft: Wir sind eins – ob Hafensicherheit, Airbus oder Contro/St.Pauli. Das alles kann der Area Manager Kanut Seddig nicht allein stemmen und hatte deshalb seine Helfer in eine improvisierte Haifischbar eingeladen. Gemeinsam finden sie immer den richtigen Weg zum Erfolg. Weißt du Hartmut, Securitas verfügt weltweit über viele hunderttausend Mitarbeiterinnen und Mitarbeiter – mit hunderttausendfachen Stärken und Ideen. Das ist ein riesiger Pool, aus dem das Unternehmen schöpfen kann. Deshalb sind solche Treffen so wichtig. Wen habe ich auf diesen Veranstaltungen nicht schon kennengelernt? Wie und wo sollte ich ein eigenes Netzwerk schaffen, wenn nicht an solchen Tagen?"

Abb. 10.16: Manfred Buhl schaut zu, wie der Hamburger Jung Jens Müller mit dem roten Seil hantiert.

„Das hast du jetzt aber schön gesagt", bemerkt Hartmut grinsend. Lachend blättern die beiden Freunde weiter im *Bilderbuch der Securitas Deutschland*.

Ausbildungszentrum Schwerin

„Da, das ist ein ganz anderes Thema", sagt Hartmut plötzlich. „Hier sieht man unsere Azubis auf der Terrasse vor der IHK in Schwerin, im Hintergrund das Schweriner Schloss. Was unser Unternehmen für unsere Azubis leistet, ist schon beispielhaft im Sicherheitsgewerbe. Welches andere Sicherheitsunternehmen leistet sich ein eigenes Ausbildungszentrum? Unzählige junge Menschen wurden hier unter der Aufsicht von Detlef Strohkirch schon ausgebildet, übrigens auch aus Spanien und Griechenland."

Abb. 10.17: Zeugnisübergabe am 5. August 2011 auf der Terrasse der IHK in Schwerin. Ganz links Detlef Strohkirch, Leiter des Ausbildungszentrums, neben ihm Manfred Buhl, ganz rechts die gute Seele des Hauses, Silke Schilff, und neben ihr Mathias Hofmann, Fachbereichsleiter Aus- und Weiterbildung der IHK Schwerin.

„Ich finde das große Klasse", sagt Erich bestimmt. „Gute und fachspezifische Ausbildung ist heutzutage alles. In Schwerin wird unser Nachwuchs sowohl fachlich-operativ wie theoretisch ausgebildet – alles aus einem Guss, und das ist toll."

Kick off der Diamond Box

Hartmut blättert weiter. „Erich, daran kannst du dich bestimmt auch noch erinnern, das war unser Auftakt-Meeting zur Einführung der Diamond Box am 30. August 2011."

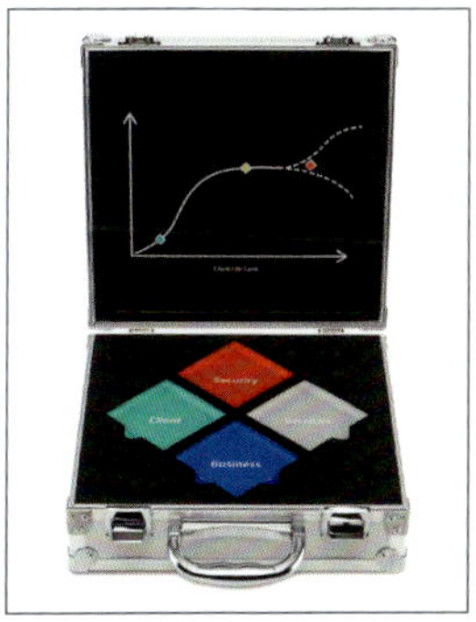

Abb. 10.18: Die Diamond Box, das Wertschöpfungsmodell der Securitas: Sicherheit, Kunde, Dienstleistungen und Business.

„Na, aber klar doch. Tolle Stimmung, tolle Atmosphäre mit euphorischer Musikuntermalung zu dem Trailer, der unsere Dienstleistungen darstellte."

„Genau. Und Alf Göransson erläuterte die Diamond Box. Sie ist ein neuer Konzernstandard, der die Methode für unser Geschäft festlegt. Die vier Hauptbestandteile sind Sicherheit, Kunde, Dienstleistungen und Business. Sicherheitsexperte zu sein, die Kundenbedürfnisse zu verstehen, optimalen Service zu bieten und profitable Partnerschaften aufzubauen, das sind sozusagen die vier

Abb. 10.19: Alf Göransson zeigt, worauf es ankommt. Das Geschäft muss in den Köpfen klar und verständlich präsent sein.

Abb. 10.20: Hans-Georg Heinrich, Geschäftsführer der Area Bayern, erläutert dem Auditorium den Client Lifecycle.

Abb. 10.21: Jens Müller, Manfred Buhl, Alf Göransson und Erich Kupferschmidt (Zweiter v. r.), Kurator des Securitas-Museums und Organisator der Wanderausstellungen.

Diamanten in der Box, die ab 2012 auch bei uns in Deutschland als Standard neben der Tool Box zum Einsatz kam."

„Schau mal, allein die Gestik beim Vortrag von Alf Göransson macht klar, dass diese Grundlage unseres Geschäfts immer in unseren Köpfen präsent sein muss." Erich deutet auf das Bild im Buch.

„Und Hans-Georg Heinrich ergänzte", fährt Hartmut fort „wie wichtig es ist, eine langfristige, auf Anerkennung und Vertrauen basierende Beziehung zu unseren Kunden sicherzustellen. Zu wissen, wo der jeweilige Kunde im Client Lifecycle sich befindet, hilft uns, die geeigneten Angebote zu machen."

„Weißt du eigentlich", sagt Erich, „dass bei dieser Veranstaltung auch erstmals die Wanderausstellung unseres Museums gezeigt wurde? Sie ist sozusagen das Gegenstück zu der Dauerausstellung im Haus-Museum."

„Na, das kannste dir doch denken, dass mich das interessiert hat", antwortet Hartmut. „Ich habe sie damals an Ort und Stelle genau studiert. Ist einfach großartig geworden."

Ausstellung Kunst und Geschichte eines Sicherheitsunternehmens in Altenburg

„Ich habe sie auch einmal gesehen, in Altenburg. Ich glaube, das war eine der schönsten Stationen bisher für unsere Wanderausstellung", fügt Erich hinzu. „Erich Kupferschmidt war es gelungen, die unterschiedlichsten Künstler und

Sammler in der Securitas zu finden und für diese Ausstellung zu begeistern. Zu ihnen gehörten der Sammler von Polizeiabzeichen, Joachim Creutzer, Berlin, der Maler Karl-Heinz Pätznick, Berlin, der Maler Gerd Weyer, München, der Buchautor Mario Fiolka, Berlin, die Fotografin Trang To, München, der Maler Paul Heilmann, Schweinfurt, der Cartoon-Zeichner Udo Mitschke, Mannheim, und der Maler Wolfgang Körber aus Altenburg. Bei der Vernissage ist Erich Kupferschmidt sogar als Nachtwächter aufgetreten und es gab eine Vorführung mit kämpfenden Rittern, alles untermalt mit mittelalterlicher Musik. Für den Kulturbund Altenburger Land e. V. waren die Ausstellung und Veranstaltung auch ein besonderes Ereignis. Mehr als 100 Gäste kamen zur Vernissage. Für alle, die dabei waren, war dieser Abend ein großes Erlebnis. Solche Events werben ja ganz nebenbei auch für unser Unternehmen."

Abb. 10.22: Der Kurator der Wanderausstellung, Erich Kupferschmidt, nach seinem Auftritt in Altenburg als Nachtwächter mit Joachim Creutzer, Karl-Heinz Pätznick, Gerd Weyer, Mario Fiolka, Trang To, Paul Heilmann, Udo Mitschke und Wolfgang Körber.

Aufsichtsratswahl der Arbeitnehmervertreter

Hartmut blättert weiter in dem dicken Bilderbuch. „Hier ist einmal etwas ganz anderes", beginnt er und zeigt auf ein weiteres Gruppenfoto.

Erich wirft einen Blick auf das Bild. „Ah ja, das ist die Wahl der Arbeitnehmervertreter zum Aufsichtsrat am 18. Oktober 2012. Das ist ja auch immer ein besonderes Ereignis, nicht nur für mich als Personaler. Hier siehst du die von den Delegierten gewählten Vertreter."

Abb. 10.23: Die am 18. Oktober 2012 gewählten Arbeitnehmer-ver-treter im Aufsichtsrat (v. l. n. r.): Erich Walch, Bernd Eberhardt, Andrea Weber, Markus Neuhaus, Dieter Heuser, Andreas Sander und Sabine Mies. Uwe de Jong fehlt auf dem Gruppenfoto.

Hartmut spinnt den Faden weiter: „Der Aufsichtsrat hat viele wichtige unternehmerische Entscheidungen mitzubestimmen. Deshalb ist es für unsere Angestellten und Sicherheitsmitarbeiter von großer Bedeutung, dass sie dort richtig vertreten werden. Aber Erich Walch, Dieter Heuser oder auch Bernd Eberhardt sind schon alte Hasen in dieser Funktion und machen dort einen guten Job."

Abb. 10.24: Die Festredner zur Jubiläumsveranstaltung waren die Herren (v. l.): Gerd Kugler, KfW, Tobias Stamper, GF Financial, Manfred Buhl, Frank Maier, FAZ, und Gerhard Schick, ehemaliger GF Frankfurt/M.

50 Jahre Frankfurt

Abb. 10.25: Zu den geladenen Gästen gehörten auch Ilona Martinov von Securitas Flugverkehr Services und Dirk Fischlein, Geschäftsführer Aviation.

„Und das hier", Erich zeigt auf ein Bild ein paar Seiten weiter, „war am 1. November 2013. Die Niederlassung Frankfurt/Main feierte an diesem Tag ihr 50-jähriges Jubiläum, denn 1963 wurde die DSW mit Alfred Hochwald an der Spitze gegründet. Zu diesem Fest wurden viele Kunden und Senioren eingeladen. Die geladenen Gäste versammelten sich im Kennedy-Haus, eine bunte Mischung aus Veteranen des Unternehmens, Gästen aus der Öffentlichkeit, Kunden, der Fachpresse sowie Führungskräften. Besonders die Veteranen freuten sich auf die Gespräche mit ihren ehemaligen Kunden. So entsteht bei solchen Anlässen ein reger Erfahrungsaustausch, auf den sogar neue Geschäfte aufgebaut werden können. Übrigens wurde dort auch die besagte Wanderausstellung aufgebaut, aber auch der erste Band der *Geschichten eines Sicherheitsunternehmens* vorgestellt."

Das Management der deutschen Securitas

„Und zum Abschluss ist hier das Management der Securitas Holding vollständig abgebildet", sagt Erich. „Ein schönes Bild. Dies sind die Damen und Herren, die durch ihre unternehmerische Verantwortung über unser aller Wohl bestimmen."

Unsere beiden Freunde schlagen das Bilderbuch der deutschen Securitas wieder zu. „Man könnte noch ewig weiterblättern und sich an große Feste und

Veranstaltungen erinnern, dieses Fotobuch ist wirklich eine schöne Ergänzung der Ausstellung", lobt Erich. „Weißt du, ein Unternehmen ist irgendwie doch eine große Familie, auch ein so großes wie unsere Securitas", ergänzt er.

„Und jede Mitarbeiterin, jeder Mitarbeiter ist ein Teil von ihr, auch wir beide. Und wir sind hier ganz gut aufgehoben."

„Du musst aber auch immer das letzte Wort haben", lacht Erich.

„Na klar!"

Abb. 10.26: Das Management der deutschen Securitas, von rechts: Manfred Buhl, CEO (Chief Executive Officer), Vorsitzender der Geschäftsführung, Gabriele Biesing, CHRO (Chief Human Resources Officer), Arbeitsdirektorin, Elke Hollenberg, CFO (Chief Financial Officer), Mitglied der Geschäftsführung, Jens Müller, COO (Chief Operating Officer), Mitglied der Geschäftsführung.

Bildnachweis

Abb. 1.1:	Wikimedia Commons/Foto: Erich Greifer
Abb. 1.2:	akg-images
Abb. 1.3:	Wikimedia Commons/Stadtarchiv Karlsruhe
Abb. 1.4:	Virtuelles Brückenhofmuseum, Königswinter (www.virtuellesbrückenhofmuseum.de)
Abb. 1.5:	Wikimedia Commons/Wik1966total
Abb. 1.6:	Bundesarchiv, Bild 183-1989-1104-437/Settnik, Bernd/CC-BY-SA
Abb. 1.7:	Bundesarchiv, Bild 183-1989-1109-030/Lehmann, Thomas/CC-BY-SA
Abb. 1.8:	Wikimedia Commons/Writtenby
Abb. 1.9:	Gerd Danigel, www.ddr-fotograf.de, ID-1155
Abb. 1.10:	Gerd Danigel, www.ddr-fotograf.de, ID-1157
Abb. 1.11:	Foto: Klaus Lehnartz, Bundesregierung, B 145 Bild-00048578
Abb. 2.1:	ullstein bild - Klöckner
Abb. 2.2:	Abb. aus: Sigmund Nelken: *Das Bewachungsgewerbe*, Köln 1926, S. 87
Abb. 2.3:	Bundesarchiv/Woscidlo, Wilfried
Abb. 2.4:	Deutsches Historisches Museum, Berlin/S. Ahlers
Abb. 2.5:	F. J. Bokow: *Frühjahr des Sieges und der Befreiung*, Militärverlag der DDR, Berlin 1981, www.mehrow.de
Abb. 2.6:	Daten Wikipedia
Abb. 2.7:	Foto aus: Sigmund Nelken: *Das Bewachungsgewerbe*, Berlin 1926, S. 97
Abb. 2.8:	Wikimedia Commons/www.ibiblio.org/hyperwar
Abb. 2.9:	Wikimedia Commons/PD-USGov-Military-Army
Abb. 2.10:	Bundesarchiv
Abb. 2.11:	Karte des Ministeriums des Innern der DDR 1951
Abb. 2.12:	akg-images
Abb. 2.13:	U.S. Government/Public domain, via Wikimedia Commons
Abb. 2.14:	U.S. Army, via Wikimedia Commons
Abb. 2.15:	akg-images
Abb. 2.16:	U.S. National Archives and Records Administration/ARC Identifier 541691
Abb. 2.17:	Wikimedia Commons
Abb. 2.18:	akg-images
Abb. 3.1:	ullstein bild
Abb. 3.2–3.3:	Entnommen aus: Dieter Schulze: *Das große Buch der Deutschen Volkspolizei*, Edition Berolina, Berlin 2013
Abb. 3.4:	BuP-Archiv
Abb. 3.5:	Sammlung Jürgen Schilling, Deutsche Post, Grafik Hilmar Zill
Abb. 3.6:	BuP, Foto: Ines Hauser
Abb. 3.7–3.8:	Stefan Lechner/www.hermsdorf-regional.de (bearbeitet)
Abb. 3.9:	BStU, MfS, BV Gera, Abt. VIII, 3822, S. 24
Abb. 4.1:	*DSD. Der Sicherheitsdienst*, Sonderheft, Bad Homburg 2011
Abb. 4.2:	Abb. aus: Sigmund Nelken: *Das Bewachungsgewerbe*, Berlin 1926, S. 88
Abb. 4.3–4.6:	Archiv Securitas
Abb. 4.7:	www.vcorps.army.mil/references/history_nov2001.pdf
Abb. 4.8–4.11:	Archiv Protectas

Abb. 4.12–4.17:	Archiv Securitas
Abb. 5.1–5.18:	Archiv Securitas
Abb. 5.19–5.20:	Archiv Protectas
Abb. 5.21–5.24:	Archiv Securitas
Abb. 5.25:	Archiv Securitas, Zeitschrift *W&S* 06/194
Abb. 6.1–6.3:	Archiv Securitas
Abb. 6.4–6.5:	Archiv Securitas/aus Sten Söderberg: *Fakt av Värde. Bevakningskoncernen Securitas*, Stockholm 1979
Abb. 6.6:	wikimedia.org
Abb. 6.7–6.8:	Archiv Securitas/aus Sten Söderberg: *Fakt av Värde. Bevakningskoncernen Securitas*, Stockholm 1979
Abb. 6.9:	www.brandsoftheworld.com
Abb. 6.10:	wikimedia.org
Abb. 6.11–6.19:	Archiv Securitas/aus Sten Söderberg: *Fakt av Värde. Bevakningskoncernen Securitas*, Stockholm 1979
Abb. 6.20–6.25:	Archiv Securitas
Abb. 6.26:	ullstein bild – Luftbild & Pressefoto
Abb. 6.27:	wikimedia commons/Robert J. Fisch
Abb. 6.28:	wikimedia commons/U.S. Navy Photo by Photographer's Mate 2nd Class Jim Watson
Abb. 6.29–6.35:	Archiv Securitas
Abb. 6.36:	Archiv Securitas/Pressemitteilung vom 12. Juli 2006
Abb. 7.1:	Archiv Securitas
Abb. 7.2:	www.coess.org
Abb. 7.3–7.4:	Archiv Securitas
Abb. 8.1:	Archiv Securitas/Erich Kupferschmidt
Abb. 8.2–8.5:	Archiv Securitas
Abb. 9.1:	Archiv Securitas
Abb. 9.2:	ullstein bild/Müller-Stauffenberg
Abb. 9.3:	www.bdsw.de
Abb. 9.4–9.8:	Archiv Securitas
Abb. 9.9:	YouTube/Mike Tango
Abb. 9.10:	Archiv Securitas
Abb. 10.1–10.5:	Archiv Securitas/Andreas Friese
Abb. 10.6:	Erich Kupferschmidt
Abb. 10.7:	Thomas Mensinger
Abb. 10.8–10.21:	Archiv Securitas/Andreas Friese
Abb. 10.22:	Ulrich Weyer
Abb. 10.23:	Erich Kupferschmidt
Abb. 10.24–10.25:	Thomas Heilmann
Abb. 10.26:	Archiv Securitas/Andreas Friese

Foto Manfred Buhl: Andreas Friese

Die Angaben zu den Quellen und Urhebern der Fotos und Abbildungen erfolgten nach bestem Wissen und sorgfältiger Recherche. Sollten Rechteinhaber irrtümlicherweise nicht oder fehlerhaft genannt sein, bitten wir darum, sich mit dem Herausgeber in Verbindung zu setzen.

Danksagung

Unser besonderer Dank gilt folgenden Personen, die bei der Realisierung dieses Buches geholfen haben:

Jörg Below	Pensionär Securitas Sicherheitsdienste Potsdam
Rüdiger Bennewitz	Fachkraft für Arbeitssicherheit Securitas Sicherheitsdienste Berlin
Gabriele Biesing	Arbeitsdirektorin Securitas Deutschland
Sören H. Borgert	Leiter Einkauf Securitas Administration GmbH
Oliver Braun	ehemaliger Bereichsleiter Securitas Landessicherheit
Manfred Buhl	CEO Securitas Deutschland
Ralf Büchner	Kontrollinspektor Sicherheitsdienste Berlin
Jörg Dombrowski	Securitas Sicherheitsdienste Potsdam
Bernd Düsterhöft	Einsatzleitung Securitas Sicherheitsdienste Berlin
Beata Dziekan	Securitas Holding
Uwe Erbes	Securitas Sicherheitsdienste Potsdam
Jens Espenhain	Supervisor Securitas GmbH Financial Security & Service
Mario Fiolka	Securitas Sicherheitsdienste Berlin
Andreas Friese	Fotograf Michendorf
Jürgen Heimann	Kriminalhauptkommissar a. D., Berlin
Christine Hertel	Betriebsrätin, Securitas Sicherheitsdienste Berlin
Hans-Peter Hirschmann	Pensionär, Risk Manager Securitas Holding
Rudolf Hummel	Securitas Sicherheitsdienste Potsdam
Michael Kuniss	Securitas GmbH document solution
Volker Kretzschmar	ehemals Securitas Key Account Prokurist
Veronika Lauschke	Securitas Holding
Axel Leyendecker	Securitas Fire Control & Service GmbH & Co. KG
Thomas Mensinger	Pressesprecher Kanuclub Potsdam
Silke Methner	Business Development/Innovations Securitas Holding
Björn Michels	Supervisor Securitas Sicherheitsdienste Berlin
Jens Müller	COO der Securitas Deutschland
Bernd Neitzke	Betriebsrat Sec. Sicherheitsdienste Potsdam
Reinhard W. Ottens	CEO Securitas Deutschland a. D.
Ingrid Peters	Pensionärin Securitas Sicherheitsdienste Berlin
Frank Salewsky	Geschäftsführer Securitas Sicherheitsdienste Berlin
Jürgen Schilling	Pensionär Securitas Sicherheitsdienste Berlin
Hartmut Schüler	Securitas Sicherheitsdienste Berlin
Horst Schüler	Bereichsleiter Securitas Sicherheitsdienste Berlin
Stefan Stadler	Securitas Fire Control & Service GmbH & Co. KG
Detlef Strohkirch	Leiter des Ausbildungszentrums Schwerin
Arnulf Süsse	Pensionär, Securitas GmbH document solution
Roman Schwarz	Area Manager Nord Mobil

Bodo Trillhaase	Securitas Admin Düsseldorf
Hans-Martin Vattrodt	Pensionär Securitas Sicherheitsdienste Berlin
Bernd Weiler	Leiter der Unternehmenskommunikation Securitas Deutschland
Ulrich Weyer	München
Rolf Zander	ehemals Geschäftsführer Sicherheitsdienste Potsdam und der Securitas Service B+L

Den Betriebsräten des Konzernbetriebsrates der Securitas Deutschland

Das Team der Bildredaktion bedankt sich bei allen, die das Projekt unterstützt und durch ihre Hilfe und Mitarbeit in dieser Form möglich gemacht haben. Unser besonderer Dank geht an Herrn Gerd Danigel für die Überlassung einzigartiger Fotos aus dem Jahr 1989. Ebenso an Herrn Hilmar Zill, der in seinem Grafiker-Leben viele bemerkenswerte Entwürfe für Briefmarken schuf und dessen Motive wir für dieses Buch nutzen durften.

Wir bedanken uns auch bei den Mitarbeiterinnen und Mitarbeitern des Bundesarchivs, des ullstein bild-Archivs, des Archivs für Kunst und Geschichte (AKG) Berlin.

Ohne die sehr guten Recherche-Möglichkeiten von Wikipedia und Wikimedia wären wir öfters an unsere Grenzen gestoßen. Wir danken deshalb für den Dienst, Wissen zu bündeln und allen Menschen zur Verfügung zu stellen.

Empfehlungen

Wir möchten unseren Leserinnen und Lesern einige Orte und eine Zeitschrift ans Herz legen, deren Besuch bzw. Lektüre die Rahmenhandlung des vorliegenden Buches erleb- und nachvollziehbar werden lassen.

Museum der Securitas – Begleitend zum 1. Band der *Geschichten eines Sicherheitsunternehmens* wurde von den Verantwortlichen der Securitas eine Ausstellung initiiert, die die Entwicklung des Sicherheitsgewerbes anschaulich illustriert. Mittlerweile ist diese Ausstellung ein zentraler Treffpunkt im Securitas-Konzern weltweit, aber auch ein interessanter Treff für Menschen, die sich für Geschichte interessieren.

Deutsches Historisches Museum/Berlin – Die Dauerausstellung zeigt deutsche Geschichte in Texten, in Bildern, in Filmen und mit beeindruckenden und einmaligen Exponaten. Mit einem Fundus, der so reichhaltig ist, dass rund 1500 Jahre deutscher Geschichte anschaulich und höchst kurzweilig vermittelt werden.
www.dhm.de

Gedenkstätte Berliner Mauer/Berlin - Die Gedenkstätte Berliner Mauer ist der zentrale Erinnerungsort an die deutsche Teilung, gelegen im Zentrum der Hauptstadt. Am historischen Ort in der Bernauer Straße erstreckt sie sich auf 1,4 km Länge über den ehemaligen Grenzstreifen. Auf dem Areal der Gedenkstätte befindet sich das letzte Stück der Berliner Mauer, das in seiner Tiefenstaffelung erhalten geblieben ist und einen Eindruck vom Aufbau der Grenzanlagen zum Ende der achtziger Jahre vermittelt.
www.berliner-mauer-gedenkstaette.de

Café Kranzler – Nicht nur ein Lieblingsort unserer beiden Helden hier im Buch, sondern immer noch – auch wenn die Betreiber wechselten und sich das Café im neuen Gewand präsentiert – ein schönes Stück Berlin.
www.cafekranzler.de

RULEBREAKER – Einige der Ideen, die in diesem Buch vorgestellt werden, besonders in Kapitel 9, wurden durch Vorträge von Sven Gábor Jánsky und seiner Zeitschrift *Rulebreaker* inspiriert. Im Magazin werden Trends kritisch beleuchtet, Zukunftsthemen vorgestellt und Strategien für nachhaltiges Wirtschaften erörtert. Wer wissen will, wie die Welt von morgen aussehen kann, sollte auf die Lektüre der *Rulebreaker*-Ausgaben nicht verzichten.
www.rulebreaker.eu